Ironie
170

Und dann kam
Gerhard Schröder
195

Die Erfindung der Jugend
209

Spiegelstadium
228

Zitate
256

INHALTSVERZEICHNIS

Anfänge
7

Die Gespenster
12

Wir werden beobachtet
27

Die Politik und der Pop
58

Nachklänge der Gewalt
78

Wir emanzipieren uns, und
wir werden emanzipiert
105

Das Scharnierjahrzehnt –
aus uns wird eine Gesellschaft
123

Deutsche Einheit.
Wir bleiben zu Hause
149

Originalausgabe
Veröffentlicht im Rowohlt Verlag, Hamburg, September 2022
Copyright © 2022 by Rowohlt Verlag GmbH, Hamburg
Satz aus der Whitman
bei Pinkuin Satz und Datentechnik, Berlin
Druck und Bindung GGP Media GmbH, Pößneck, Germany
ISBN 978-3-498-00307-4

Die Rowohlt Verlage haben sich zu einer nachhaltigen Buchproduktion verpflichtet. Gemeinsam mit unseren Partnern und Lieferanten setzen wir uns für eine klimaneutrale Buchproduktion ein, die den Erwerb von Klimazertifikaten zur Kompensation des CO_2-Ausstoßes einschließt.
www.klimaneutralerverlag.de

Thomas E. Schmidt

GROSSE ERWARTUNGEN

Die Boomer,
die Bundesrepublik
und ich

ROWOHLT

ANFÄNGE

Als ich ein kleiner Junge war, hatten die Autos drei Räder und die Männer nur ein Bein. Ich kam an einem der allerletzten Tage der Fünfzigerjahre zur Welt, ein paar Wochen zu früh und «zwischen den Jahren», wie man so sagt, sogar zwischen den Jahrzehnten. Auf den ersten Fotos lächeln meine Eltern, Tanten und Onkel noch ein bisschen mager, sie tragen die Ringe des Vergangenen unter den Augen, ihr Glück wirkt etwas verhärmt. In ein paar Jahren werden sie jünger aussehen. Der Krieg ist erst vierzehn Jahre aus. Ohne den Krieg und seine Verwerfungen hätte es mich nicht gegeben. Meine Mutter und mein Vater hätten sich niemals getroffen. Nach allem, was ich später hörte, kam das Ende für sie beide, die voneinander noch nichts ahnten, geräuschlos und beinahe unmerklich. Auf einmal passierte nichts mehr, und die Zeit hielt an. Bis der Motorenlärm der Sieger – lange noch nicht: Befreier – meine nachmaligen Eltern in die Wirklichkeit zurückrief. Natürlich gab es keine Stunde Null, aber ein Beginn war es auch. Bloß von was, wusste keiner.

Wie gering diese Frist, wie kurz dieser zeitliche Abstand zu jenem Ereignis war, dessen Wirklichkeit ich niemals erlebte, in dessen Strahlung ich jedoch aufwuchs, wurde mir erst sehr viel später bewusst, als ich selbst Zeuge historischer Einschnitte und ihres Nachhalls wurde. Der Krieg ist fort, als das Winzgesicht in dem riesigen weißen Kissen erscheint (wahrscheinlich bin ich es), und wo ich bin, ist der Krieg nicht mehr. Er war, erzählt man mir später, ziemlich rasch aus dem täglichen Leben verschwunden, mit mir beinahe schon erledigt. Aber selbstverständlich blieb er da, allerdings auf eine für die späten Fünfziger- und frühen Sechzigerjahre charakteristische Weise, zu der wiederum gehört, wie ein Kind sie erlebte und wie das Kind auf all die Ausblende- und Vorbeiredetaktiken ansprach, auf die Verdrängungsschauspiele oder auf das echte Vergessen. Vor allem auf die Art, wie die Erwachsenen mit Absicht oder unwillkürlich ihre Gefühle zeigten, sobald es um ihre – und irgendwie auch um meine – Vorgeschichte ging. Und nicht nur mich betraf das, nicht nur mich formte dieses Irrlichtern der aus der zivilisierten Welt gefallenen, an sich zweifelnden Gemeinschaft überlebender Deutscher, sondern alle diese Steppkes und kleinen Mädchen, die in großer Zahl in die erste Phase der gesellschaftlichen und politischen Zutraulichkeit hineingezeugt worden waren, sagen wir von 1955 an, die Wonnekinder des Neuanfangs, genauer des Widerrufs eines Endes.

Wir waren die lebendigen Beweise einer Stetigkeit des Lebens. Das Leben sollte nicht abreißen, und es riss nicht ab. So erfüllten wir von Anfang an eine Aufgabe. Es mag in den Tiefen des Unterbewussten verborgen bleiben, ob unsere schweigsame und doch des Ausdrucks so bedürftige Mitwelt sich in uns Kindern eine Art Publikum erschuf, vor dem eine Rechtfertigung irgendwann möglich wurde, oder ob wir schlichtweg diejenigen sein sollten, deren Aufzucht einen glücklicheren Ausgang nehmen musste. Unsere Existenz, unzureichende Verhütungsmethoden mal abgerechnet, verdankte sich dem Entschluss zum Weitermachen. Das war nicht selbstverständlich gewesen und war weiß Gott kein heroischer Entschluss. Selbst wenn viele dieser Eltern kaum Schuldgefühle zeigten, selbst wenn sie sich als Opfer ausgaben und sich den Panzer der Unbetroffenheit anlegten, selbst wenn sich die Frage nach Verantwortlichkeit im Zuge der Entnazifizierungen auf immer weniger Gestalten konzentrierte und die Politik nicht müde wurde, die Kollektivschuldthese zu bestreiten, muss eine Menge schlechtes Gewissen im Umlauf gewesen sein. Sei es, dass Skrupel bestanden, den Nachgeborenen in diesem zerstörten Deutschland überhaupt ein Leben zuzumuten.

Auch wer sich immer schon entlastet gefühlt hatte, konnte nicht davon absehen, dass dieses zertrümmert liegende Land moralisch befleckt und ein Spielball anderer Mächte war. Seine Zukunftschancen waren durchaus fraglich, alle Aussichten der Deutschen waren fraglich. Die Bundesrepublik – und ihre bald erkennbare Rolle als Frontstaat im Kalten Krieg verstärkte dieses Unbehagen noch einmal – würde fortan kein normales Land mehr sein. Eine trotzige Antwort auf diese Lage war der anschwellende Kindersegen. Der Kindersegen war die Behauptung einer Normalität unter Umständen, welche die Absonderlichkeit, vielleicht sogar Abwegigkeit von Zeugung erst langsam, dann umso nachhaltiger in Vergessenheit geraten ließen. Außerordentlich war man selbst geworden, außerordentlich waren die Kinder, aber sie waren die Chance, dass es vielleicht einmal wieder alltäglich würde. Argwöhnisch blickte man auf sich selbst und die anderen, übrigens auch auf die Deutschen jenseits des Eisernen Vorhangs. Gleichzeitig war man den Blicken der Besatzer ausgesetzt, die den beiden Deutschlands gegenüber misstrauisch blieben.

Der Anfang konnte nur Vorläufiges zutage fördern. Zu große Selbstgewissheit oder stolze Traditionsverbundenheit hätte man diesen Deutschen nicht durchgehen lassen. Experiment und Hoffnung, Gelegenheit und Makel – irgendwo dazwischen bildete sich das erste Bild von einem selbst. Daneben wurde über den Neuanfang in moralischer und geistiger Hinsicht viel debattiert, doch das interessierte im Wesentlichen nur die überlebenden Kulturprediger selbst. In Wirklichkeit hatte eine jede und ein jeder sich schon eine eigene Version von den Risiken und Chancen der neuen Zeit gemacht.

Mit den Kindern fing es wirklich wieder an. Es mag das Schicksal jeder jungen Generation sein, dass sie ein Opfer des Prägewahns der Alten wird. Das muss sie überstehen. In unserem Fall entwickelte sich das besonders deutlich. Denn zwischen den Generationen war nichts mehr selbstverständlich. Es gab buchstäblich nichts mehr zu vererben. So hing alles von der richtigen Auswahl des Verfügbaren ab. Es war von entscheidender Bedeutung, was wir lernen und was wir erfahren durften, vor allem, was wir nicht wissen oder nicht sofort wissen durften und nur unter Vorbehalt oder Anleitung, wie wir auf keinen Fall und wie wir unbedingt sein sollten, welches Deutschland wir nicht mehr verkörpern sollten und welches doch, und zwar mit Inbrunst, wenn auch nicht zu großer. Wir kamen also als Adressaten auf die Welt. Für unsere Generation gab es vielerlei Erziehungsprogramme, sie ergänzten oder widersprachen einander, sie hatten aber alle in besonderer Weise mit Menschenformung zu tun.

Das war nicht die Reeducation der Erwachsenen. Was uns betraf, spielte sich das unterhalb der offiziellen Wertevermittlung ab. Keine äußere Anleitung gab es dafür, und die Erziehung der Kinder war auch nicht der Gegenstand von formellen Verabredungen. Es fiel in den Bereich eines vorbewussten Handelns. Ganz sicher empfanden die Davongekommenen damals anders, als alle die Bücher wissen wollen, welche wir heute über sie lesen. Die Deutschen von damals verfügten ja über eine Innenperspektive. Sie hatte sich vom Gewesenen abgewandt, war keineswegs verstockt nazistisch, sondern vermutlich eher skrupulös ohne Ziel. Ich bin davon überzeugt, dass die Maximen, nach denen unsere Eltern unsere Erziehung einrichteten, sich jenseits der damals im Umlauf befindlichen

Reden und Betrachtungen bildeten. Niemand hatte Zeit an volkspädagogische Erklärungen zu verschwenden. Vermutlich hatten die ersten Grundzüge unserer Erziehung gar nichts mit den ihnen später unterstellten psychologischen oder gar politischen Motiven zu tun. Und wahrscheinlich war dieser nie genau ausgeleuchtete Eigensinn die Voraussetzung dafür, dass wir uns zu dieser unwiderstehlichen, zufrieden pausbäckigen und die Physiognomie der Bundesrepublik bis heute nach unseren Gesichtern modellierenden Alterskohorte entwickeln konnten, eben zur Post-Nachkriegs-Generation, für die erst ganz spät und mit Verweis auf vergleichbare zeitgenössische Phänomene in anderen Ländern auch hierzulande der Begriff «Babyboomer» eingeführt wurde.

DIE GESPENSTER

Anfang der Sechziger bollerten die letzten Holzbrenner durch die Straßen. Die Straßen waren eng und krumm wie die Bäche vor der Stadt. Ein damals keineswegs als charmante Altertümlichkeit empfundenes Kopfsteinpflaster sorgte für eine natürliche Art der Geschwindigkeitsbeschränkung, als hätte es einer solchen bedurft. Indem die Geschäfte am Vormittag und am Nachmittag nur verhältnismäßig kurz geöffnet hatten, gingen alle Frauen zur selben Zeit einkaufen. So kam ich ein wenig herum und betrachtete die anderen Kinder, ohne gleich mit ihnen spielen zu müssen. Ich sah gerne zu; das Stadtleben entlastet die Kleinen vom Zwang, irgendetwas vorführen oder irgendwie sein zu müssen. In Stuttgart oder Köln gab es zwar schon Fußgängerzonen, aber die echten, die mit Waschbeton eingeebneten und mit Pflanzenkübeln aufgehübschten, ließen noch zehn Jahre auf sich warten. Ich erinnere ein urbanes Gewusel, aber keines, das Anlass zu frühkindlicher Verkehrserziehung gab. Es ging eigentlich überall recht gemächlich zu. Ich lauschte dem Bass des Obsthändlers, des strengen Herrn über die Apfelsinen, ich roch an frisch gemahlenem Kaffee, der ein begehrtes Gift zu sein schien, oder sah atemlos in Kisten, wo sich junge Aale hilflos ineinander verschlangen. Im Fischladen floss noch Blut, kleine Fressfeinde wurden dort hingerichtet und kamen auf den Tisch. So natürlich war die Ordnung meiner Dinge, dass sie mir niemand erklären musste. Meine Aufmerksamkeit riefen Fahrzeuge aller Art hervor, wie etwa der Tempo-Kleinlaster oder der Messerschmitt-Kabinenroller. Bloß ein einziges Rad vorne, das war damals schon zu wenig. Die Isetta war ein rollendes Vogelei, aus dem sich ein Mensch schälte. Ich betrachtete solche Gefährte als unvollständige Autos, und Autos, der Stolz der militärischen Ent-Mobilisierung und einer neuen, zivilen Mobilität, spielten eine große Rolle, weil sie dem Jungen die ersten verständlichen Zeichen waren, mit der die Erwachsenen ihre Unterschiede und ihren Status markierten. Die Welt der Großen war also nicht nur beweglich, sondern auch gegliedert. Es ging darin etwas vor, in ständiger Veränderung war sie begriffen, und das betraf mich. Denn ich wurde ja selbst in einem Auto gefahren, und das Auto war die Verlängerung der intakten Blase, in der ich zu leben beanspruchte. Dreirädern hingegen fehlte etwas, sie sahen nach Bastelei und Behelf aus, und sie transportierten keine Familien. Es war also möglich, dass sich unter den Dingen eine ältere Zeitschicht verbarg. Es war auch möglich, dass sie sehr wohl auf mich zurückwirken konnte. Verstörend ragte das Kaputte also in meine Welt hinein und verwies hartnäckig auf etwas Ernsthaftes, vielleicht sogar Schlimmes. Das war also trotz allem da.

Das Kind kann von Entsprechungen nicht lassen, denn alle Dinge zeigen genau auf es selbst, von einem Anblick kann es sich nur schwer befreien. Mein kleines Bewusstsein erweiterte sich zwar jeden Tag, aber es gab so viel, das trotz geordneter Verhältnisse Unbehagen auslöste, und es kam wahrscheinlich aus der Vergangenheit. Drei Räder besaßen auch die Rollstühle der Kriegsversehrten. Hergestellt in den Deutschen Orthopädischen Werken in Berlin-Schöneberg oder von der Bad Oeynhausener Firma Voltmann, hatten sie sich schon nach dem Ersten Weltkrieg bewährt. Sie bestanden im Grunde nur aus zwei Antriebshebeln, dem Mechanismus und einem Sitz, davor die Beinablage. Die Kriegsversehrten juckelten auf ihnen grimmig durch die Straßen und grinsten die Kinder an. Sie fanden sich in Cliquen, bildeten menschlich-technische Zusammenballungen, und wenn ein bekanntes Gesicht darunter war, blieb meine Mutter mit mir bei ihnen stehen. Über den Beinablagen hingen graue oder braune Decken. Und darunter – ich wusste es genau, obgleich ich es nicht sah, der Grund, dass ich sofort zu flennen begann und mich an Mutters Hals verkroch – die fehlenden Gliedmaße!

Dies war eine ebenso unerträgliche wie vorweltliche, geradezu außerirdische Idee, das Vorgefühl einer Zeit, in der es mich noch nicht gegeben hatte, in der aber unzweifelhaft «der Krieg» war. Der Krieg war mein Nichtsein, und sie, die Invaliden, waren dessen böse Geister. Ich ahnte, ja ich wusste, dass Krieg gewesen war, und er war überall sichtbar. Die Zahnstümpfe der Häuser ohne Obergeschosse, die vermauerten Fenster und Brachgrundstücke fielen in einer notdürftig hergerichteten Stadtlandschaft umso deutlicher in den Blick und ernteten beim Vorbeigehen manchmal einen elterlichen Seufzer oder ein Kopfschütteln. Da war «immer noch» ein Zeichen der Versehrtheit zu sehen: Kerbe, Lücke, Stigma, Mahnmal, Wink, Fingerzeig, Symptom. Ich übersetzte das auf meine Weise, ich entwickelte mich schnell zu einem kleinen Psychoanalytiker der Dinge, belebt oder unbelebt. Und mit meinen kindlichen Fehllektüren lag ich genau richtig. In den Straßen gab es Trümmergrundstücke, die von Unkraut überwuchert waren, viele Schutthügel dienten uns selbstverständlich als Spielplatz.

Doch nichts ließ dieses zerstreute namenlose Entsetzen, das Gefühl einer endgültigen, durch nichts und niemanden behebbaren Beschädigung so nah an mich heranrücken wie das unsichtbare fehlende Bein. Die Kriegsversehrten waren wirklich, weil sie Anblicke waren und plötzliche Erscheinungen hervorriefen. Ihr Alter, ihre Gebrechlichkeit, die Trostlosigkeit, die sie ausstrahlten, ihre fehlenden Zähne, ihr sardonischer Humor, das seltsame Gerät, in das sie gebannt zu sein schienen, die Versuche, mich zu beschwichtigen und mir ihre Lage zu erklären, sie machten alles an ihnen nur noch unheimlicher. Vor mir lag ein Grauen. Das ahnte ich, und auf eine nicht kontrollierbare, meine Empfindungen quälende Weise betraf es mich. Sie, die Krüppel, waren die andere Welt. Ich war nicht deren Teil. An mir war alles dran, ich war vollkommen. Das fand meine Mama auch so, und darauf kam es an.

Kein Epos verrät uns, wie das Leben in Troja nach seiner Zerstörung weiterging. Äneas ist geflohen und gründet Rom. Aber Troja? Was dort vor sich ging, war nicht mehr erzählenswert, ein leerer Schauplatz, nicht mehr tauglich, ihm nachträglich eine dichterische Bedeutung beizulegen. Den Trojanern ist das egal. Die Rufe der Zimmerleute hallen durch die zerstörten Quartiere, Frauen bevölkern die Straßen, mit Kindern auf dem Arm, auf der Suche nach Wasser und Nahrungsmitteln. Eine halbe Generation nach Kriegsende ist Deutschland keine reine Trümmerlandschaft mehr, es hat seine Trümmer vielmehr in Provisorien umgewidmet. Manches wird zur Zone eines bevorstehenden Aufbaus, anderes bleibt einfach liegen. Das Wort vom «Wunder» des Wiederaufstiegs ist in Wirklichkeit nur Platzhalter für ein nicht vollständig zu begreifendes Geschehen: Offenbar gelang es irgendwie, sich am Schopf aus dem Brunnen zu ziehen. Ich blicke auf eine gemeinschaftliche Bastelarbeit um mich herum, auf Planlosigkeit und glückliche Umstände hier und da. Nichts ist mehr für die Ewigkeit. Ich wahrscheinlich auch nicht, obwohl ich instinktiv dagegen rebelliere. Mein Eindruck ist der einer vollständigen Heldenlosigkeit. Die übrig gebliebenen Männer sind wieder verschwunden, diesmal in ihren Betrieben. Die Frauen, die vor einem Jahrzehnt das Leben retteten, haben sich in Mütter und Ehefrauen zurückverwandelt, in Krankenschwestern oder Psychotherapeutinnen. Die Erinnerung an die Zeit der akuten Not hinterlässt ein Gefühl von Gleichheit. So gewaltig hatte die Faust der Geschichte zugeschlagen, dass Unterschiede eine Zeit lang keine Rolle mehr spielten. Das ändert sich erst mit uns, mit dem großen Kindersegen. Wer seinem Nachwuchs eine Zukunft in Aussicht stellt, hat schon mehr, als er für sich benötigt. Mit uns kann man prunken, sich mit anderen vergleichen, sich wieder als Bestandteil einer gegliederten Gesellschaft fühlen. Sämtliche Geschichten, die früher einmal den Aufstieg dieses Landes als unvermeidlich erklärten und ihm eine trotzige Notwendigkeit unterstellten, haben sich erledigt. Der Griff ins kulturelle Archiv verbietet sich. Es gibt keinen zureichenden Grund mehr, dass Deutschland fortbesteht oder dass es den Deutschen gut geht. So leben alle, während sie sich von den Fress- und Kaufwellen forttragen lassen, in einer Zeit ohne Geschichte, in reiner, wenn auch durch Zuversicht geschönter Gegenwärtigkeit – mag der Kanzler Adenauer auch in langen Linien denken und klug in Bonn regieren. Noch ist die Politik zu schwach, um eine neue Erzählung zu erzeugen, zu undurchschaubar, zu fern vom eigenen Leben. Erstaunlich lange existiert die Bundesrepublik als Land ohne Mythos. Das wirft ihre Menschen ebenso lange auf die eigenen Belange zurück, auf ihre Kreatürlichkeit. Was sie bewegt, hat mit dem Jetzt, aber nicht mit der Vergangenheit zu tun. Die eigene Biografie wird wichtig, und streng genommen kann nicht einmal von «Biografie» die Rede sein, wenn dieses Wort eine begriffene und sinnvolle Ganzheit des Lebens meint. Das Leben wird immer noch von der großen Zäsur geprägt. Es gab ein Vorher, nun gibt es dieses Nachher. Das ist ein simples Schema, ein Schicksal, das die Älteren teilen. So ziemlich alle haben dasselbe zu tun, dasselbe im Sinn, einfach sind die Ziele und die Erwartungen, kompliziert höchstens die persönlichen Ängste.

Ein sozialer Verband entsteht unter solchen Umständen nicht durch Gemeinsames, sondern mithilfe eines Parallelismus des je eigenen Daseins. Man war vereinzelt und doch immer wieder zusammen, irgendwann mit den anderen wieder oben auf einer Welle. In jener Zeit sind die Deutschen eine zusammengewürfelte Gemeinschaft, aber genau das sorgt für Zusammengehörigkeit. Bis sie eine Gesellschaft sind, wird noch viel Zeit vergehen, und dieser Unterbau einer erfahrenden Kollektivität der äußeren Umstände, die nicht mehr die einstudierte «Volksgemeinschaft» der Nazis ist, wird im Grunde nie mehr eingerissen. Er bleibt erinnert und zeigt seine Fundamente später wieder und wieder, in nationalen Krisen und in Phasen, die gemeinsames Handeln erfordern. In der Zeit ihres Aufstiegs half dieses frühe Kollektivempfinden der Bundesrepublik, jene stille Effizienz zu entwickeln, über die das Ausland sich bald wunderte und vor der es sich früh schon gruselte. Später begünstigte es allerdings auch die politische Stabilität. Es begründete das Phlegma der Mittigkeit, welches seine eigenen Schrecknisse entfaltete, eröffnete aber auch die Chance, sich friedlich in Europa einzugemeinden.

Man könnte sagen, indem sich das Gefühl einstellte, es gehe weiter, verfügte dieses aus eigenem Antrieb neu gestartete Deutschland nun über ein eigenes Altertum. Die Zeit vorher war von der Gegenwart durch eine unüberwindliche Schranke abgetrennt. Nichts wies dorthin zurück – was dazu führte, dass das Verdrängte in den Köpfen herumzuspuken begann. Es war eine Antike ohne einen Herakles und ohne einen Odysseus. Ihre Besonderheit bestand darin, in keiner Weise vorbildlich zu sein. Auf sie konnten sich keine Sehnsüchte richten, sie schloss Romantizismen und Renaissancen aller Art aus. Es war das Altertum, das keine Heldenerzählung, kein Epos mehr hervorbringen konnte, sondern sich nur noch in ganz kleinen Formen beschwören ließ, in Episoden und Selbstrechtfertigungen, in persönlichen oder familiären Erinnerungen. Es markierte so etwas wie den hinter den Menschen offen stehenden Abgrund; man war ihm entkommen, aber er lauerte. Ich hatte keine Möglichkeit, mir darauf einen Reim zu machen, ich war ja nichts Weiteres als ein kleiner postmythologischer Faun. Sofern ich den größten Teil meines Begreifens noch von meinen Eltern her beziehen musste, hatte ich an deren aufs Äußerste geschärfter Aufmerksamkeit für das Vorher und das Nachher teil. Ich übernahm gewissermaßen eine zäsurale Erinnerung, noch bevor sich in mir Erinnerungsinhalte überhaupt ansammeln konnten: «Dort drüben unter dem kleinen Hügel stand eine Flak.» Oder: «Diese Kuhle ist der Trichter einer Sprengbombe, die das Haus der K. zerstört hat.» Oder: «Diesen Park gab es vorm Krieg gar nicht, was war denn hier, waren hier Kasernen?» So sahen ungefähr meine ersten Landschaften aus. Was es zu sehen gab, schien die gespenstische Hohlform dessen zu sein, was an ihnen wirklich einmal sehenswert gewesen war. Oder eben fürchterlich. Ich sollte das Abwesende sehen – oder wenigstens ahnen, sah aber nur Reste.

Dabei trainierte ich wacker, das Alte vom Neuen zu sondern: Jene am Tonstich entlanglaufenden Schienen mündeten in eine verfallene Ziegelei, die ich nicht betreten durfte, obwohl die Loren und Ofenhöhlen mich doch so anlockten. Die ungeheure Dampflok war toll, während es schon neuere und leisere Lokomotiven gab. Riesige Ziegelmauern führten ins Nirgendwo, niemals würde ich an deren Ende gelangen, dahinter – manchmal erhaschte ich einen Blick durchs Tor – lagen gigantische Werkshallen, die ich für verlassen hielt, trotzdem wuselten Menschen in ihnen. Das rote, in den Himmel ragende Ziegelschloss der Maizena-Werke, aus dem mir einmal jemand eine Tüte Honigpops mitbrachte; es musste Großes, Zuckriges darin vorgehen, obgleich es von außen aussah, als läge es auf einem anderen Stern. Der Hafen war eine Zeitlandschaft, hier Wracks, Rost und ölige Taue, dort die neuen Schiffe, welche die Anerkennung meines Vaters hervorriefen und manchmal sogar tuteten. Es gab die echten, die verlassenen Ruinen, dann die wiederbelebten Tempel und Foren – und es gab plötzlich das ganz Neue, jene Bauwerke, welche die Zeitschranke vor die Augen stellten. Das eine wurde vernachlässigt, es wurde von allen missbilligt, dann verschwand es, obwohl ich es doch immer wieder gerne ansah und darin spielen wollte. Etwas anderes war dann plötzlich mit unbezweifelbarer Selbstverständlichkeit vorhanden. Einer erkennbaren Regel folgte das Ganze nicht. In Wahrheit ist eine solche Modernisierung eine Abfolge schrecklicher Zufälle. Es machte den Eindruck, als würde sich die Gegenwart selbst auffressen. Und das, bitte schön, war dann auch schon meine Gegenwart.

Gerne und häufig besuchten wir unsere Verwandten auf dem Land. Ihre Ehrfurcht gebietenden, rot-grün-weißen, reetgedeckten Bauernhäuser lagen unter Eichen oder waren umrahmt von Linden und Walnussbäumen. Die Straßen waren noch Sandwege. In schwarzen Schuppen warteten gefährliche Pflüge und Eggen auf ihren Einsatz, den ich allerdings niemals erlebte, was darauf schließen ließ, dass sie schon zu meiner Zeit Gerümpel waren, aber glücklicherweise nicht entsorgt wurden. Dahinter erstreckten sich die berühmten endlosen

Roggenfelder. Das war dann echt alt. Es war nicht weit bis dorthin, nur eine ganz kurze Reise. Stadt und Land gehörten damals noch zusammen und bildeten ein stabiles Kontinuum. Aber bevor wir unser Ziel erreichten, pflegte meine Mutter mit mir einen Spaziergang zu machen. Irgendwann ging es an einem eingezäunten Hain vorbei. Der war eigentlich nichts mehr als ein sumpfiges, von Birken und Unkraut bewachsenes Grundstück, das an die Wiesen meiner Verwandten angrenzte.

Ein Wald war es schon deswegen nicht, weil kein Weg darin zu erkennen war, uns das Spazierengehen also verwehrt wurde. Wohl aber waren ganz hinten die blassen Reste einer ehemaligen Bebauung sichtbar, und es musste ein großes, bedeutendes Haus gewesen sein. Schon damals reizten unzugängliche Stätten des Verfalls meine Neugier, begleitet vom Impuls, ihr Geheimnis lüften zu müssen. Zu jener Zeit brach sich das in einem zappeligen Wissenwollen Bahn, was denn das gewesen sei und ob ich mal gucken durfte. Nein, durfte ich nicht. Meine Mutter schwieg beharrlich, bis sie, ich wurde langsam verständiger, erzählte, es sei ein Lazarett gewesen, ein spätes, hoffnungsloses und blutiges, eine Hilfsstation des Rückzugs, als den Verwundeten kaum noch geholfen werden konnte. So schlimm und endzeitlich das Ganze, so düster die Erinnerungen daran, dass man das unzerstörte Gebäude sich selbst überließ und später einfach einriss, weil es für die sich darin betrinkenden Jugendlichen zu gefährlich wurde.

Aber davor, lange davor sei das Haus etwas Tröstlicheres gewesen, nämlich ein Erholungsheim, vor allem für ärmere Leute, die viel gearbeitet hatten und dann erschöpft waren und Ruhe brauchten. Nicht, dass mich diese Antwort befriedigt hätte – und auch danach habe ich diese reizvolle Ruine leider nie untersucht. Aber Jahrzehnte später, als ich Peter

Weiss' «Ästhetik des Widerstands» las, begegnete sie mir noch einmal. Weiss verknüpfte das «Rekonvaleszenzheim», wie er es nennt – und manches spricht dafür, dass er tatsächlich genau jenes meinte –, mit dem Schicksal seines Erzählers, eines jungen kommunistischen Revolutionärs, der sich daran erinnert, dass seine Mutter dort einst als «Hilfsschwester» gearbeitet hatte, sein Vater dort Patient war, worauf es im Jahre 1917 an eben jenem mir unerreichbaren, aber meine Einbildung so außerordentlich anregenden (die, wenngleich nicht um Hilfsschwestern, sondern eher um finstere Generäle oder Geheimagenten kreiste) Ort nicht weniger als zu seiner Zeugung gekommen sei.

Der Ursprung der Weiss'schen Erzählung, die mir auch später mindestens so groß vorkam wie die backsteinernen Industrieanlagen meiner Kindheit, lag auf dem Weg zu unseren Verwandten! Ich will nicht behaupten, dass dies ein sensationeller literarischer Fund war, aber damals, als ich das Buch las, kam mir Weiss' Geschichte gar nicht als Roman vor, sondern wie ein allzu glaubhaft klingender historischer Bericht. Er verband mein Erleben, mein dann schon jungerwachsenes, reflektiertes Erleben, mit einer großen Erzählung. Sie war allerdings aus der Geschichte meiner Familie nicht abzuleiten, und für sie gab es aus vielerlei Gründen in dieser Familienhistorie auch keine Anknüpfungspunkte. Der Weiss'sche Kosmos des Widerstands und der Revolution, historisch gesehen tatsächlich ein Teil der größeren Welt, aus der ich regional stammte, blieb somit ein Idealkosmos. Er war jene Antike, in die ich mich zu jener Zeit hineinwünschte. Es war die willentliche Aneignung einer Vergangenheit, wie sie sein sollte, aber tatsächlich nicht war, denn revolutionäre Bestrebungen jeder Art sind von meiner Familie nicht überliefert, einer Familie, die bürgerlich und politisch unaufgeregt lebte, keine literarische Vorzeigefamilie, sondern eine, deren Vergangenheit, sagen wir mal, gesprenkelt aussah. Zuzeiten meiner ersten Weiss-Lektüre nahm ich ganz selbstverständlich die Möglichkeit in Anspruch, mir eine Geschichtserzählung anzueignen und mich gleichsam selbst in sie einzulassen, und genau dazu war ich auch von meinen Schulen und meinen Universitäten, wenn ich es recht bedenke, immer wieder ermuntert worden. So spielte das Erholungsheim in meinem geistigen Haushalt für ein paar Jahre eine sorgfältig behütete widerständige Rolle. Ich und Peter Weiss, immerhin.

Den Bahndamm hinab, eine Wiese querend, auf der nie ein Vieh stand, war es dann nur noch ein kurzer Fußweg bis zu unserem Ziel, die bukolische Welt von Tante O. und Onkel A. Meine Mutter fühlte sich dieser Familie besonders verbunden. Ehrlich gesagt pflegte sie zu ihrer Tante ein herzlicheres Verhältnis als zu ihrer Mutter. Viele Bombennächte hatte sie dort verbracht, nicht einmal in Sicherheit, denn der vom Himmel regnende Phosphor machte dem Reet oft genug in kürzester Zeit den Garaus, was dann aus der Ferne als nächtliches Flammenspektakel zu beobachten war wie ein böses Osterfeuer. Im Grunde war meiner Mutter eine Kindheit auf dem Lande vergönnt gewesen, inmitten eines Großbauern-Clans, dessen Fertilität jeder deutschen Krise trotzte und niemals zu wünschen übrig ließ. Spielkameraden gab es dort für jedes Alter, auch für mich. Doch leider war dieser besonders liebenswürdige Teil unserer Verwandtschaft der einzige, der sich mit dem Nationalsozialismus eingelassen hatte. Dort waren sie: Blut und Boden. Von dort schienen sie alle herzukommen, die Ähren tragenden blonden Mädel und die entschlossen blickenden Jungs in Pluderhosen, eine Sense auf der Schulter.

Was die Technik des «kommunikativen Beschweigens» anlangte, wie der Philosoph Hermann Lübbe sie später nannte, wurde ich mittels dieses Teils der Verwandtschaft in sie eingeweiht. Auch später erfuhr ich nicht ganz genau, wie weit das persönliche Engagement all dieser von Himmler und Goebbels Gemeinten reichte und welche propagandistischen Saturnalien man an diesem Ort gefeiert hatte, Sonnwendfeiern oder Feuertänze, sicher auch Erntedankfeste, die sich vermutlich nur durch den Flaggenschmuck von jenen unterschieden, auf denen ich mich später in der Schule herumdrücken musste. Allem Anschein nach lag keine ernsthafte Schuldverstrickung vor. Sie schwammen halt oben und zeigten sich voller Stolz. Erst als ich fast schon erwachsen war, flüsterte mir meine Mutter, Onkel A. und Tante O. hätten «unter der Fahne» geheiratet. Das war es, was die beiden in ihrer Familie dann doch ein wenig stigmatisierte. So etwas machte man nicht, auch damals nicht. Und so wurde dieses NS-Bekenntnis des Paares späterhin weniger als Skandal angesehen, sondern eher wie ein Fauxpas behandelt.

Die Familie hatte keine Kriegsverbrecher hervorgebracht, militärisch hatten ihre Mitglieder ohnehin keine hohen Ränge bekleidet. Das war auch glaubhaft, denn alles, was man wusste, wurde früher oder später erzählt. Bei aller Neigung zur Trübung oder Verschiebung der Wahrheit herrschte nach innen am Ende doch großer Rededruck, gelegentlich sogar Geständniszwang. Bloß nach außen sollte nichts durchdringen. Es gab keinen Sinn für Öffentlichkeit, sie existierte eigentlich nicht und galt als ein Stück feindliches Ausland. Man kam aus einer intakten protestantischen Schuldkultur und wollte darin bleiben. Das Schuldigsein, auch die Schuld des Gewusst-Habens, machte man mit sich ab oder im engsten Kreis, so entsprach es dem bürgerlichen Selbstverständnis. Mein Vater, urban und katholisch, gerade erst aus seiner Heimat vertrieben und noch arm wie ein Eichhörnchen, fremdelte zuerst in dieser Umgebung. Aber die neuen Familienbande erwiesen sich in den kommenden Jahren als robuster denn alle kulturellen Unterschiede. Als sein Sohn dort herumsprang, mochte er sie schließlich auch. In der Phase, als mir dieses arische Idyll echte Pein bereitete, zeigte er mir dann die Bizarrerien unseres Landstrichs, die auch hernach noch gepflegten Ahnenfriedhöfe, wo ganz schlimme Gestalten inmitten ihrer «Sippe» die letzte Ruhe gefunden hatten, die nahe Thingstätte, vom Propagandaminister persönlich eingeweiht, hinter einem kleinen Wassergraben eine Freilichtbühne, auf der noch immer ein Miniaturdorf steht, Schauplatz des einst volksgemeinschaftsstiftenden Dramas «De Stedinge». Er zeigte mir auch den Ort, an dem das Andenken an Erich und Mathilde Ludendorff und ihren «Bund für Deutsche Gotterkenntnis» wachgehalten wurde – immer wieder diese Findlingssteine mit den verdruckst-verräterischen Aufschriften in Fraktur- oder Runenschrift. Es lag außerhalb unserer Vorstellungskraft, dass diese Orte noch immer Anhänger anzogen, doch der Zustand der Anlagen ließ auf etwas anderes schließen.

Sämtliche Fraktionen des größeren Familienverbandes exorzieren das nationalsozialistische Gedankengut erfolgreich – niemals Spuren von Revanchismus oder alten Sympathien. Als ich danach fahnde, bin ich eher überrascht, wie wenig tief es eingesickert war. Die Verwandten meines Vaters, treue Zentrumswähler, waren ohnehin unbegeistert geblieben, sie hatten sich zurückgehalten, wo es ging, und der ewige politische Streithansel Onkel J. hatte sich in den Dreißigerjahren sogar bei der KPD herumgetrieben! Onkel A. wiederum mausert sich zu einem knorrigen Sozialdemokraten, was in der Familie, die sich aufs Christdemokratische einpendeln wird, wieder nicht ganz dem Muster entspricht. Sein Sohn B., mein

Cousin, der streng genommen mein Vetter nicht ist, doch der Kindersegen kompliziert die verwandtschaftlichen Beziehungen mittlerweile derart, dass sie robust vereinfacht werden, wird sich später zu einem Rebellen entwickeln. Er, der acht oder zehn Jahre Ältere, wird heftige Kämpfe mit seinem Vater ausfechten, ein naturwüchsiger Achtundsechziger, der ohne marxistische Theorie auskommt und trotzdem Grund hat, seine Herkunft zu befragen. Wir spielen. Ich bin stolz, dass er mit einem Zwerg wie mir spielt, aber vielleicht liefere ich ihm auch nur den Anlass, einen neuen Streich auszuhecken.

Im Haus lebt allerlei fremdartige Verwandtschaft, eine ältere Schicht, die in keiner erkennbaren Beziehung zu mir steht, für die ich mich auch weiter nicht interessiere, so wenig wie sie an mir Interesse zeigt. Es lebt dort auch in einem von Zigarrenrauch gebräunten Zimmer Opa S. Wessen Großvater er genau ist, bleibt ewig ungeklärt. Opa S. ist mürrisch und ungeheuer korpulent, sein Gesicht scheint nur aus Wülsten zu bestehen, in ihrer Mitte der Stumpen. Ich habe eine Heidenangst vor ihm, vor allem weil ihm das Bein fehlt und er sich überhaupt nicht mehr zu bewegen scheint. Schon wenn ich den Rauch rieche, verkrümele ich mich. Gleichwohl besitzt er einen ebenjener Rollstühle, die in meinen Augen die Haupthinterlassenschaft des kriegerischen Altertums bilden. B. und ich sehen uns im Vestibül den geparkten Wagen genau an, wir prüfen seine Funktionsfähigkeit und versichern uns seines Spaßfaktors. Und dann hebt mich B. ins Polster, setzt sich hinter mich, zerrt an den Antriebshebeln wie ein Irrer, wir rappeln über den Hof, biegen auf den Weg ein und brettern ihn in unglaublicher Geschwindigkeit hinunter.

Es ist ein Augenblick vollkommenen Glücks. Der Sommerwind weht, durchs hohe Laub spielt das Licht, ich bin in der Obhut eines Älteren, der mir meine Furcht nimmt. Wir rasen und rasen, in Wirklichkeit sind es nur wenige hundert Meter. B. wird dafür hinterher die schwersten Züchtigungen erleiden, für ihn gilt noch das alte, drakonische Strafsystem für freche Kinder, während ich als Missbrauchter nichts befürchten muss, und meine Mutter würde sich übermäßige Strenge auch verbeten haben. Dann ist unsere Fahrt mit einem Rumms plötzlich zu Ende. Ich erinnere nicht mehr, ob wir im Graben landeten oder ob das alte Gestell einfach zusammenbrach, jedenfalls sieht es auf einmal aus wie eine tote Staubspinne, Speichen und Streben recken sich sinnlos und eckig in die Lüfte, der Sitz ist auseinandergebrochen, ein Rad dreht sich langsam überm Gras. Wir haben das Ding in einen Trümmerhaufen verwandelt, vielleicht haben wir auch eine Tinguely-Skulptur daraus gemacht. Wir jauchzen und springen herum. Für uns beide war es ein kleiner Sieg über die Gespenster.

WIR WERDEN BEOBACHTET

Als «geburtenstarke Jahrgänge» werden für gewöhnlich die zwischen 1955 und 1969 Geborenen bezeichnet, die bundesrepublikanische Kinderflut, eine demografische Ausnahmeerscheinung in der neueren Geschichte des Landes. Diese Zeugungseuphorie ist ein Phänomen, das in anderen Ländern etwas früher einsetzte und auf gute wirtschaftliche Aussichten zurückgeführt wird. In Westdeutschland bricht die Euphorie zeitversetzt aus, mit einem Höhepunkt im Jahr 1964 – beinahe 1,4 Millionen Lebendgeburten –, von wo es dann wieder etwas bergab geht, bis die Natalitätskurve fünf Jahre darauf fast vollständig absinkt: der «Pillenknick».

Bis dahin ging es munter zu. Immer zusammen, immer im Rudel, fast alle mit Geschwistern, inmitten strampelnder, sich schlängelnder Kinderleiber, in allen Verwahranstalten als Herde behandelt, auch später immer «der Trend», das gut und verlässlich Beobachtbare, statistisch gesehen die Wahrheit über die Republik. Indem wir so selbstverständlich da waren und das Ganze bildeten, blieben wir als Ganzes erstaunlich schwach konturiert. Lange Zeit verkörperten wir schlichtweg, was vor sich ging, und waren als solches auch nichts Bemerkenswertes.

Doch nun läuft die große Zeit der Kinder einer gelingenden Bundesrepublik langsam ab. Wir gehen in Rente, eine Rente, die als Alterskohorten-finanziertes Projekt für uns gerade noch gesichert ist. Wir beginnen zu verstummen, und die Ersten von uns sind schon gestorben. Jüngere, die feststellen, dass wir den Wohlstand des Landes, seine soziale Sicherheit und die politische Stabilität womöglich mit in unsere Gräber nehmen könnten, drückten uns am Ende noch einmal das Prädikat «Boomer» auf. Freundlich ist das nicht gemeint. Es klingt nach ewig roten Bäckchen und dicker Hose. Wir haben Dankbarkeit nicht zu erwarten. Und wieso auch? Wir leisteten uns mit unserem Geld einen historisch unvergleichlichen Lebensstil und strapazierten dabei die Ressourcen der Erde in schlimmer Weise. Umweht unser Ende also der schale Hauch der Ruchlosigkeit, ausgerechnet uns, den Schaffern und Besonnenen, denen noch beigebracht wurde, was Sekundärtugenden sind? Ohne uns, die wir nun in andere Statistiken hinüberwechseln, in jene der Kränkelnden, der Versorgungsfälle, der nach Betreuung Verlangenden, der Risikogruppen und Dementen, vergeht die alte Bundesrepublik tatsächlich. Ist sie dann wirklich verschwunden?

Diese Bundesrepublik entwickelte – wir waren daran nicht unbeteiligt – ziemlich geschickte Techniken der Selbsterhaltung. Auch nach 1990 ging die Bundesrepublik nicht unter, wie man zunächst befürchtete oder erhoffte, vielmehr erwies sie sich als außerordentlich zählebig. Sie wollte ungestört weiterleben, ökonomisch, gesellschaftlich und geistig, trotz der Versuche, in sie gewissermaßen eine historische Furche einzuritzen. Manche versuchten gezielt, sie mithilfe der Unruhe aufzustören, um ihre moralischen Defizite und Ungerechtigkeiten zu beseitigen. Andere wollten die Einheitspotenziale nutzen, um aus dem Land eine «richtige» Nation zu machen, wie es auf seinem Sonderweg im Grunde nie gewesen war, fest stehend auf dem Grund des Beständigen in der Geschichte. Doch hatte die Bundesrepublik zu jenem Zeitpunkt eine eigene Gravitation entwickelt. Die selbsterhaltenden Kräfte des Weststaats, so wie er mit uns Geburtenstarken geworden war, ließen diesen späten deutschen Selbstkorrektur- und

Selbstoptimierungsehrgeiz am Ende im Sande verlaufen. Die Bundesrepublik wirkte als politisches Gebilde seltsam, als Land aber recht anziehend. Wir wollten damals gar keinen besonderen Sinn für den großen geschichtlichen Einschnitt entwickeln, vielleicht lag ein solcher auch jenseits unseres Horizontes. Denker der Zäsur gehörten um 1990 vielmehr der Kriegsgeneration an. Ihnen standen Risiken und Chancen einer aufgerührten Vergangenheit noch vor Augen. Ihr Blick für die Potenzen der deutschen politischen Antike war noch geschärft, für das Grauen der deutschen Geschichte ebenso wie für ihre nicht erreichten Ideale. Wir hingegen hatten Interesse an einer vorerst nicht endenden Gegenwart, an der fabelhaften deutschen Modernität, die wir schließlich mitgeschaffen hatten und verkörperten.

Es ist wahrscheinlich, dass die geburtenstarken Jahrgänge einen erheblichen Anteil an einem sehr seltsamen Phänomen hatten: Nach 1990 wurde die Geschichte gleichsam ausgebremst und blieb, das wurde in den Folgejahren immer deutlicher, in einem jetztzeitlichen Aspik einfach stecken. Genauer gesagt teilte sie sich in eine tagespolitische Hälfte höchster Bewegtheit und in eine lebensweltliche mit lang anhaltender Beharrungskraft. Kaum etwas blieb von den Warnungen und den utopischen Aufschwüngen übrig. Von all den dialektischen Erwägungen fand nur Weniges Einlass in die politische Sphäre. Entscheidungen wurden von Tag zu Tag gefällt; demgegenüber erzwang die westdeutsche Selbstbehauptung Ruhe und bürdete die Einheitsfolgen den Menschen in einer sich Tag für Tag weiter auflösenden DDR auf. Und das wurde von diesen, ähnlich wie in der Sowjetunion unter Jelzin, nicht als Geschichte, sondern als Zerfall erlebt.

Der historische Schwung ist von meiner Generation einfach nicht aufgenommen worden. Wir blieben hocken, in aller Mehrdeutigkeit. Wir erteilten den Versuchen, sowohl von links als auch von rechts, eine Absage, die deutsche Geschichte noch einmal an einem Grundriss ausgerichtet in die Hand zu nehmen und ihre Verkrümmungen zu begradigen, auch ihre versäumten Gelegenheiten nachzuholen. Diese Verweigerung war unser generationeller Triumph und unser historischer Auftritt. Wir retteten die alte Bundesrepublik in all ihrer unvollkommenen Vollkommenheit und in ihrer geschichtlichen Zufälligkeit. Wir retteten sie aber auch vor der Bedrohung, als Nation plötzlich wieder unbedingt, notwendig und einwandfrei zu werden, jedem Zweifel enthoben. So schoben wir ihr Ende beinahe für die Dauer einer weiteren Generation hinaus, freilich um den Preis, dass das Kunstwerk Risse zurückbehielt, welche die Jüngeren jetzt kaum mehr kitten können. Womöglich lag es in der Konsequenz unseres generationellen Gewordenseins, dass wir genau diesen Beweis unserer ganz besonderen Unsterblichkeit erbringen mussten: als Nicht-Helden.

Ein Buch mit solchen Betrachtungen halst sich eine Menge Probleme auf. Es fuhrwerkt in vorbewussten Dimensionen herum. Es sucht nach Motiven, wo keine gemeinsamen Absichten vorzuliegen scheinen, sozusagen im Gekröse einer unterstellten gemeinsamen Mentalität. Keine politische Partei vermag ohne Umschweife den Willen einer Generation zu repräsentieren, kein Soziologe kann ihre komplexe Individualität genau beschreiben, kein Philosoph ihr «Wesen» ergründen. All das geschieht immer von rückwärts, mit den obligaten Vereinfachungen und Verformungen, die das Auge des späteren Betrachters erzeugt. Die Rede ist also nicht von etwas wissenschaftlich Existierendem. Moralisch angreifbar ist es ohnedies. Schon das Pronomen «wir» ist ja eine Anmaßung. Ich schließe all jene aus, die zur selben Zeit wie ich in der DDR aufwuchsen. Sie haben andere, vielleicht ähnliche Erfahrungen gemacht, aber nicht unsere. Allerdings suchten sich die Ostdeutschen später ihre eigenen Wege und Formen, davon zu erzählen. Weiter: Die in diesem Buch aufblitzenden Erinnerungen sind die eines Mannes. Vermutlich würde eine Frau auf andere Dinge achtgegeben und im Gedächtnis behalten haben. Diese Mängel kann ich nicht beheben. Es geht mir auch nicht um Vollständigkeit. Das Ziel ist keine Geschichtsschreibung mit einem Dach, unter das sich alle flüchten können. Auch wenn manches wiedererkannt werden kann, liegt dem Ganzen kein Schema zugrunde, dessen Beispiel ich wäre.

Mag sich der Einzelne über seine unverwechselbare Persönlichkeit Illusionen machen, so hatte ich dennoch niemals das Gefühl, im «Boomer-Muster» gelebt zu haben. Ich erzähle beispielsweise nicht die Geschichte eines Aufsteigers, von jemandem, der von unten oder von außen kommt und am Ende in die Gesellschaft aufgenommen wird. Das läuft dann meistens auf eine Apotheose der bundesdeutschen Integrationsfähigkeit hinaus, also einer Bestätigung des offiziellen Selbstbildes des Landes. Ich verzichte ebenso auf das geläufige literarische Muster, wonach der Außenseiter über einen schärferen Blick fürs Ganze verfügt als die Vielen. Daran habe ich nie geglaubt. Ich bin auch kein Außenseiter. Vielmehr bin ich in jeder Hinsicht ein mittlerer Charakter, hineingeboren in des Soziologen Helmut Schelskys «nivellierte Mittelstandsgesellschaft», mittel begabt, mittel erfolgreich, immer mittendrin. Ich war halt überall dabei und musste dafür gar nichts Besonderes tun. Die meiste Zeit habe ich mich im statistischen Mittel aufgehalten, also dort, wo die Dinge wirklich passieren, und zwar mit einer solch massenhaften Bestimmtheit, dass sie oft unbemerkt bleiben.

Erfahrungsgemäß soll man vorsichtig sein, Erlebtes in etwas Geschriebenes umzuwandeln. Skrupel dieser Art überfallen beispielsweise den Erzähler eines Romans, der Mitte der Fünfziger in Großbritannien erschien: Es sei schon, stellt dieser junge Mann fest, verdammt schwierig, aus echten Menschen Buchcharaktere zu machen; aber wie groß ist die Aufgabe erst, wenn man selbst darin auftauchen will: «Jede auch nur eine äußerst vage Andeutung überschreitende Darstellung meiner Persönlichkeit wäre», schreibt er, «sicher ebenso schwer zu verwirklichen, jedenfalls jede, die nicht etwas absurd klänge.»

Das ist ja auch ein seltsames Selbst: Wenn es erfunden werden muss, wie kann es dann noch wahr sein? So schreibt er weiter: «Selbst die bloßen Fakten hatten einen unwirklichen, fast satirischen Klang, wenn man sie zu Papier brachte, etwa in der Manier endlos vieler russischer Erzählungen des 19. Jahrhunderts: ‹Ich wurde als Sohn eines Infanterieoffiziers in der Stadt L. geboren ...› In England war es fast unmöglich, durch solche Sätze etwas mitzuteilen, das für den Leser relevant sein würde. Zu viele Faktoren mussten bedacht werden. Auch die Untertreibung hatte eine banale Seite, denn während man mit ihrer Hilfe billige Romantik umging, konnte sie auch zur Aussparung unangenehmer Tatsachen verleiten.» Dieser Erzähler führt sich Schwierigkeiten des Autobiografischen sehr genau vor Augen. Eigentlich sollte man die Finger davonlassen, in England genauso wie anderswo. Wenn ich trotzdem ein paar Dinge schildere, die ich im Lauf der Jahre gehört und gesehen habe, dann nicht in der Überzeugung, sie seien symbolisch oder typisch oder könnten als Teil für ein schon gewusstes Ganzes stehen. Es bleiben meine eigenen Erlebnisse.

Kann aber sein, dass diese gar nicht spektakulären Miniaturen die Sicht ein kleines bisschen anders sortieren. Der Blick fiele dann nicht gleich wieder auf jene Begriffe und Theorien, mit denen die in Rede stehende Zeit immer schon gedeutet wurde, sondern auf etwas anders Sehenswertes, auf anderes Gemeinsames, welches rechtfertigt, von einer Generation zu sprechen. Die Erkenntniskraft des Durchschnittlichen wäre also auszuprobieren. Entmutigend hohl klingt das Wort «Generation». Es stellt wohl in Aussicht, eine Gruppe von Menschen zusammenzufassen, die nichts als Jahreszahlen gemeinsam hatten. Im Allgemeinen macht der Begriff einen unverbindlichen Vorschlag zur Zentrierung, sei es durch übereinstimmende Erfahrungsmuster oder noch besser durch magisch prägende Ereignisse wie Kriege, Sputniks oder Politiker mit langer Durchhaltekraft. Inzwischen wird jede Woche eine neue Generation ausgerufen, zusammengeschweißt von Markenartikeln, Liedern oder akutem Frust. Wenn ernsthaft etwas mit ihm erkannt werden wollte, begab sich der Begriff in Konkurrenz zu den Zeiteinteilungen der Geschichtswissenschaft. Die Generation markierte im besten Fall die subtile Ära, die Epoche unterhalb des historischen Großabschnitts, näher an der Realität, mit Raum für Unterschiede. Sollten wir also tatsächlich eine Generation sein und eine Epoche repräsentieren, so folgt daraus allenfalls ein schwacher Epochenbegriff. Schwach ist er, weil aus ihm nicht abzuleiten ist, wie diese Generation im historiografischen Sinn war, weil er keinerlei Ansprüche erhebt, gelebte Wirklichkeit zwingend zu ordnen. Er soll charakterisieren, nicht determinieren.

Fürs Schematische bleiben die Boomer als Kohorte auch zu vielgestaltig und in sich zu widersprüchlich. Ihr lang sich erstreckender Anfang, die relative Ruhe ihres Daseins und ihr Ende, das nicht mit einem Knall kommt, sondern wohl einer mehr oder minder geordneten Erbregelung gleichen wird, knüpft an Vorgänger und Nachfahren an. Es bleibt ein hohes

Maß an Stetigkeit im Spiel. Alle diese Einwände führen wohl an den Rand dessen, was noch sinnvoll mit «Generation» zu bezeichnen wäre. Trotzdem und ein wenig anders: als Suche und persönliche Sammelarbeit. Ich kann niemanden auf meine Thesen verpflichten, ich kann nur Angebote zum Vergleichen machen. Meine These ist, dass die Babyboomer eine in der deutschen Geschichte auf unvergleichliche Weise beobachtete Generation darstellen. Und mit Beobachtung meine ich nicht Neugier, sondern ein ganzes Ensemble aus eingespielten Praktiken der Nachwuchsbetreuung, samt angeschlossener Einrichtungen und sie stützender Werthaltungen. Gegenstände einer solch organisierten Beobachtung werden die Kinder, weil sie im richtigen Augenblick in Erscheinung treten und weil sie so zahlreich sind, dass sie sich einer Lenkung zu entziehen drohen.

Zu einem Zeitpunkt, als die Mütter und Väter der Bundesrepublik, die realen wie die intellektuellen, dazu aufrufen, den neuen Staat und die neue Gesellschaft auf keinen Fall seiner Eigendynamik zu überantworten und alle Entwicklungen nur innerhalb einer begrenzten und entschlossen verteidigten Bandbreite vonstattengehen zu lassen, konfrontiert die Wirklichkeit sie mit diesem demografischen Überangebot, mit der Kinder-Abundanz. Die ist ein Segen für Gesellschaft, Wirtschaft und Kultur, sie erlaubt den handgreiflichen und lebendigen Neubeginn, aber sie schürt auch die Angst vor einer Nachkommenschaft, die sich politisch wieder falsch entscheidet und sich um die geläuterten Ideale der Altvorderen nicht schert. Und diese Ideale – bei ihnen handelt es sich am Anfang eher um einen Katalog politischer und weltanschaulicher Tabus – müssen den historischen Zufälligkeiten des Künftigen entzogen bleiben. Die Boomer kommen vor der Pille zur Welt, sie schillern zwischen Klapperstorch-Widerfahrnis und individuell betriebener Natalitätspolitik. Auch sie sind ein historisches Ereignis, in aller Zweideutigkeit und mit allen möglichen Gefahren, die ein solches mit sich führt. Die geburtenstarken Jahrgänge stellen ein ungeheures Potenzial dar, aber auch eine künftige Bedrohung. Eltern und Lehrer beobachten, Pfarrer, Professoren, Psychiater, Schriftsteller und Journalisten.

Zu unserem Wohlergehen werden die smarten Kräfte der Moderne mobilisiert, die Pädagogik, die Medizin und die Sozialversorgung, Psychotherapie, Sport und Kultur. Der Staat ermöglicht unsere Erziehung; die Wissenschaften, sofern sie sich der Deutung des Vergangenen annehmen, geben uns und unseren Eltern moralischen Halt. Alle diese Disziplinen, die in den Sechzigern und Siebzigern zu höchster Blüte gelangen, appellieren, etwas überspitzt gesagt, pausenlos an uns. Wir sind das Publikum und wir werden es auf unterschiedliche Weise bleiben. Wir bilden den Sinnhorizont von Wirtschaft und Technik. Wir sollen es besser haben und schreiben damit dem Aufbruch in eine neue Zeit eine gewisse Zielrichtung ein. Dafür werden wir umsorgt bis zum Ersticken. Nicht Überwachen und Strafen ist die Devise, sondern Anteilnahme und Hege. Der Preis, den wir fürs Wohlwollen zu entrichten haben, besteht in Loyalität. Nicht in Gehorsam, sondern aus freiwilliger und aus dem Inneren kommender Zustimmungs- und Mitwirkungsbereitschaft. Diese Bereitschaft muss gezeigt und vorgeführt werden, immer wieder, damit sie beobachtet werden kann, und dieses Zeigen lernen wir. Das wird unser Habitus.

Zur Prägung gehört, dass wir uns unsererseits zu gewieften Beobachtern, auch Selbstbeobachtern entwickeln. Lange geht das gut, und niemand empfindet das Behütungs- und Sorge-Regiment in der Lebenspraxis als fiese Kontrolle. Irgendwann kommt diese ausgefuchste Technik ins Trudeln. Aber das grundsätzliche Einverständnis werden wir diesem System niemals entziehen. Wir werden es im Gegenteil als unseren Auftrag an die kommenden Generationen weiterzureichen versuchen. Von Lessing soll der Ausspruch stammen, «die Schwachheit der meisten» bestehe darin, «mehr Gefallen am Aufbauen als am Niederreißen zu finden». Das ist ein vieldeutiger Satz. Er könnte auch die Schwäche dieser Generation bezeichnen, ihre Neigung, sich mit dem Ganzen zu verwechseln und gegenüber den Interessen Einzelner oder einzelner Gruppen aus erlerntem Universalmoralismus blind zu bleiben, sogar gegenüber den eigenen Interessen. Vielleicht eignet dieser Generation ein gewisser Hang zur Lebenslüge. Doch dann aus Gründen, die man wohl gut nennen muss. Immer waren wir aufbauend und dienlich, bis sichtbar wurde, dass wir damit auch uns selbst dienten. Es besteht also Grund anzunehmen, dass den Boomern manches dunkel geblieben ist, was sie betrifft, trotz fortwährendem Selbst-Check. Jede Beobachtung schiebt anderes ins Unbeobachtbare. So gibt es möglicherweise noch etwas zu entdecken.

Mit ein wenig Fantasie lässt sich in den Jahren Ende der Fünfziger bis Mitte der Sechziger ein erstes, noch ganz vorläufiges, aber deutliches Ausatmen in der neuen Bundesrepublik vernehmen. Es signalisiert den Zustand eines ersten Einverständnisses mit sich und den Umständen. Die auf die Anfangsjahre folgende Phase der Maßlosigkeit ist vorüber. Auch die vom Koreakrieg ausgelösten Weltkriegsängste haben sich gelegt. Die Sorge ums körperliche Wohlergehen trägt nicht länger hysterische Züge, und die Wunscherfüllung kreist nicht mehr nur um den eigenen Wanst. Das neue, für alle verbindliche Tempo ist also von strikter Disziplin und Üppigkeit gleichermaßen gekennzeichnet. Es ist dann nicht ganz einfach, sich in dieser Hinsicht auszubalancieren, sodass Rückfälle in die alte Unmäßigkeit immer wieder möglich sind. Nervosität gesellt sich beinahe jedem als treue Begleiterin hinzu. Das Rauchen soll beruhigen, macht aber nur noch nervöser. Ungeheure Mengen von Ernte 23 verfeuern meine Eltern und ihre Freunde in jenen Jahren. Ich frage mich, was sie so viel und so lange miteinander zu bereden haben. Nicht anders als überquellend sind die Aschenbecher vorstellbar, sämtliche Aschenbecher, in jedem Zimmer. Mit den flachen, orangenen Schachteln baue ich mir Burgen. Eine Menge wird angeschafft und wieder weggeschafft, ständig muss ich neue Sachen anprobieren. Die Dingwelt entfaltet ihre ganz besondere Erotik, aber sie entwickelt sich langsam zu einer sachlichen und geregelten Erotik. Dort draußen scheint eine Bienenkönigin zu regieren, fortlaufend Gegenstände gebärend, die das Leben bequemer, vielfältiger, reicher machen. Gleichwohl lernt man das Maßhalten.

Die Dinge funktionieren, ja ihre Funktionalität ist geradezu allumfassend, denn die Objekte greifen hinsichtlich ihrer Brauchbarkeit ineinander wie Zahnräder, sie sind durchdacht und von ausgezeichneter Qualität. Ihre Anziehungskraft beruht nicht allein auf der Entlastung, die sie gewähren, oder auf dem Status, der mit ihnen errungen wird, sondern sie werden um ihrer Funktionsfähigkeit willen bewundert. Ihre Schönheit liegt im Gebrauch. Voller Stolz, als hätte man sie selbst gebaut, werden dem Knaben Schiffe, Autos und Flugzeuge vorgeführt, aber auch Kühlschränke und Waschmaschinen. Es sind befreundete Gegenstände, sie sind alle Teile fürs Ganze eines Daseins, das nun zu einem großen Teil ihnen gewidmet und mit ihnen gemeinsam geführt wird.

Die Männer der Stunde sind Konstrukteure und Planer, aber anders als in der «sogenannten DDR» wird keinerlei Kult um ihre Personen getrieben. Ziel und Zweck ihrer Künste ist auf ganz andere Weise allgemein als «drüben». Die Eigentümlichkeit der frühen Bundesrepublik besteht darin, dass sie keine direkten Urheber kennt. Alles läuft aus sich heraus, keine Partei, kein Politbüro schubst. Wie das alles so funktioniert, ist es dann auch keine Wiederauflage einer künstlich befeuerten und an der Kandare gehaltenen Kriegswirtschaft mehr, sondern Ökonomie beinahe ganz ohne Politik. Dass währenddessen die Autorität des alten Kanzlers Adenauer langsam schwindet und dass der neue Kanzler Erhard nach Kräften zerrieben wird, dass Koalitionen immer schwieriger zu schmieden sind oder um die Einführung einer Bundeswehr gestritten wird, nimmt zwar Aufmerksamkeit in Anspruch, aber nicht zu sehr. Von der Politik wird erwartet, dass sie in erster Linie die richtigen Rahmen setzt, was die Politik in Bonn auch verspricht. Macht und Parteienstreit sind Schlacken, die der neue Produktionsprozess auswirft und die er am Ende ausscheidet.

Es macht den Anschein, diese Art ungesteuerter Vernünftigkeit erledige die meisten der Malaisen, an denen das 20. Jahrhundert litt. Der Sachzwang stiftet Versöhnung, und zum ersten Mal ist die Moderne unschuldig. Das ist in Deutschland etwas Neues, und die Erfahrung ist die einer stabilen Lebenswelt, welche auf einem Zusammenspiel der gesellschaftlichen Teilsysteme beruht, von Wirtschaft, Recht, Technik, Verwaltung, Politik. Einige träumen noch von einem Zentrum, aber das ist gar nicht mehr vonnöten. Die Bundesrepublik ist eine kühle Maschinerie, kein wabernder Geschichtstraum. Ihren Umriss stecken die Fehler aus Kriegs- und Vorkriegszeit ab, wozu nun auch der Staatssozialismus des Ostblocks zählt. Seither trägt der im Westen den Index eines Archaischen, des immer schon Veralteten. Auch die Versuchungen des Kommunismus werden gebannt, indem eine absolute Zeitschranke gesetzt wird. Dann ist die Bundesrepublik die Überwindung oder die Korrektur des Geschichtlichen insgesamt. Der Kalte Krieg stellt zwar eine Bedrohung dar, weil in ihm die Historie als Quell allen Ungemachs gespeichert bleibt. Aber zum Glück ist sie eingefroren. Es gilt die Zeitschranke: Fortschritt ereignet sich nur hierzulande, in kontrollierter Weise.

So wird das Land als Schutzstaat entworfen, als ein Gemeinwesen, das seine Bürger vor den erkannten Gefahren falscher Ideologien und Pfadabhängigkeiten beschirmt. Der Eiserne Vorhang schützt vor der Geschichte als Gesamtheit der Verirrungen, vor dem Freiheitsverlust der Kollektivierung und vor den Scherereien der Planwirtschaft, ebenso vor den Auswirkungen des Raubtierkapitalismus, vor Inflation und Deflation, vor der individuellen Verarmung und vor der Verelendung der Arbeiterklasse. Der Schutzstaat sichert die Gesundheit aller und in einer gewissen Bandbreite auch die richtige Gesellschaftsmoral. Dieses Schutzsyndrom legt es gezielt auf die Erzeugung von Stabilitätsgefühlen an, von Vertrauen und Zukunftsoptimismus. Das gelingt auch.

Nichts Heroisches möge die neue Zeit mehr enthalten. Im Rahmen der eingezogenen Planken darf ein jeder sein Leben führen, wie er mag. Zustimmung erhält das System, weil es ermöglicht, eine Lebenspraxis im Rahmen von selbstständigen Sphären zu organisieren, von denen keine sich aufschwingt, Besitz vom Ganzen der Gesellschaft zu ergreifen. Der Einzelne ist nicht mehr nur Arbeiter oder Angestellter, er ist auch Konsument, Angehöriger einer Konfession, politischer Kopf und Staatsbürger. Und zwar gleichwertig, denn kein historisches Schicksal prägt ihn mehr vollständig, vor allem prägen ihn nicht länger seine Standes- oder Klassenzugehörigkeit. Deswegen wirkt das politische Angebot der Christdemokratie in jener Zeit geradezu unwiderstehlich. Es drängt auf Kompromisslösungen in allen gesellschaftlichen Bereichen. Der Einzelne soll sich entfalten, das heißt, seine Freiheit ist zu bewahren und jeder soll eine Chance auf Teilhabe erhalten. Perfekt passt sich die personalistische Weltanschauung der Christdemokratien im gesamten westlichen Europa dem neuen Funktionalismus an wie ein Handschuh. Noch ist das Habenwollen legitim, alles darf meins sein und wird es. Konsum und Warentausch zeichnen den großen Rahmen nach und verstärken ihn, sie befestigen ihn durch gelebte Praxis.

Man möchte den waltenden Mechanismus «liberal» nennen, doch seine Begleiterscheinungen sind in jener Zeit eher andere. Man fährt gar nicht die Ellbogen aus, man lernt vielmehr Gemeinschaftlichkeit und Gleichheit zu schätzen. Es ist plausibler, das geteilte Parallelleben fortzusetzen als sich in echte Konkurrenz zueinander zu begeben. Spuren des Kommunitären und des Egalitären senken sich ein. Es gibt harten Wettbewerb, doch der wird noch verborgen, geradezu verschämt ausgetragen. Der Ego-Shooter von damals ist Kaufmann oder Existenzialist. Er entfernt sich also vom allgemeinen Muster nicht allzu weit. Sein Verhalten gilt nicht als anstößig, denn die Verteilungsdynamik des Wohlstands wird noch nicht als der gewiefte Erwerb gesellschaftlicher Macht durch wenige erlebt. Der Fabrikant darf sich wie ein Pascha verhalten, solange er für seine Leute sorgt. Ein paar Jahre lang genießt die Bundesrepublik, dass die Eigenlogik der Gesellschaft mit all den vielen neuen Wahlmöglichkeiten der Einzelnen in prästabilierter Harmonie zu schwingen scheint. Das Land wird das dadurch ausgelöste Wohlgefühl nicht vergessen. Diese Vibrationen bilden sein Grundrauschen. Wie sehr diese Rahmensetzung mit Musterung, Sonderung, mit Verhinderung und Niederhalten liiert ist, bleibt lange unbemerkt. Darauf werden erst Spätere den Finger legen, und schon, dass es überhaupt erwähnt wird, zieht die heftigsten Auseinandersetzungen nach sich.

Die kleinen gesellschaftlichen Ereignisse, an denen ich teilnehmen durfte, beschränken sich weitgehend auf Familiengeburtstage. Geburtstage werden dauernd gefeiert, wie denn der Familienverbund auch beständig anwächst. Am Nachmittag gibt es Erdbeertorte, am Abend lauert schon wieder der eklige Heringssalat. Es trifft sich immer wieder derselbe Kreis aus Omas und Opas, Schwestern, Brüdern, Tanten und Onkeln, Cousinen und Cousins. Ab und an taucht auch jemand mit unklarem verwandtschaftlichem Status auf, aber sie alle werden einander niemals überdrüssig. Wir Kinder toben sofort durch den Garten, wir trampeln die Spargelbeete platt und pflücken die unreifen Äpfel vom Baum. Niemand brüllt, sondern es wird viel getröstet, weil unsere Knie sich ständig aufschürfen und die Köpfe weicher sind als Äste und Steine.

Dort ist sie zu fassen, die notorisch gute Laune der frühen Sechziger. Tatsächlich kommt es niemals zu Streit unter den Erwachsenen, obgleich die sich inzwischen verdammt gut kennen müssten. Trotzdem keine Zerwürfnisse, kein neuer, kein alter Hader. Die Zweige des Clans haben ihre vorbundesrepublikanischen Zwiste begraben, das gute Leben sollen sie nicht weiter beeinträchtigen. Alle scheinen einander zu mögen, so nimmt es jedenfalls das Kinderauge wahr, pausenlos prosten sie einander zu, und manchmal singt sogar einer ein Lied. Von heute aus wirkt das ziemlich exotisch. Anscheinend gibt es auch keinen Neid. Die einen machen Karriere und haben schon mehr Geld als die anderen. Mein Lieblingsonkel H. besitzt einen Kiosk und er macht nicht den Eindruck, als würde er dereinst ein Kiosk-Imperium sein Eigen nennen. Das spielt alles keine Rolle, wichtig ist das Gefühl, dass es allen spürbar besser geht. Politische Debatten werden in solchen Runden vermieden. Das Ressentiment richtet sich vielleicht auf etwas Sexuelles, aber mit Macht und Geld hat es noch nichts zu tun. Überhaupt wird das Öffentliche ausgeblendet, von der Sphäre des Streites und der Interessendurchsetzung ist für einen selbst vorläufig nichts Gutes zu erwarten.

Das Kriegsende hatte zwar große Not gebracht, doch man kann mit Recht behaupten, dass sie genau in dieser Weise dem Wiederaufstieg günstig war. Vielleicht hatten sich die Eigentumsverhältnisse nicht verändert, aber alles andere schon. Rassenwahn und Selbstisolation hatten eine geradezu gespenstisch einheitliche Bevölkerung hinterlassen. In der Eigenwahrnehmung überwog der Eindruck, alle seien nun einigermaßen gleich, zumindest in der eigenen Umgebung. Dieser Eindruck wurde verstärkt durch den Umstand, dass kein Vokabular mehr zur Verfügung stand, das den Fortbestand einer gesellschaftlichen Identität auch nur glaubhaft machte. Hätte man die «alte» Gesellschaft beschworen, würde man sich auch ihre alten Differenzen eingehandelt haben, und das lag nicht im Interesse der Überlebenden. Kulturelle Merkmale, die zuvor «das Deutsche» definierten, hatten sich außerdem in Zeichen der Ächtung verwandelt. Die Deutschen der Nachkriegszeit kannten zwar ein Zusammengehörigkeitsgefühl, das aber vermochte sich in nichts auszudrücken. Es war gleichsam wortlos, sieht man von Litaneien oder sarkastischen Schlagern einmal ab. Man kann es auch anders wenden: Die immerfort Feiernden waren viele Geburtstage lang von allem entlastet, was mit Politik und Historie zusammenhing. Sie hatten keinerlei Mission mehr und sie genossen es.

Das große deutsche Über-Ich war auf einmal weg. Die großen, die mythisch aufgeladenen Konflikte waren erfolgreich in die Vorvergangenheit zurückgedrängt worden, ins unbenennbare Altertum zurück und zurück in die schlimmen Bücher, aus denen sie sich erhoben hatten. Was mit dem Großen, dem Überpersönlichen zu tun hatte, konnte getrost auf uns, auf die Kommenden, delegiert werden: Das ruckelt sich schon zurecht. Und als am Ende des Jahrhunderts die Geschichte mit der Einheit wieder an die deutschen Türen klopfte, zeigte sich, dass wir Kinder diesen Reflex, sich als historisch unzuständig zu erklären, verinnerlicht hatten. Auch die Lethargie ist ein Ausdrucksphänomen. Tief eingesenkt ist der bundesrepublikanische Wunsch, soziale und politische Konflikte möchten sich erledigt haben, nur noch Material für Historiker und Philosophen, nichts mehr, das uns ärgert. Wenn Onkel H. vom Krieg erzählte, waren es immer Schwejkiaden.

Viele Gründe gibt es, sich der tröstenden Fiktion einer «Stunde Null» nicht hinzugeben. Wenn man diesen Begriff aber als Chiffre für den Ausfall klassischer Sprachen verwendet, mit denen üblicherweise historische Beständigkeit gesichert wird, dann mag er in gewisser Hinsicht gerechtfertigt sein. Die Stunde Null wäre dann nichts weiter als diese Ausdruckslücke. Was heißt: Alles in die Zukunft Weisende entsprach damals einer mit sozialem Sinn kaum angereicherten Erfahrung des Überlebens gegen alle Wahrscheinlichkeit. In dieser Lage hinderte die Menschen nichts mehr, solidarisch zu sein. Und weiter: Wer sich und seine Familie ernähren wollte, der tauschte. Die Protomärkte, auf denen Luxusgüter gegen Naturalien eingetauscht wurden, waren eine erste Quelle von Kooperativität, so wenig fair oder effizient sie gemäß heutigen Standards gewesen sein mochten. Sie erzwangen eine neue ökonomische Sachlichkeit, die mit dem Opfergejammere nichts mehr zu tun hatte und auch nichts mehr mit Kriegswirtschaft und Durchhalteparolen. Am Anfang diente der Tausch nicht nur der Bereicherung und dem Betrug. Es ist ja ausführlich beschrieben worden, wie die Deutschen als D-Mark-Nation begannen und wie sehr die Einführung einer verlässlichen Währung das soziale Leben anregte.

Gleichwohl richteten die Deutschen ihr Gemeinwesen nicht am Vorbild des angelsächsischen Wirtschaftsliberalismus aus. Vielmehr gewannen sie dem Konzept einer «sozialen Marktwirtschaft» etwas ab. Warum? Doch nicht, weil die Reden Ludwig Erhards so überzeugend klangen. Die Nachkriegsjahre hatten den kooperativen Aspekt des Marktwirtschaftlichen in den Vordergrund gerückt, einfach weil diese ersten Märkte in eine Unzahl partnerschaftlicher Praktiken eingebettet waren. Unter waltenden Umständen war es vernünftiger, keine Konkurrenzgesellschaft zu werden. Die relative Egalität des Anfangs, aber auch die vom Nationalsozialismus hinterlassene soziale Homogenität hatten einen großen Anteil daran, dass die erste Selbstorganisation stabil ausfiel und sich um sie staatsloyale Mentalitäten ausbildeten.

Es gab kein Staatswesen zu restituieren, kein Erbe zu retten. In welcher Weise der Wiederaufstieg bewerkstelligt wurde, folgte der historischen Gelegenheit, dem Zufall und dem Glück punktueller Planung, vielleicht auch dem Wohlwollen der westlichen Alliierten – aber eine sichere Bank war das alles nicht. Ob es unverdient war, wie die Deutschen die Chance nutzten, müssen Historiker beurteilen. Vor einem neuen Nationalismus schützte vorläufig eine eingeschränkte staatliche Souveränität sowie die Lage als Frontstaat. Beides verlängerte die Situation des Anfangs künstlich. Darunter konnte sich der starke Selbstbezug dieser Gesellschaft lange erhalten. Er kreiste um eine Wirtschaft, die entsprechend allgemeinen Zielen diente, ihre soziale Komponente nie verlieren durfte und damit den Erfolg moralisch adelte. Der Selbstbezug kreiste aber auch um einen bestimmten Umgang mit dem Fremden. Zweifellos integrierte die Bundesrepublik Flüchtlinge und Displaced Persons, später auch Migranten, doch immer gemäß der unausgesprochenen Regel, Integration müsse am gemeinschaftlich Verträglichen und ökonomisch Gefahrlosen ausgerichtet bleiben. Kommunitäre Gemeinschaften neigen zum Ausschluss, auch wenn sie sich als vernünftige Zweckgemeinschaften verstehen. Die Bundesrepublik war modern, freiheitlich und liberal – und trotzdem entwickelte sie sich eigentümlich innengewandt, fast wie ein skandinavisches Land. Wie die Wirtschaft auf der Basis eingebildeter Gleichheit funktionierte, bildete das einen vollwertigen Ersatz für eine Staatsidee mit nationalem Sammlungsaufruf. Und die gleichsam unerzählte, vielleicht auch unerzählbare Erzählung der frühen Bundesrepublik hätte dann mit dieser seltsamen Zeit zu tun, in der Chancengleichheit, materielle Gleichheit und ethnische Gleichartigkeit noch nicht voneinander geschieden zu sein schienen.

Als ich in die Schule kam, wurde ich, entgegen allen Versprechen, aus meiner familiären und nachbarschaftlichen Blase herausgerissen. Meine Schule war ein kasernenartiges Gemäuer aus wilhelminischer Zeit, mir gewaltig groß erscheinend, in Wirklichkeit aber schon zu klein für die einströmenden Jahrgänge, die in riesige, kaum zu bändigende Klassenverbände aufgeteilt wurden. Auch Feldwebellehrer konnten dem Gejohle oft genug nicht standhalten. Die Turnhalle wirkte ebenso vorweltlich mit ihren hinterlistigen, wulstigen Kletterseilen und den speckigen Lederpolstern der Geräte, die aussahen wie Trophäen einer Großwildjagd. Es war ein Ertüchtigungsarsenal, in dem ein knapper, scharfer Ton herrschte. Kaum zu glauben, aber ich lernte das Schreiben tatsächlich noch auf einer iPad-großen Schiefertafel. Das infernalische Geräusch, das man mit diesem Schreibgerät veranstalten konnte, war die Protestform der Gezüchtigten. Der Hausmeister war ein Drache, der mit uns machen konnte, was ihm einfiel, und ihm fiel manches ein. Es stank. Diese Schule war es, das schreckenerregende Monstrum der Vorzeit, das deutsche Altertum, jetzt hielt es mich in seinen Pranken. Die Schule konfrontierte mich mit Willenlosigkeit, Vermassung und Unterwerfung, vor allem konfrontierte sie mich mit Gewalt. Dass alle damals «noch nicht so zimperlich» waren, machte es nicht besser. Frau W., eine baumlange Friesin, warf mit Schlüsselbunden und Kreidestücken nach uns. Ihre Hand hinterließ eine rote Silhouette auf verdutzten Kindergesichtern. Irgendwann wurde der Direktor jener Anstalt aus dem pädagogischen Verkehr gezogen. Es hieß, er habe bei der Misshandlung seiner Schützlinge ein wenig über die Stränge geschlagen. Damals war eine solche Maßnahme ungewöhnlich; man konnte also von einer hartnäckigen sadistischen Neigung ausgehen. Wir mussten uns nackig machen, immer wieder in Reih und Glied aufstellen und sangen «Wenn die bunten Fahnen wehen». Es gab die lieben jüngeren Lehrer, aber auch die vom alten Schlag, die ihren Nachkriegsfrust an uns austobten.

Neben der Schule, abgetrennt durch einen mannshohen, aber natürlich durchlässigen Maschendrahtzaun, lag ein Kinderheim. Seine Architektur war moderner als der in ihm herrschende Geist. Wer Waise war oder aus einer «asozialen» Familie kam, gehörte automatisch zu den «Armen», ja er gehörte nicht einmal in die Gesellschaft hinein, wie sie unsere natürliche Umgebung bildete. Zum ersten Mal: der Unterschied. Manche dieser Zöglinge, nun unsere Klassenkameraden, stammten aus Beziehungen mit Soldaten der britischen Besatzungsarmee. Recht zahlreich war diese Nachkommenschaft sogar, sie wurde abgeschoben, versteckt, war geschunden und vernachlässigt. Es waren Kinder voller Angst und Wut. Eines von ihnen hieß Charles («Scharlie») und war ein bulliger Rothaariger wie aus einem Ken-Loach-Film. Mit ihm raufte ich, dass die Stühle und Tische flogen.

Andererseits verfügten wir damals noch nicht über die Mittel, will sagen über die hinreichende Bosheit und den Scharfsinn, den Unterschied dauerhaft zu markieren und ihn mit stabilen Vorstellungen zu versehen. Es war auch schwierig, ihn genau zu benennen, denn dass wir Eltern und mehr Geld hatten, war reiner Zufall, außerdem sprachen sie unsere Sprache und sahen aus wie wir. Sodass der Unterschied immer auch wieder vergessen wurde, plötzlich keine Rolle mehr spielte und die Gruppen sich neu formierten. In anderen Konfliktlagen waren Scharlie und seine Kampfkraft willkommene Verbündete. Eine Menge Vorwürfe von Eltern und Lehrern handelte ich mir ein, weil ich mich ausgerechnet mit einem Heimkind keilte: Sein Schicksal war doch beklagenswert, und gerade es hatte unsere Rücksichtnahme verdient. Fand ich nicht, aber nichts ließ damals darauf schließen, dass die Erwachsenen die Unterschiede betonten oder uns gar Begriffe dafür an die Hand gaben. Vielmehr sollte auch unsere Kinderwelt eine sein, in der eine jede und ein jeder seinen Platz hatte. Streitereien sollten mit gutem Zureden vermieden werden und mit Appellen zur Einsicht.

Anders waren andere. Wirklich anders waren die älteren Jugendlichen, die auf den Straßen herumhingen. Von ihnen war nichts Gutes zu erwarten und vor ihnen wurden wir gewarnt. Sie waren damals durchweg biodeutsch, selbst wenn sie polnische Nachnamen trugen. «Halbstarke» nannte man sie, während wir nicht bestätigen konnten, dass sie nur halbstark waren. Viel mehr als uns, die wir am Ende immer auf Nachsicht rechnen konnten, betraf sie das Überwachungsregime von Schule und Polizei. In jenen Jahren wurde der draußen rauchende Jungerwachsene angehalten und amtlich überprüft. Seine Eltern erfuhren von seiner Tat, und besonders dringlich wurde ermahnt, wenn es sich um ein Mädchen handelte, denn eine deutsche Frau rauchte noch immer nicht. Diese Älteren gehörten tatsächlich nicht zu uns. Sie *zeigten* ihren Missmut, sie fuhren knatternde Motorräder, trugen Lederklamotten und legten auch schon mal eine Kneipe in Trümmer. Ihre Musik war schnell und gar nicht heiter. Sie würden uns eines Tages zu Schnaps und Zigaretten verführen, das stand außer Frage, vor allem stachelten sie uns zum Ungehorsam gegenüber Autoritäten an, die nun die neuen waren und aus ihrer Sicht keinerlei Widerstand mehr verdienten – jedenfalls waren davon die neuen Autoritäten überzeugt. Diese Jugendlichen verursachten Störungen im endlich erreichten, allumfassenden funktionalen Frieden. Folglich galt ihr Zoff als ein Anschlag aufs Ganze. Die Jahrgänge vor unseren geburtenstarken fielen nicht unters Syndrom des Wohlwollens. Auch die Braveren unter ihnen blieben Objekte des Misstrauens. Der Blick auf sie, die noch in den Wirren des Kriegsendes oder in der harten Zeit danach gezeugt waren, wie auch immer es geschehen war, fiel unsentimentaler aus.

An dieser Stelle zeigte sich eine Art Ungleichzeitigkeit in meiner Welt. Für unsere Eltern waren diese Kids schlichtweg Fremdlinge, denn sie gehörten weder zur Generation der Kriegsteilnehmer, noch zu unserer so sehr idealisierten. Sie konnten keine Nachsicht beanspruchen und auch keine Fürsorge, Kinder im Limbo. Die Eltern dieser um 1945 Geborenen hatten keine Wohlstandssprösslinge zur Welt gebracht, sondern Kräher im Luftschutzbunker, den Ballast auf der Flucht, die unwillkommenen Esser, kurz: Überlebenskomplikationen. Das Verhältnis zu ihnen war ein anderes, es war rauer, sachlicher. Im Verhältnis zu ihren Eltern spielten Projektionen eine geringere Rolle; andere Erinnerungen formten dieses Beziehungsgeflecht. Sie waren ihren Erzeugern und Rettern kreatürlich so nah gewesen, wie es nur in der akuten Not geschehen kann, vielleicht sogar bedrohlich nah, und sie waren ihnen zugleich ferner als wir den unseren, denn sie erinnerten an eine unbedingte Pflicht zum Erhalt des Nachwuchses, eine letzte, verzweifelte, schwer erkaufte Humanität, die man, sobald es ging, nicht mehr wahrhaben wollte.

Früher als wir lernten sie, selbstständig zu sein. Wahrscheinlich war die Verwahrlosung, die in den Sechzigerjahren noch ein verbreitetes und auch sichtbares Phänomen bildete, nicht nur auf materielle Not zurückzuführen. Sie hatte auch mit der Neigung zur unterbewussten Distanzierung, manchmal sogar Verstoßung von Kindern zu tun, die dem Drang zur Wiederaufrichtung der elterlichen Persönlichkeiten und deren Wiedereingemeindung in die Normalisierungsgesellschaft im Wege standen. Die Jugendlichen von damals machten sich darauf ihren unbewussten Reim. Sie, nicht wir waren «schwer erziehbar». Seither konnte diese Bundesrepublik das Grundgeräusch der juvenilen Rebellion hören, wenn sie es denn wollte, Aufmüpfigkeit und feindseliges Schweigen, Gekeife und Gegröle, Jazz, Rock'n'Roll, später Punk, auch das Geräusch einer auf Kieferknochen treffenden Faust. Freunde meiner Eltern riefen ihre fast erwachsenen Söhne nur «Bocki» und «Mauli», zwei ausgesprochen nette Jungs im Übrigen, die später Friseure wurden.

Vermutlich ist es kein Zufall gewesen, dass die Mitfühlenden und moralisch Integren unter den nachmaligen Protagonisten der RAF ihre politische Arbeit in der Betreuung schwer erziehbarer Jugendlicher begannen. Ulrike Meinhof, selbst Teil der Limbo-Generation, sah im Phänomen verhaltensauffälliger junger Leute den gesellschaftlichen Skandal, aber eben auch das politische Potenzial. Für diese Quelle abweichender sozialer Möglichkeiten wollte sich allerdings so gut wie niemand interessieren, auch später nicht. Nur in den frühen Filmen von Hark Bohm durften diese Jungs und Mädchen wortkarg auftreten. Was mit der Entfesselung zerstörerischer und selbstzerstörerischer Energien zusammenhing, blieb in Deutschland mit einem Berührungsverbot belegt. Gewalt war nur von Interesse, wenn sie analysierbar und wenn sie zuvor durch das Nadelöhr einer politischen Ideenlehre gegangen war. Sie musste beherrschbar sein. Der spontane, ungeregelte Energieausbruch behielt immer etwas Beschämendes und Kränkendes für die Idealgemeinschaft. Selbst als sie längst zu Mördern geworden waren, benahmen sich die RAF-Leute noch wie Halbstarke. In Ulrike Meinhofs Fernsehdrehbuch sagt eine der jungen Frauen: «Wir machen 'ne Aktion – was passiert? Bambule! Alles kaputt, die Bullen, aus, bums.» Die Spanne zwischen Aufbruch und Frust war kurz. Das Muster, in der Jugendgewalt sofort den Terrorismus zu wittern, war eingelernt, bevor es den Terror gab, und genau diesem Muster entsprechend wurden die RAF-Leute auch wahrgenommen, als monströse, sich bis zur Kenntlichkeit steigernde Verkörperungen der Idee des Halbstarken. Was den Hass auf sie nur noch unmäßiger machte.

Gemessen am allgemeinen Zeitgefühl bildeten aufheulende Mopeds erst einmal nur einen kleinen Problembereich. Jede und jeder würde schließlich erwachsen werden, so die gängige Überzeugung, und sie würden auch lernen, für sich zu sorgen, eigene Kinder bekommen, leben wie alle anderen. Der Konformismus der frühen Sechziger war in dieser Hinsicht von Weltvertrauen grundiert. Er war wirklich gut gemeint, denn es konnte ja alles immer noch besser werden, und das wurde es ja auch, falls niemand die Nerven verlor oder der Russe nicht doch noch kam. An den Rändern der Republik tummelte sich allerlei Gelichter, Kommunisten und «Zigeuner», Halbstarke, Ostagenten oder auch jene, die es am Ende doch nicht in den Wohlstand geschafft hatten, dem Doppelkorn verfielen und weiter in alten Nissenhütten hausten.

Je nachhaltiger der christdemokratische Personalismus auf die Geister Einfluss nahm, desto deutlicher trat seine Doppelgesichtigkeit hervor: Eine Weltanschauung, die auf den Einzelnen setzte und ihm Vertrauen entgegenbrachte, entfaltete ungeheure integrative Kräfte, weil es nachholend Arbeiter, Katholiken und Flüchtlinge zu selbstverständlichen Mitgliedern der Mehrheitsgesellschaft erklärte. Auf der anderen Seite bestand sie auf Selbstverantwortung. Für sich verantwortlich sollten plötzlich Menschen sein, die nicht länger in einem agrarisch-halbindustrialisierten und christlich geprägten Deutschland lebten, sondern in einem technisch und ökonomisch rasant sich modernisierenden Staat. Begleitet wurde die Selbstverantwortlichkeit von hohem Anpassungsdruck. Minderheiten bekamen den zu spüren. Wer außerhalb der Gesellschaft lebte, tat es aus eigenem Entschluss und sollte die Folgen dieses Entschlusses gefälligst auch tragen. Inmitten der Gemeinschaftlichkeit traten die Grenzen der Solidarität schnell zutage, und ohne Zurechtweisung und Naserümpfen war sie gar nicht vorstellbar.

Dass sich daraus keine drängende politische Frage entwickelte, hing mit dem unerschütterlichen Zutrauen zusammen, das die Bundesbürger dem Funktionalismus ihres Gemeinwesens entgegenbrachten. Die allermeisten Fragen schienen tatsächlich vernünftig lösbar zu sein; das Ganze war schließlich ingenieurhaft eingerichtet, es war zu reparieren und zu optimieren. Ihm entsprach eine Art technischer Idealismus, aus dem Hoffnungen ohne Ende ableitbar waren, aber auch ein neues Ethos, dieses Ganze in seiner Stattlichkeit zu schützen, eine Aufgabe für die Behörden. Von heute aus betrachtet wirkt der Futurismus jener Zeit naiv, doch beseelte er die ernsthaftesten Frauen und Männer, Pädagoginnen, Politikerinnen, Medizinalräte und Wirtschaftskapitäne.

Der Gedanke einer «Globalsteuerung» mit ihrem «Magischen Viereck» (!) darf wohl als eine der verwegensten Ideen jener Zeit gelten, wenn sie sich damals auch plausibel, ja geradezu als zwingend ausnahm. Die Globalsteuerung war eigentlich nichts weiter als ein auf die Gemütslage der Bundesbürger zugeschnittener Keynesianismus, ein strategischer Entwurf zur Beeinflussung der Gesamtwirtschaft durch gezielte Impulse in Richtung auf Wachstum, Preisentwicklung, Arbeitsmarkt sowie Investitionsaufkommen. Aber natürlich war sie mehr, sie hatte eine kulturelle Bedeutung. Sie sollte sich zur geglaubten Fabel entwickeln, sie war eine kollektive Ordnungsfantasie, dazu ausersehen, bis ins Herz der Unternehmer- und Angestelltenrepublik vorzudringen. Die Steuerung erstreckte sich aufs Fiskalische ebenso wie auf das Verhältnis von Kapital und Arbeit, betraf also einen jeden und galt ganz offen auch als Mittel der politischen Modellierung von Gesellschaft.

Karl Schiller, genau wie Onkel A. ein sozialdemokratisch gewendeter Vorzeigenazi, bloß auf Weltniveau, hatte den Grundgedanken in den späten Dreißigerjahren entwickelt. Er war Bestandteil eines Planes für eine deutsche «Großraumwirtschaft» gewesen, die in den zu erobernden Gebieten Europas eingerichtet werden sollte. Nicht alles war schlecht, sagte sich Schiller, und von Keynes hatte er gelernt, dass die Feinde in Wirklichkeit Risiko, Ungewissheit und Ignoranz hießen. 1967 wurde die Globalsteuerung im Stabilitätsgesetz verankert, kaum zehn Jahre darauf stillschweigend wieder zu Grabe getragen. Ende der Siebziger begann das Globale im Stabilbaukasten der bundesrepublikanischen Volkswirtschaft zu fuhrwerken, und zwar mit aller Kraft. Das Gefühl prästabilierter gesellschaftlicher Harmonie hatte sich verflüchtigt, sobald es der gesetzlichen Festschreibung bedurfte; da war es auch schon mit der realen Beherrschbarkeit vorbei. Es ist kein Wunder, dass der Gedanke einer Globalsteuerung von Wirtschaft und Gesellschaft heute wieder neue Anhänger gewinnt; auch dieser magische Moment hatte so seine Spur gezogen. Vielleicht war diese Idee gar nicht das kühne Zukunftsprojekt, als welches sie gemeint gewesen war. Vielleicht war sie schon ein Verteidigungsbollwerk, einer der ersten jener aufwendigen Versuche eines unideologischen Konservatismus, mit dem die Bundesrepublik ihr Wohlergehen und ihr Selbstverständnis verteidigte.

International war die westdeutsche Wirtschaft vom ersten Augenblick an gewesen, und mein Vater, der Ingenieur, gehörte zu den Zukunftsmännern des Exports. Er reiste durchs Ausland, als das Saargebiet noch französisch war und woanders die letzten Fabrikanlagen abgeschraubt wurden. Er flog regelmäßig mit dem Flugzeug, als Crews und Passagiere noch kleine Partys beim Piloten im Cockpit feierten. Die Reisen meines Vaters waren so lang wie seine Erzählungen, wenn er wieder nach Hause kam. Mich interessierte das nicht sonderlich. Das da draußen lag alles jenseits meiner Welt, obwohl ich nun syrische Intarsienkästchen als Garagen für meine Autos besaß und mit indonesischen Wayang-Figuren Schattenspiele veranstalten konnte. Die machten auf meine Kameraden auch keinen Eindruck. Mein Vater tummelte sich in Rom auf der Via Veneto und trank mit Marcello Mastroianni Campari. Den meisten zu Hause sagte weder das Getränk etwas noch der Name des Schauspielers. Mein Vater schilderte uns, wie Beirut und Damaskus aussahen, Singapur und Hongkong, er zauberte Tee und Datteln aus seinem Koffer, die keinem schmeckten. Auch ihm nicht. Die Wahrheit war: Die ganze Reiserei machte ihm keinen Spaß. Er bestand darauf, dass es Dienstfahrten waren, um seine Maschinen zu verkaufen, anstrengend und der Pflicht geschuldet. Am schönsten war es nach wie vor daheim. Seine Reisen standen noch nicht im Glanze jenes Kosmopolitismus, auf den sich die Bundesdeutschen ein paar Jahrzehnte später so viel einbildeten.

Ich kannte Mailand, Venedig, Zürich, Brüssel und Biarritz, als meine Freunde ihre Großeltern auf dem Land besuchten und viel weiter in die Welt nicht gelangten. Was brachte es da, von fernen Städten zu berichten? Natürlich hatte irgendwann die Reisewelle nach Österreich und Italien eingesetzt. Doch auch diese Urlaube waren zuerst einmal probeweise Ausmärsche gewesen. Sie hatten mit einem selbst, aber nichts mit dem Ausland zu tun. Es waren Reisen in ein Wetter, das man daheim zu vermissen sich einredete, und hinein in Kulissen, die allgemein für schön gehalten wurden. Dosiert blieb der Kontakt zu den Eingeborenen, das vertraute Essen lag im Gepäck verstaut, alle Urlaubsfotos sahen ähnlich aus. Niemand wollte ernsthaft etwas Neues sehen oder hören, und der Nachweis des interkulturellen Austausches war das Mitbringsel, von dem sofort irgendwelche Fasern herabhingen.

Das Jahr 1962 verbrachte die Familie in Athen. Mein Vater arbeitete dort und wollte seine Familie um sich haben. Zu Hause rettete Helmut Schmidt seine Stadt vor der Flut, ich spielte im Schutt auf dem Hügel des Parthenon. Die Umgebung, in die wir uns hineingewagt hatten, war ziemlich exotisch. Innerhalb Europas existierte noch eine verschobene Tektonik der Lebenszeiten, und die Griechen lebten alles in allem sehr anders. Es war wunderschön, aber auch verdammt anstrengend. Schlechtes Englisch half noch nicht über Gräben hinweg, selbst in den Kreisen der wohlhabenden Geschäftsleute waren die Sitten andere, anderer Ton, andere Höflichkeiten und Rücksichtnahmen. Die Frauen auf der Straße umringten meine Mutter in Trauben und fragten mehr oder minder höflich, ob sie mal meine blonden Löckchen anfassen durften. Sie durften nicht, griffen aber trotzdem zu. Mit tintigem Klatscher starben die Oktopusse auf den Kaimauern von Piräus. In Böotien rammte mich ein Ziegenbock.

Auf unserer Dachterrasse im Hotel fanden sich Exemplare vom alten Typus des reisenden Engländers ein. Es waren reizende Damen aus guten Familien, begleitet von trinkfesten pensionierten Offizieren, die erstaunliche Geschichten erzählen konnten. Allen historischen Katastrophen zum Trotz bewegten sie sich in einer alteuropäischen Bildungswelt und erwiesen dem Kanon durch persönliche Besuche ihre Reverenz. Ans jeweilige Land richteten sie weiter keine Erwartungen, sie blieben kolonial und erhielten sich ihre geistige Gesundheit im Fluidum eines kultivierten Vorkriegsparlandos, Lufthülle aus Konversation, die sie fest umschloss und die sie nach Belieben mitnehmen konnten, wenn sie an einen anderen klassischen Ort weiterzogen. Zurück in Deutschland, ernteten wir nicht etwa Bewunderung für unsere Zeit in Griechenland. Die allermeisten bedauerten uns, dass wir so lange hatten fortbleiben müssen. Es wurde keineswegs erwartet, dass wir uns dort draußen verändert hatten. Den erweiterten Horizont ließen alle lieber auf sich beruhen.

Der wirtschaftlichen Internationalisierung entsprach die längste Zeit keinerlei kulturelle. Das Dasein, in dem alle sich eingerichtet hatten, rief gefühlsmäßig dazu auf, gefestigt und verteidigt zu werden. Es nahm die Form eines verschämten und etwas trotzigen Fürsichseins an, so wie wenn man in einem unbeobachteten Augenblick seine Weste geradezieht, wenn sie nicht gut passt, bloß um etwas Zutrauen zu sich zurückzugewinnen. Im Grunde gab es noch gar kein Außen, welches hätte kulturell bereichern oder im Sinne der Globalisierung bedrohlich sein können. Der halbsouveräne Teilstaat war zu schwach, um einer anderen Macht politisch auf die Füße zu treten, seine Industrien rangelten noch nicht ernsthaft um Weltmarktanteile, während die deutsche Kultur vorläufig nur als die alte, die nicht mehr vorzeigbare vorstellbar war. Sie stellte man lieber nicht ins Schaufester. So gab es zunächst keinen Bedarf nach einem Außen des Innen, von dem her vielleicht schon zu sehen gewesen wäre, dass dieses sorgsam behütete und doch ganz sachlich den wirtschaftlichen Gelegenheiten folgende Leben bereits eigenen Mustern folgte und einen eigenen Charakter auszubilden begann.

Die Gemeinschaft – in keiner Weise chauvinistisch oder überheblich gegen andere – entwickelte sich an den unausgesprochenen Vorgaben der Innenorientierung entlang. Der westdeutsche Provinzialismus jener Jahre war zwar informiert über die Welt, soweit es nötig war, pflegte aber seine Besonderheiten sorgsam. Die zufriedene, optimierte, global gesteuerte Bundesrepublik behauptete sich als eine nationale Eigenwelt ohne ein nationales Etikett. Als solche erregte sie kaum Aufmerksamkeit. Unter der Oberfläche walteten keine durch starrköpfige Erzählungen vertieften Bindungen, sondern das kühle Beziehungsgeflecht der entwickelten Wirtschaftsmoderne. Nicht jede Moderne strebt ins Globale, auch nicht ins Weltoffene. Bevor die Chinesen dies vorführten, hatten die Westdeutschen das schon erprobt. Bis in die Achtziger hinein entwickelte das Land kaum Neugier aufs Andere. Die alsbald eingeladenen Gastarbeiter aus ebenjenen Ländern, die wir immerhin schon mal gesehen hatten, konnten auf ein Mindestmaß an Gastfreundschaft hoffen, weil die Einladung an sie vernünftig war. Auch die Gastarbeit war ja durchs Magische Viereck gesteuert. Unter dieser Voraussetzung konnten Italiener, Griechen und Portugiesen, später Türken, einigermaßen höfliche Duldung erwarten. Doch nur, solange sie nicht anfingen, ihre Gastgeber zu beobachten und eine eigene Stimme zu Gehör zu bringen, sich also in einen Störfaktor verwandelten.

DIE POLITIK UND DER POP

Im Gymnasium weht immerhin ein anderer Geist. Wieder sind wir die gewaltige Kinderwelle, die in die Schule einschwappt und verteilt werden muss. Das höhere Institut bildet sich auf seine koedukative Erziehung etwas ein, die Mädchen werden also in den kommenden Jahren keine Außerirdischen bleiben. Mein Gymnasium legt Wert auf Fremdsprachen und Naturwissenschaften, doch es sondert die katholischen Kinder auch noch einmal aus und richtet eine katholische Klasse ein. In ihr tummeln sich die Nachkommen der Flüchtlinge und der sesshaft gewordenen polnischen Wanderarbeiter. In dieser Klasse sitze ich nun. Wir dürfen eine kleine Diaspora bilden, aber dadurch macht man uns auch noch einmal sichtbar. Ein Dechant, über den aus heutiger Sicht nur Gutes zu berichten wäre, nimmt sich unserer religiösen Erziehung an. Eine besonders tiefe Gläubigkeit oder ein Korpsgeist wollen sich allerdings bei uns nicht einstellen. Im Alltagsleben spielen solche Unterschiede schon keine Rolle mehr, mein Vater macht darüber seine ironischen Bemerkungen, denn die Konfessionen mischen sich langsam, wie in unserem Fall, und die Gelegenheiten werden weniger, bei welchen das Bekenntnis eine Rolle spielt. Was im Vorkriegsdeutschland die Bevölkerung noch kulturell getrennt und auch zu den Faktoren gezählt hatte, die in der Weimarer Republik das gesellschaftliche Zusammengehörigkeitsgefühl schwächten, nun schrumpft es auf ganz wenige Rituale zusammen, in denen sich die Angehörigen der Kirche noch einmal trennen. An Feiertagen sind wir für zwei Stunden vom Unterricht befreit, um «unseren»

Gottesdienst zu besuchen, doch müssen wir damit rechnen, dass sich ein Lehrer hinterher den Inhalt der Predigt referieren lässt. Das bleibt meistens leere Drohung, denn die Predigt kennt er so wenig, wie wir sie verstanden hatten. Meinen Eltern ist der Gedanke unbehaglich, ich würde in irgendeiner Sonderwelt aufwachsen. Nicht so weit von uns entfernt wird das allerdings anders gesehen. Gelegentlich besuchen wir eine Tante meines Vaters, die sehr fest im Glauben ist und im katholischen Niedersachsen wohnt. Wer die Gegend kennt, weiß, dass es in den Sechzigern dort noch schmallippig zugehen konnte. Es ist Karfreitag, und die Köchin serviert einen Salat, in dem erkennbar Speckstücke schwimmen. Das erzeugt eine enorme Aufregung. Die Tante glaubt, ihr Gesicht zu verlieren, wir hatten es gar nicht bemerkt. Sie flüchtet sich in einen absurden Zorn, schimpft mit ihrer Köchin und entlässt sie noch am selben Tag. Die Empörung darüber ist wiederum einhellig, sogar ihr Mann findet diese Art der Bigotterie langsam übertrieben. Alle müssen ein paar Tage lang der Tante zureden, bis sie einsieht, dass unser aller Sündenregister dieser Nachlässigkeit wegen nicht ins Besorgniserregende anschwillt.

Ich rücke ins Gymnasium ein, als in Berlin die Schlacht am Tegeler Weg ein gutes halbes Jahr zurückliegt. Im November 68 hatte sich die APO vor einem Gerichtsgebäude in Berlin-Charlottenburg eine heftige Rauferei mit der Polizei geliefert. 130 Beamte wurden verletzt, Steine waren geflogen, Rocker hatten sich unter die Demonstranten gemischt und prügelten wie wild. Man sagt, damals habe die Studentenbewegung ihre Unschuld verloren. Seither überschattet die Gewaltfrage alles, was mit der jugendlichen Rebellion zu tun hatte. Die politisierte Jugendkultur trennt sich in einen gewaltbereiten und einen mit Worten streitenden Teil. Das findet zwar irgendwo in weiter Ferne statt – denn wir gehen weit weg von Berlin zur Schule –, aber das Phänomen beunruhigt auch unsere Lehrer, jedenfalls argwöhnen sie, anwachsende Aufsässigkeit wahrzunehmen. Böse Schwingungen sind in der gesamten Republik zu spüren, sodass man uns noch schärfer in Augenschein nimmt.

Am Anfang bewachen blonde Hünen aus den oberen Klassen die Eingangstüren während der Pausen, damit wir aus der frischen Luft nicht in die Flure zurückflüchten. Ohnehin hat man uns auf dem Hof besser im Blick. Wir haben Respekt vor den Jungs, aber sie hauen uns nicht. Ich lerne: Hier gibt es Regeln, die für alle gelten. Die Schule ist nicht ideologisiert, allerdings auch nicht mehr konfliktfrei, zumal was die Jahrgänge über uns anlangt. Es gibt Lehrer, die im Ruf stehen, alte Nazis zu sein. Das wird hier plötzlich zum Thema, während es zuvor in der Grundschule noch beschwiegen wurde. Die Geschichten dieser Lehrer, wahr oder erfunden, kennen wir sofort und erzählen sie genüsslich weiter, auch unseren Eltern, die genervt die Augen verdrehen. Und sie verraten sich, die alten Kämpfer, und zwar meine gesamte Gymnasialzeit lang, wenn sie während der Livius-Lektüre sentimental zu werden beginnen und Schnurren aus dem Russlandfeldzug erzählen oder sich in ihr Stuka-Cockpit zurückträumen. Einige der Alten tragen Schmisse im Gesicht, Andenken an ihre schlagenden Verbindungen. Sie stellen noch akademisches Standesbewusstsein zur Schau, doch auch das beeindruckt inzwischen niemanden mehr, so wenig wie gelegentlich auftauchende Doktortitel.

Der Gesellschaftsvertrag zwischen Schülern und Lehrern hat sich verändert. Der Gymnasialprofessor alter Schule war für die Erziehung einer gesellschaftlichen Elite verantwortlich: Solange die Kinder in seiner Obhut waren, konnte und sollte er Strenge walten lassen. Er sollte die gesellschaftliche

Hierarchie einpauken, die künftigen Bestimmer mussten zu spüren bekommen, was es heißt, jemandem ausgeliefert zu sein. Die Rolle des Paukers beschränkte sich aufs soziale Propädeutikum. Das wandelt sich Ende der Sechziger: Unsere Lehrer appellieren an die Vernunft, an Einsicht und unseren freien Willen. Sie erziehen die künftige Angestelltengesellschaft, die auf Kollegialität, Mitwirkung und Ausgleich angewiesen ist. Sie übertragen das Rationale der westdeutschen Normalsphäre ins Erzieherische, sind die neuen Ingenieure der Menschenformung, aber sie sind jetzt gute Jugendführer, die mit dem richtigen Menschenbild im Gepäck. Sie stellen neue Vorbilder dar und ermöglichen eine andere Art der Identifikation.

Folglich verkehren sie mit unseren Eltern von Gleich zu Gleich und beziehen auch uns Schüler ein in dieses Bewusstsein, einer friedlich gegliederten Gesamtgesellschaft anzugehören: Wir wollen alle das Beste. Das heißt für uns aber auch: Widerstand ist zwecklos. Im Rahmen des Zuträglichen werden uns Freiheiten zugestanden und sogar abverlangt. Raufereien sind gelegentlich unvermeidlich, gelten aber als kindisch. Wir lernen das Argumentieren und das Debattieren. Das Auge der Globalsteuerung wacht über uns, vor allem wacht es über unsere Gesundheit. Im fein gerippten Universalunterhemd stehen wir in endlosen Reihen, bis der Doktor – auch er mit Schmiss und im wadenlangen weißen Kittel – uns durchimpft. Alle. Im Angesicht des allgemeinen Guten gibt es keine Unterschiede. Die letzten kindergelähmten, ihr Bein nachziehenden Altersgenossen sind noch unter uns. Wir werden besonders auf sie aufmerksam gemacht: So kommt es, wenn man das Klingeln des Fortschrittszuges nicht hört. Wir benötigen keine Schuluniformen, um Klassenunterschiede zu camouflieren. Im Vergleich zu heute sind die Einkommensunterschiede noch nicht erheblich. Sie zu zeigen oder zu betonen, wird keineswegs mit Anerkennung belohnt, ebenso wenig wie jene Rustikalität, mit der sich Wohlhabende heute tarnen, wenn sie ihre Kinder von der Schule oder Krippe abholen, mit groben Schuhen oder grober Redeweise. Auch unsere Rich Kids verzichten darauf, mit Klamotten oder Armbanduhren zu prunken. Es fehlt vollkommen das Verständnis für das Vokabular der blinkenden Unterschiede, währenddessen sich der Glamour im Film abspielt oder in der «Constanze», also in einer ganz anderen Welt.

Am späteren Morgen schleppen junge Männer aus der nahe gelegenen Molkerei Kästen über Kästen mit Milch herbei. Abertausende von Halbliterflaschen braucht diese Schule und gibt sie ausgetrunken wieder her. Unser Durst scheint unstillbar zu sein. Auch diese Jungs tragen Weiß wie die Ärzte, wenngleich es kein blütenreines ist. Dass ihre Zukunft sich von unserer unterscheiden wird, stört niemanden, keiner verschwendet auch nur einen Gedanken daran. Wir sind gleich, was nicht ausschließt, dass andere weniger gleich sind. Die Milch ist vorgewärmt und wird in der großen Pause ausgegeben. Ich pule die Silberfolie ab und warte auf die morgendliche Ekelattacke. Auf sie kann ich mich verlassen. Seit ich Säugling war, habe ich keine Milch mehr getrunken, schon gar keine körperwarme. Hier waltet Disziplin, aber es ist meine eigene Disziplin. Jeden Tag füge ich mich dem biopolitischen Regiment auf dem Schulhof. Es ist zu meinem Besten, daran kann kein Zweifel bestehen.

Die Siebzigerjahre, dieses seltsam haarige und modisch so unglücklich verlaufende Jahrzehnt, entwickeln sich vor allem anderen zum Jahrzehnt der Pädagogen. Es ist aber auch die Zeit, in der sich die Popkultur endgültig ausbreitet, und es ist die Zeit, in der sich der klassische, der vorkriegsparteiliche Marxismus als politische Alternative verflüchtigt. Eine andere

Gesellschaft, das ist die DDR, genauer die «DDR», und sie wird so einmütig abgelehnt, dass es das klassische sozialistische Denken miterfasst. Dafür sorgen in jener Zeit auch Studentenbewegung und Universität, wo für den Weststaat zugeschnittene Gesellschaftsmodelle entworfen werden, solche, die mehr mit einer Kritik an der politischen Antike Deutschlands zu tun haben und weniger mit kommunistischen Rezepturen. Etwas verspätet sickert all das auch zu uns durch und wird in der provinziellen Variante ausprobiert.

Der Drang, die Orthodoxie aufzudröseln und dabei die Strategien des Klassenkampfes auf Taktiken eines inbrünstig geführten, aber eher lächerlichen Tageskampfes zu schrumpfen, dieser Drang wirkt nun unwiderstehlich in der gesamten Republik. Der Marxismus verschwindet nicht, aber nun ist er kein breiter politischer Fluss mehr, er plätschert durch die Rinnsale der berühmten K-Gruppen, in sehr schmalen Betten, die aber alle sorgsam ausbetoniert sind. Die Linke rüstet intellektuell auf, spektralisiert sich dabei, sie wird vielgestaltig, klein und zeternd. Neben die Gewaltfrage tritt die Organisationsfrage und bleibt wie jene ungelöst. Damit stirbt die große Stimme des linken Exils ab; auch sie war ein bedeutsamer Auftrag an die entstehende Bundesrepublik gewesen. Die Verheißung eines demokratischen Sozialismus, die Einlösung all der nie erfüllten Hoffnungen der deutschen Arbeiterbewegung, gereinigt von stalinistischen Fehlern, sie existiert jetzt nur noch in Versionen und Episoden fort. Sie kann nur in der Theorie erinnert und einigermaßen lebendig gehalten werden, je mehr sie Sache von Fraktionen und bissigen Auslegungen wird. An jeder Ecke steht nun ein linker Guru, ein blutjunger asketischer Priester oder ein brillenscharfer Dialektiker. Auch vor denen müssen wir beschützt werden, denn auch sie haben uns als ihre eigentliche Zuhörerschaft identifiziert.

Das geistige Schicksal der geburtenstarken, aber noch so unbestimmten Jahrgänge, das Gelingen des Zukunftsprojektes eines erfolgreichen demokratischen Deutschlands und seiner Freiheitlichkeit, steht mit unserer Ausbildung zum ersten Mal auf dem Spiel. Stellt die «DDR» keine ernsthafte Herausforderung dar, so tritt der Totalitarismus jetzt als ein hausgemachter in Erscheinung, als notorische Verirrung jugendlicher Seelen. Währenddessen melden Technik und Wirtschaft neue Ansprüche an, wollen verlässlichen Nachwuchs. Da läuft also etwas auseinander, und im Ganzen steht das Ausbildungswesen nicht gut da. 1964 spricht Georg Picht erstmals von einer «Bildungskatastrophe», fünf Jahre darauf setzt die sozialliberale Koalition alle Hebel in Bewegung, eine solche abzuwenden. Seither wird reformiert, und wir werden die ganze Zeit mitreformiert.

Als die Bildungsreformer unsere Oberstufe irgendwann zur «Sekundarstufe II» promovieren und wir auf einmal Universität spielen sollen, entsteht große Verwirrung. Offensichtlich bricht damit die Tradition der gymnasialen Bildung ab, so verteufelt erwachsen sind wir dann doch nicht, nicht einmal unsere Lehrer. Die Ratlosigkeit erzeugt kurzfristig eine neue Gemeinsamkeit zwischen Schülern und Pädagogen. Wir alle sind auf einmal Experimentalmasse, wir sind die Moleküle in einer gestaltlosen Modernisierungsamöbe. Doch was will der halblinke Liberalismus, dessen Stichwörter in dieser Zeit Ralf Dahrendorf so unermüdlich liefert? Wie demokratisiert man eine Gesellschaft, die doch darauf besteht, bereits demokratisch zu sein, und die um des Wohlstands willen an kapitalistischen Besitzverhältnissen festhält? Muss man eine neue Klassengesellschaft akzeptieren – damit aber auch die Wiedervorlage der schon ad acta gelegten sozialen Frage? Soll man die sogar neu stellen? In der Rückschau wirkt der uns umgebende liberale Optimismus erstaunlich grundlos, er wirkt eher wie Selbstermunterung in einer sozialen Reifezeit. Sprach aus ihm wirklich noch die Hoffnung auf eine sich selbst regelnde und einigermaßen gerecht sich einrichtende Zukunft? Die Wirklichkeit war weiter und ungleicher. Das Wort von der «Chancengleichheit» gehört unter die typischen Kompromissvokabeln der Zeit. Es klang progressiv, weil in ihm alles Starre und Ständische zu verdampfen schien und auch etwas vom Egalitarismus des Anfangs mitschwang, aber es wies die Verantwortung für sein Fortkommen doch dem Einzelnen zu, und zwar in einer Phase, in der die Eigeninitiative der Schlüssel zum Einklang des Ganzen nicht mehr sein konnte. Das bedeutete: Mehr Selbstregulation durch mehr Selbst, und dies als eine coole Fairnessregel formuliert, deren Anwendung nun dem Bildungssystem zugeschoben wurde.

Der Zugang zu Gymnasium und Universität wurde erleichtert; gefeiert wurde die Eröffnung von mehr und noch mehr Erziehungsanstalten. Sozial- und Tarifpolitik mussten flankierend Gerechtigkeitslücken schließen, genauer gesagt fortwährend bearbeiten. Dazu musste weiterreformiert werden. Die Bundesrepublik konnte nicht mehr aufhören, besser und besser zu werden, vielleicht auch nur weniger schlecht. Womöglich ging es nur darum, den Verschleiß aufzuhalten, doch auch dieser Kampf konnte nur ein endloser sein.

So erhielt die Bundesrepublik, während sie zu altern begann, zum ersten Mal ihr überzeitliches Gesicht, das uns heute so vertraut erscheint. Aus ihr wurde damals ein Modell. Staat und Gesellschaft mobilisierten für ihren Erhalt. Die Reform wird von nun an zum wichtigsten Selbstbeobachtungsinstrument des Landes. Dieser konservierenden Optimierung nimmt sich ganz die Politik an, weil sie eine gesamtgesellschaftliche Aufgabe geworden ist – und damit wird sie dann auch strittig. Der Konsens kann nicht länger vorausgesetzt und von ein paar Experten ausgesprochen werden. Die Öffentlichkeit muss sich dementsprechend zu einer politischen Öffentlichkeit weiterentwickeln, denn alles, was die Gesellschaft betrifft, steht mit dem Reformieren plötzlich in einem Verhältnis zum Politischen. Ein jeder wird in diese Bewegung der gemeinschaftlichen Selbstbeobachtung hineingezogen. Wir sind nun die Chancengleichen. Wir werden nicht indoktriniert, sondern zu einer aufnahmefähigen und reaktionsschnellen Kohorte erzogen. Die Beobachtung ist eine politische Aktivität, sie macht uns endgültig zu jenen, an die man sich fortwährend richtet – und seit den Siebzigern steht nur noch der Appell als Mittel der Gesellschaftsformung zur Verfügung. Den Kern der Demokratie bildet jetzt der mediale Aufruf zum vernünftigen Verhalten ohne Unterlass. Die Grundlagen einer väterlich gesäumten technokratischen Regierungsweise zerbröseln, und die Globalsteuerung weicht einem Optimierungsversprechen, das von Fortschritt spricht, während seine Funktion konservativ ist.

Wir sollen ruhig zuhören, uns eine Meinung bilden und dann entscheiden. Das wertet unsere kleinen Subjektivitäten zunächst einmal auf. In unserem Lehrkanon ist alles ausradiert, was an Privileg, Erbvorteil oder gar ans Herrenmenschentum erinnert. Wir lernen stattdessen die Lektion des Meritokratischen: Wenn du tüchtig bist, wirst du belohnt. Dass die politisch ausdrücklich als «konservativ» sich Bezeichnenden damals nicht müde wurden, die Nivellierung des Bildungsniveaus in den Schul- und Universitätsreformen anzumahnen, dass sie auf Leistung und Leistungsbereitschaft beharrten, als letzte Möglichkeit, sozialen Unterschieden Raum zu geben, ist von heute aus betrachtet nichts anderes als ein ideologischer Schnörkel. Es hätte dieser Mahnung im

Grunde nicht bedurft, denn die nun eingerichtete Dauerreform erzieht uns zwar zu überzeugten Egalitaristen, dabei aber auch zu durchsetzungsfähigen Individualisten. Im Sinne ihrer Erfinder funktionierte die Idee der Chancengleichheit nicht, auch nicht im Sinne ihrer Kritiker. Es zeigte sich, dass aus ihr so etwas wie Neoliberale mit starkem Gerechtigkeitsempfinden hervorgehen konnten.

Sehr wahrscheinlich erzeugte die Überpädagogisierung unserer frühen Jahre die Triebkraft zur Durchsetzung der Popkultur. Noch erstickender als ein Anpassungsdruck der Tradition wirkt der Konformismus mit guten Gründen, der sich das Gemeinwohl angeeignet hat und nie wieder hergeben will. Umsorgung und Besorgung riefen förmlich nach einem Außen, nach einem Jenseits, in dem wir uns als Einzelne tatsächlich und jenseits aller Reformpädagogik definieren konnten. Vereinzelung war die einzige Chance zur Aufmüpfigkeit, die der heranwachsende Boomer hatte. Den echten Aufstand hatten Ältere gewagt, und das Ergebnis war allenfalls mittelprächtig. Doch auch was die – wie man heute sagen würde – Singularisierung anlangt, sogar dort ereilte den Boomer sein Generationenschicksal, immer als Masse auftreten und immer zu spät kommen zu müssen.

Was passierte, wenn er sich sich selbst zuwandte? Die Siebzigerjahre hatten alle erdenklichen Wege in die Verinnerlichung geebnet. Die Versenkungs- und Konzentrationstechniken der ganzen Welt lagen als Angebot vor uns, Meditation, Hare Krishna, Psychoanalyse oder Orgon-Therapie. Und auch der Weg zurück ins Ich förderte ja im Grunde nichts Bemerkenswertes zutage. Der Befund der Introspektion bestand darin, noch einmal die Konformität der Subjekte nachzuweisen, sogar ganz tief in ihren Gründen. Dort drunten hausten wieder nur die alten Bekannten, Trieb und Klasse oder Gott.

Dort kamen wir auch nicht vor. Wenn die Boomer trotzdem ihren Weg suchten, folgten sie abermals der Gelegenheit, und zwar wiederum gemeinsam und ohne Verabredung. Tatsächlich schlug noch einmal die Stunde der Älteren, der Großen, die uns unter ihre Fittiche nahmen, der erwachsenen Schwestern und Brüder, der Kumpels und deren halberwachsener Freunde, kurz: Nur mit ihrer Hilfe konnten sich weniger offensichtliche Sozialwelten abseits von Eltern und Schule auftun. Das war die kleine Flucht ins Unbeobachtete, und es entstand eine ganz eigene Symbiose der Altersschichten. Die Älteren bewegten sich schon in ihren eigenen Welten; nach solchen hielten wir erst Ausschau. Wir waren in dieser Hinsicht nachahmungswillig und boten uns zur Solidarisierung an. Wir führten vor, dass Aufmüpfigkeit und Selbstausgrenzung ansteckungsfähig waren und dass die Jugendkultur sich wie ein Flächenbrand auszubreiten vermochte. Wir wurden initiiert. Die Kulte drehten sich um Kleidung und Haartracht, Musik und Filme, berauschende Substanzen oder Verhaltensweisen der Aufsässigkeit, Hocken, Liegen, Hängen, Schweigen, Totlachen.

Die westliche Jugendkultur war in Westdeutschland längst angekommen und reifte seit Kriegsende, in den angelsächsischen Ländern stand sie in voller Blüte. Nun wurde sie von älteren Schwestern und Brüdern an uns weitergereicht. Literatur stand nicht im Vordergrund, Pop war in erster Linie Bild und Klang, aber die Klassiker des «Untergrunds» hatten auch wir bald gelesen: Bill Burroughs, Carlos Castañeda, Jack Kerouac und Allen Ginsberg, Rolf Dieter Brinkmann und, nun ja, auch Hermann Hesse. Comics waren wichtig, Robert Crumb und natürlich die fabelhaften Freak Brothers. Alle diese Dinge passten zusammen, sie verwiesen aufeinander und bildeten mit der Zeit das Zeichenkorsett einer ersten eigenen Lebensform. Die Eltern staunten, wie sich die Zimmereinrichtungen ihrer Kinder verwandelten: lauter Sachen, die ihren Sinn nur einem Menschen unter zwanzig mitteilten. Auch die «politische» Lektüre erfolgte unter diesem Vorzeichen und nicht unter einem politischen im strengen Sinn. Ich las damals Lenin, schwer zu sagen, warum es nicht Stalin oder Engels war. Nicht dass ich Lenins intellektuelle Manöver verstanden hätte, es zählte die Vorführung der Lenin-Lektüre. Stoisch meinte mein Vater: «Fang ruhig mit Lenin an, dann wirst du dort nicht enden.» Und tatsächlich verschwanden die broschierten Klassiker des Marxismus-Leninismus aus ostdeutscher Produktion bald unterm Bett und ich las atemlos vor Erkenntnisglück und mit Schweißtropfen auf der Stirn das eigentliche Trost- und Erbauungsbuch unserer Generation: Adornos «Minima Moralia». Wie in alle anderen, die es zum ersten Mal in der Hand hielten, floss es auch in mich flutschig ein, hier war's, wenngleich noch umständlicher formuliert als beim Genossen Lenin, das Allerevidenteste, nichts als die Wahrheit selbst. Und wieder hatte das schon jemand alles vorgedacht und aufgeschrieben! Recht lange behauptete der kleine Mann mit der lustigen runden Brille seine Position als Säulenheiliger, bis er einige Jahre später im Studium vom Sockel geholt wurde.

Pop war auch Willy Brandt im Wahlkampf 1972, er war die winzige orangene Perle zum Anstecken, die zu Hause erstaunliche Explosivkraft entfaltete. Viele meiner Generation behaupten heute, Willy sei diejenige Gestalt gewesen, die sie geistig und politisch aufgeweckt habe. Die Wahrheit ist, dass wir alle Kinder der europäischen Christdemokratien waren, ob in Westdeutschland, Frankreich oder Italien. Als sie gewählt wurde, hatte sich die Sozialdemokratie längst entschieden, auf den Pfaden des christdemokratischen Beginns weiterzugehen.

So war der Kulturkampf, der den ersten Regierungswechsel umtobte, für uns in erster Linie ein Mittel, um erwachsener zu wirken. Ernsthafte Folgen hatte das nicht. Wer sich in diesen Kampf verwickelte, dem erschien Willy Brandt vermutlich mächtiger als er war. Er konnte gar nicht so gewaltig sein, wie wir Pubertierenden ihn damals brauchten.

Das Büchlein des Großen Vorsitzenden besaß ich gleich in vier Exemplaren, und zwar für alle Hosentaschen passend, eines sogar auf Chinesisch. Wir lungerten in einem maoistischen Buchladen herum, wo wir ein Konzept entwickelten, unsere Lehrer zur Bewährung aufs Land zu schicken, ohne dass der Unterricht zusammenbrach. Im Übrigen war auch dieser Laden eine Vorform jener Höhlen, in denen gut zehn Jahre später Jeans verkauft wurden. Allerdings befanden wir uns wirklich mitten in der chinesischen Kulturrevolution. Und auch deren Propaganda, diese auf feinstes Seidenpapier gedruckte und in ein helles mingzeitliches Rot gebundene Parteitagsprosa, die Helden des Brückenbaus und der Schafzucht, die uns aus «China Daily» grüßten, die Führer der Weltrevolution auf ihren Plakaten, die so taten, als bildeten sie, wenn sie alle zusammenstanden und einander die Hände reichten, Ewiges ab wie ein attisches Marmorfries, während sie doch immer wieder ausgewechselt wurden, indem Säuberungen Neudrucke erzwangen, all das war in erster Linie Sehstoff. Es bot den Gierigen Einblick in eine vollkommen irre Welt woanders, so bunt und intensiv wie die Bilder von Andy Warhol, dessen erste Ausstellungen in Deutschland ich noch mit den Eltern absolvierte, China, ein Reich der Farbenfreude und der Freudentänze, eine Menschmilliarde auf LSD, unerreichbar und so weit weg, der Schauplatz einer Art Pubertätspolitik, die uns wie Wunscherfüllung vorkam, weil sie mit unseren aggressiven Impulsen direkt in Verbindung stand. Das «hatte was», wie wir sagten, auch wenn es nicht das hatte, was es haben sollte. Ich lernte es später genauer, dies zu meiner Verteidigung. Ich will nur sagen, dass ich das Inferno der K-Gruppen als ein kleiner neugieriger Dante betrat und mithilfe einer gewissen ästhetischen Heiterkeit ohne nennenswerte Schäden auch wieder verließ.

Als ich eines Tages in einem Plattenladen das Album «White Light/White Heat» von den Velvet Underground kaufte – es war beinahe zehn Jahre nach seinem Erscheinen, aber immer noch rechtzeitig –, blickte mich ein sehr langhaariger, wohl schon fast dreißig Jahre alter Kerl durchdringend an. Er nahm langsam seine Kopfhörer ab und sagte nickend: «Das ist die gemeinste Musik, die sie je gemacht haben.» Daraus sprach allerhöchste Anerkennung. Wer «Sister Ray» hörte, war reif. Die Entdeckung der Velvet Underground hob mein Ansehen in meiner West-Coast-hörigen Clique. Es war nichts weniger als eine höchst unwahrscheinliche und sodann systembildende Auswahloperation in einem verzwickten Feld gewesen: Wir hatten es kapiert und funktionierten nun auch im Pop aus uns heraus.

Die Älteren hatten uns erfolgreich ins Reich der Zeichen eingeführt und uns mit dem Ernst und der Erotik der Differenzbildung vertraut gemacht: Wieso es von entscheidender Bedeutung war, das eine zu meiden und in die Unsichtbarkeit zu versenken, anderes wiederum hervorzuziehen, auszuzeichnen und ihm Präsenz zu verschaffen, sodass es im Kreis der befugten Teilnehmer kursieren konnte. Das war es, diesen Kreislauf galt es immer wieder in Gang zu setzen. Im Reich der Zeichen, das in der Vorstellung existierte und gleichzeitig mit einer bestimmten materiellen Welt verflochten war, ging es gleichwohl so rigide zu wie in einer K-Gruppe. Ab jetzt galt es, immer richtigzuliegen, die richtigen Klamotten anzuziehen und die richtige Musik zu hören, mit den richtigen Leuten zusammenzuhocken und die richtigen Schauspieler gut zu finden, sich also bedingungslos der Herrschaft des Codes zu unterwerfen. Nie wieder wird die Kodierung verschwinden, wie die Jugendkultur auch später nichts mit Inklusion zu tun haben wird, sondern immer eine Ausgrenzungstechnik bleibt, Missfallen freisetzt und Selbsterhebung erzwingt – von Anfang an in der Illusion, die eigenen Kriterien seien verallgemeinerbar und müssten es sein.

Ein Problem war für mich, dass der Status eines Jungen damals mit der Länge seiner Haare zu tun hatte. Das war ein eher willkürliches Autonomiesignal und nur verständlich auf dem Hintergrund von Reibung an ziemlich kleinbürgerlichen Vorstellungen, wie man aussehen musste. Solche Standards des Aussehens wurden auch dort verteidigt, wo man eigentlich schon klüger wurde und Haar nur als Haare ansah und sich auch als Erwachsener entsprechende Frisurfreiheiten herausnahm. Irgendein Code herrschte überall. Je mehr Chiffren die eine Seite vorführte, desto entschiedener die Reaktion der anderen. Das Längste, was ich schaffte, war schulterlang. Weil ich aber dünne blonde Haare hatte, sah das nicht nach Kalifornien aus, sondern kränklich. Sodass ich aus eigenem Antrieb zum Kurzhaarschnitt zurückkehrte, und dies ließ mich für den Rest meiner Jugend auf der Skala der Attraktivität auf einen der alleruntersten Ränge sinken. Kurze Haare: kein Rebell, kein Objekt der Begierde. So einfach damals die Gleichung. Was sich im Reich der populären Zeichen ereignete, erhielt zwar Bedeutung fürs Leben, aber eine existenzielle Bedeutung hatte es gerade nicht, jedenfalls keine, die mit dem Ingrimm der Politniks zu vergleichen war. Denen ging es um alles, uns nur um Mädchen. Aber wir waren der Mainstream.

Man muss deutlich in Erinnerung rufen, dass die Gesellschaft Ende der Siebziger, Anfang der Achtziger sich mit der Dynamik der Popkultur veränderte und keineswegs im Nachvollzug der politischen Delirien an den Unis. Dogmatik blieb randständig. Was sich zwischen Jüngeren und Älteren abspielte, hatte mit agitatorischer Machtausübung wenig zu tun, vielmehr ereignete sich ein einvernehmlicher Transfer zwischen den Altersschichten. Was wir von den Größeren lernten, war eine bestimmte Art der Persönlichkeitsbildung, die in der Welt der Schule und der Eltern so nicht stattfinden konnte. Der Pop erlaubte Individualisierung als totale Identifikation, nur er erlaubte das. Er gewährte Freiheit, weil er eine Unzahl von Wahlmöglichkeiten eröffnete. Die erschienen uns lebenswichtig und zugleich waren sie konsumistisch.

Pop war eine Maschinerie zur Markierung von Unterschieden, aber sie verstrickte uns in die schlimme Warenzirkulation. Mit uns vollzog sich die Bildung von Persönlichkeiten und die Erschaffung von Eigenwelten durch Medien. Mit uns wurden Medien gesellschaftskonstituierend, und damit war nicht die Frage gemeint, wie einflussreich das Fernsehen war oder welche Rolle die vierte Gewalt in der Demokratie spielte. Vermutlich waren wir die Ersten, die sich ihre Denk- und Gefühlskulturen ganz im Reich der geteilten Zeichen erschufen. Diese Kulturen waren höchstpersönlich und gleichzeitig kommunizierbar und sie expandierten auf wundersame Weise. Ein eigenes Profil gewannen wir im Spiel mit medialem Sinn und medialer Bedeutung, und die hingen zu einem großen Teil an Dingen, die es zu kaufen gab. Die Zirkulation von Eigensinn setzte am Beginn der jugendkulturellen Ausbreitung eine alternative materielle Welt voraus. Das war damals durchaus nicht selbstverständlich. Sie war nicht zuhanden, sondern sie bildete sich gleichzeitig und stand erst zu erwerben, denn mehr als Kommunikation mit Objekten und über Objekte ließ die mediale Technologie der Zeit nicht zu. Nur etwas geiles Haptisches löste Begeisterung aus. Kaufwahn band uns an die Wareneuphorie unserer Eltern, Platten, Jeans, Schuhe mit Plateausohlen, mannshohe Lautsprecher und Kassettenrekorder, also vorzeigbare Bedeutungsträger und erste technische Gadgets. Krude das Ganze, eine kaum sublimierte Wiederholung der Konsumwelle unserer Kindheit. Wenn man so will: Das Subjekt, das wir von da an begehrten und nach dessen Vorbild wir unser Ego einrichteten, war ebenso rebellisch wie angepasst. Für die Politisierten der strengen Observanz blieb es immer ein ungut schillerndes Scheinsubjekt, misstrauische Betrachtung hervorrufend. In deren Augen ruhte das Boomer-Subjekt auf fragwürdiger Grundlage, weil in ihm die historische Vernunft aus der Zentralposition gerückt war. Vermutlich wirkten dort jetzt andere, zersetzende Kräfte. Und wieder: der Boomer, das projizierte Wesen.

Ganz so harmonisch und eindeutig konnte das Verhältnis zwischen generationellem Sender und Empfänger nicht bleiben. Wir wählten unbekümmert aus, während im Gegenzug dazu die Revolte immer mehr wie ein Akt der höchsten intellektuellen Konzentration aussah. Wir Jüngere drohten die Revolution zu verplempern oder zu verschlafen. Dafür sorgten wir für etwas anderes. In welcher Weise führten wir Achtundsechzig fort? Es handelte sich nicht um eine Stabübergabe. Überhaupt war ja die Frage, ob die Achtundsechziger irgendwo «gesiegt» hatten, und «Sieg» war vermutlich eine Kategorie, in der vor allem sie dachten. Verglichen mit uns waren die Achtundsechziger nicht sonderlich zahlreich, sie waren nicht diejenigen, die der Zauber einer goldenen Zukunft umwehte. Ihre Individuation war in den Fünfzigern von schrilleren Geräuschen begleitet gewesen. Ihr Zusammenprall mit Eltern und Autoritäten war heftiger verlaufen, denn die

Symbole der Jugendkultur stießen in jener Zeit noch auf eine eindeutige Lektüre. Deren Botschaft: Widerstand. Vermutlich wurde es erst Mitte der Siebziger möglich, dass sich Eltern und Nachwuchs am Zeichensystem der anderen zu bilden begannen, versierter und ironischer zu lesen lernten. Die wenigen Medien hatten sich bis dahin für die Jugend vornehmlich als Störfaktor interessiert, als ein Phänomen der Anpassungsunwilligkeit. Wer man war, war man nur in Familie und Schule. Die Achtundsechziger waren einsamer. Ihr Aufmucken war mit mehr gegenseitiger Verletzung verbunden gewesen: Junge Antifaschisten fochten gegen alte Nazis. Ihr Pop war Kampf, und er war lange ein Familienkampf gewesen.

Zu einfach wäre es wiederum, den Älteren das Rebellische, uns hingegen das Spielerische zuzuschreiben. So klar war das nicht voneinander geschieden. Den Pop als Schlachtfeld, auf dem es um einen selbst ging, hatten die Älteren zwar erschlossen und sie waren auch die ersten Akrobaten im Zeichenzirkus. Im Familienstreit waren sie uns ohnehin überlegen, und daraus entwickelten sie auch eine ehrgeizigere gesellschaftliche Fantasie als wir. In ihren Fluchten spielte das Imaginäre eine größere Rolle, sei es die klassenlose Gesellschaft, die dritte Welt, die künstlichen Paradiese, das Reich der Freiheit, die Utopie oder das Nirvana – alles, was die alteuropäischen (und dann auch die asiatischen) Transzendenzvorstellungen so hergaben. Ihr Kampf war jedoch nicht zu gewinnen. Er endete so gut wie überall in Enttäuschung, in verschrobener Innerlichkeit, in Kupferschmuckbiegerei und freiem Theaterspiel. Oder in Gewalt. Und nun traten wir auf den Plan: Erst mit uns wurde der kulturelle Wandel der deutschen Gesellschaft real, erst mit unserem massenweisen Auftritt, mit der demografischen Gewalt, mit der wir in die Medien eindrangen und die Entstehung neuer Medien erzwangen. Erst mit unserer Kaufkraft gewann der Pop als differenzierende Kraft gesellschaftliche Gegenwart und Dauerhaftigkeit. Wir waren die Realperformance, in der sich das Imaginäre niederschlug – wieder nur ungeplant und ohne Verabredung. Erst mit uns wurde die Bundesrepublik zu jenem kulturellen Pluriversum, an das sich alle schnell gewöhnten und das heute so natürlich erscheint. Seither durfte ein jeder in seiner eigenen Zeit leben, in seinem persönlichen sozialen Schwimmbecken mit eigenen Wänden, eigener Temperatur und eigenen Vorschriften, und zwar auch die politischen Träumer.

Irgendwann um 1980 plagte mich der heiße Wunsch, mir einen schwarzen Rollkragenpullover anzuschaffen. Ich hörte The Jam und verehrte Paul Weller. Genau so wollte ich aussehen. Auch Paul Weller trug kurze Haare, er hatte einen schwarzen Rolli an und ein Jackett. In Deutschland lief kein Mensch so rum. Ich arbeitete mich durch die Hamburger Konfektionsgeschäfte und erntete nicht nur Kopfschütteln, sondern auch sarkastisches Grinsen. Am Ende wagte ich mich zu Mey & Edlich am Jungfernstieg, damals so ziemlich der verstaubteste aller Läden, nie jemand unter fünfzig darin, es war eine Verzweiflungstat. Eine freundliche ältere Dame musste mich auch dort enttäuschen, aber dann hielt sie inne und holte eine lange Leiter herbei. Ganz oben, buchstäblich unter der Decke, wo seit Jahrzehnten niemand mehr gestöbert hatte, zerrte sie aus dem Regal einen schwarzen Rollkragenpullover hervor. Es war ihr etwas peinlich, mir diesen Ladenhüter zu überlassen. Ich feierte meinen endgültigen Übertritt auf die Seite der Mods. Ich bog um die Ecke zu Ladage & Oelke, wo mir ein äußerst kundiger und gar nicht überheblicher Verkäufer sein Sortiment zeigte. Heinrich Heine war Kunde gewesen, jetzt kauften standesbewusste Hanseaten dort ihre Tweed-Westen und Smokings. Ich entschied mich für ein schwarz-beige-rotes Jackett mit Hahnentrittmuster. Es sah außerirdisch aus, aber cool. Mit Ehrfurcht strich der Verkäufer übers Tuch und murmelte: «Das werden Sie noch in dreißig Jahren tragen.» Nun sind es vierzig. Ich war total altmodisch und doch ganz vorn und dachte: Interessant, wenn du dich auf die Mode einlässt, machst du die erstaunlichsten Erfahrungen mit Zeit und Gesellschaft. So kam ich in der Postmoderne an, bevor ich das Wort gehört hatte.

NACHKLÄNGE DER GEWALT

Das Theater der RAF ist in Büchern, im Film und in zahllosen Artikeln ausführlich geschildert worden. Es ist bekannt, wie die Gruppe sich fand und zusammenraufte, wie sie sich radikalisierte und ihre Entführungen und Morde plante, genauso wie die Lebensgeschichten der Haupttäter nachgezeichnet worden sind. Auch die Gegenmaßnahmen des Staates sind in die Geschichtsschreibung der Bundesrepublik eingeflossen. Die erste RAF-Generation löste einen Modernisierungsschub nicht nur in der Fahndungstechnik und polizeilichen Ermittlungsarbeit aus. Mit ihr wandelte sich die Auffassung von innerer Sicherheit generell. Der gesamte Rechtsstaat wurde durch sie ergriffen, er musste sich – was schwerfiel und lange dauerte – politisch neu begründen und erwarb am Ende neue Legitimität.

Nicht jede Tat der zweiten und dritten Generation der RAF wurde aufgeklärt, aber dieser Umstand galt keineswegs als Ausweis einer prinzipiellen Schwäche des Staats. Seine Einrichtungen parierten die späteren Angriffe im Wesentlichen. In der Perspektive derer, die damals entgeistert zusahen, blieb das Ende lange, quälend lange offen, und offen ist es in Wahrheit bis heute geblieben. Die Zuschauer hielten damals alles für möglich – und wie sehr strapazierten diese Ereignisse erst den verängstigten Möglichkeitssinn von uns Heranwachsenden! Manchmal ist die Zeit noch übergriffiger, als sie ohnehin ist. Der Auftritt der RAF grub sich in die Erinnerungen und bohrte sich in Biografien ein. Wenn vieles am ersten Terror dunkel blieb, liegt es auch an den unzureichenden Möglichkeiten, in der Rückschau auf sich selbst als Zeitgenossen einen wirklich aufrichtigen Blick zu werfen.

Kann also sein, dass die biografische Hermetik jener Jahre dafür sorgte, dass die klare, alles erklärende Geschichtsschreibung an ihre Grenze gelangte. Vollständig hat der «Deutsche Herbst» das Frappierende nicht eingebüßt. Gemessen an der inneren Versöhntheit der Bundesrepublik Mitte und Ende der Siebzigerjahre und gemessen am Standard ihrer damaligen Krisenbewältigungen – die Ölversorgung stockte, die Steuereinnahmen, auch Reformvorhaben versandeten, und ernsthafter Streit über die Verteilungsgerechtigkeit brach aus –, konfrontierte die RAF mit dem gänzlich unerwarteten Konflikt. Sie konfrontierte mit einer Feindseligkeit, die historisch abgelegt schien und gleichzeitig völlig neu war.

Aus Sicht der führenden Kräfte des Landes wirkte das am Anfang wie ein aus der Fasson geratener Kindertrotz, in diesem Ernst und dieser Unverhältnismäßigkeit, die doch eigentlich weder in der jugendlichen noch in der intellektuellen Kultur einen Platz hatten. Die Gewalt der RAF signalisierte etwas heillos Regressives in der Welt der Verfahrenslegitimation, in der Umgebung von Sozialpartnerschaft und von rheinischem Kooperationskapitalismus mit seinen Abspracheroutinen und Ausgleichstechniken zum wechselseitigen Vorteil. Doch war diese Gewalt nicht unerwachsen, sondern gegenerwachsen. Die RAF inszenierte die Zerreißung, und damit war sie, falls das Wort erlaubt ist, innovativ. Sie produzierte neues Verhalten auf den unterschiedlichsten Ebenen. Ihre Taten sollten gerade das nicht Bewältigbare und vorderhand auch das nicht Beschreibbare sein. Dafür benötigte die RAF ein zum Staunen fähiges Publikum, denn alles, was sie sein und darstellen wollte, war auf Sichtbarkeit angelegt, war Bilderstrom und Schauspiel, welches ohne das Öffentliche nicht den geringsten Anspruch hätte erheben können, «politisch» zu sein.

Als sie Kaufhäuser anzündeten, sah ich darin eine Steigerung all jener Zwiste, die sich an meiner Schule abspielten oder die ich mit den eigenen Eltern ausfocht, also als die robuste Version einer Adoleszenzkrise, die endlich jemand Mutigeres als ich auf die Bühne brachte. Als sie anfingen zu morden, entfernten sie sich von mir, ganz plötzlich und entschlossen. Man weiß dann zwar, dass der Abtauchende nicht anders konnte, ist ihm aber trotzdem gram. Sie waren in die Politik hinübergewechselt, wo ich als Heranwachsender nicht sein konnte. In ihrer Kühnheit beanspruchten sie, einen eigenen politischen Raum zu eröffnen – mich dorthin zu locken, ohne dass ich wusste, ob ich das wollte. Potenziell war das mein Raum, mein Nachfolge-Raum. Dieses mir vorenthaltene und gleichzeitig angebotene «Politische» blähte sich zu einem undeutlichen Rätsel auf. Was sollte die Eskalation bedeuten? Mitleid und Sympathie, Erschrecken und Abscheu hatten keine Zeit, sich zu sortieren.

Überhaupt ballten sich Gefühle und Gedanken in den seltsamsten Mischformen zusammen, in dieser Hinsicht ging es den meisten wie mir. Auch den Verblendetsten im innersten Kreis der Gruppe musste klar sein, dass Mord eine schwere Straftat blieb und unter den Arbeitern, den «Werktätigen», keinerlei Solidarisierung auslösen würde. An dieser Front war keine Nachfolge zu erwarten. Die Berufung auf den Klassenkampf war nicht mehr als eine rhetorische Figur, Pathosformel, genau wie die Anleihe beim Antifaschismus der DDR. Das Politische der RAF hatte sich von vornherein die Ohnmacht zur Verbündeten gesucht. Ohne Massenbasis ereignete sich die Aktion ein Stück weit im Fiktiven, und das sollte auch so sein. Sie sollte mit einem Schlag etwas erschaffen, das in der Wirklichkeit der Bundesrepublik systematisch und mit Notwendigkeit ausgeschlossen blieb, so drückend die Verhältnisse. Sie sollte eine von den Realverhältnissen grundlegend sich unterscheidende Dimension des Denkens und des Handelns herbeizwingen, eine Gegenwirklichkeit erzeugen, wenn nötig mit vorgehaltener Pistole.

Streng genommen richtete sich der Voluntarismus der RAF auf nichts. Hätte sie für einen ausformulierten Gesellschaftsentwurf gefochten, würde ihre Art des Partisanenkampfes die falsche gewesen sein. Dann hätte die Aktion einen Maßstab gehabt und wäre in ein Zweck-Mittel-Kalkül eingebunden gewesen. Aber so schwirrte die aufs Äußerste zugespitzte Willensanstrengung, dieses Konzentrat politischer Absichtlichkeit in eine Leere hinein, in der als Erstes ihre eigenen Subjekte verloren gingen. Sämtliche Forderungen, die in Bekennerschreiben und Verlautbarungen erhoben wurden, waren taktisch motiviert oder phantasmatisch. Die RAF-Texte hatten keinen politischen Referenten und konnten keinen haben. Wirres, unverständliches Zeug formulierten diese Autoren. Der selbst verordnete lebensgeschichtliche Bruch hätte für sie tiefer nicht sein können. Sie hatten diesem Bruch das Nachdenken aufgeopfert, übrig blieb eine bizarre Sprachgestik. Ihr Ausdruck war Tat, Feststellung, Behauptung, Bekräftigung, und dies alles in der Weise der Wiederholung: immer die gleichen Worte, immer die gleiche Hinrichtung. In der Aktion verdampfte das Inhaltliche der Politik, sodass die RAF, sie ahnte es, eine antiutopische Veranstaltung war. Was sie womöglich wollte, war nicht dazu ausersehen, in der Zeitreihe zu folgen und irgendwann von anderen aufgegriffen und verwirklicht zu werden. Es unterschied sich vom Realen. So hinterließ das Schauspiel eine gewaltig große Fläche für Projektionen. Es war ein Anfang, aber der Anfang als Schrecken, auf tausenderlei Weise deutbar und übersetzbar, sowohl von denen, die sich davon angezogen fühlten, als auch von jenen, die sich entsetzt abwandten. Auch die Aktion war ein Appell, doch für was, und an wen richtete er sich? Wer war der Adressat dieser Text-Tat-Totalität? Doch nicht Presse und Fernsehen; die bildeten den Verblendungszusammenhang und wollten als Verbreitungsmedien nur benutzt werden.

Ich hege die Vermutung, dass der verzweifelte Appell der RAF sich an Menschen richtete, die auch mit dem und im Fiktiven existierten, an Zeugen, die einer Phase der Realisation noch entgegensahen – ähnlich wie sich die Gruppe per Umkehrung in den Zustand einer reinen politischen Möglichkeitsform zurückversetzt hatte. Dann hätten die damals Jüngeren ihr Publikum gebildet. Die Jüngeren waren sicherlich nicht in einem strategischen Sinn dazu auserwählt worden, und sie waren es natürlich auch nicht exklusiv, aber sie mussten unter den Umständen in die Rolle des wie immer konfus gemeinten Auditoriums hineinrücken, schon weil der von der RAF seinen Ausgang nehmende Zeichenstrom sich aus den Quellen des Rebellischen, des Pubertären, Schwer-Erziehbaren und Rockerhaften, des Antiautoritären im weitesten Sinn speiste. Es war offensichtlich, dass keine Berufsrevolutionäre Lenin'scher Prägung am Werk waren. Also blieb ihnen nichts anderes übrig, als sich für das Blut, das sie vergossen hatten, zu rechtfertigen. Keine Geschichtsphilosophie erklärte ihr Handeln, da war nur das Rätsel ihres «Entschlusses». In seiner Unverständlichkeit, aber auch in seiner Intensität sprach dieser Willkürakt die jüngeren Generationen sehr wohl an. Das war nicht Belehrung, sondern eine quasi-körperliche Erfahrung. In den Gefühls- und Bilderwelten des Jugendlichen, genauer gesagt mit Blick auf eine bereits vorsozialisierte und traumatisierte, aber noch nicht hirngewaschene und apathische Jugendlichkeit, konnte das möglicherweise Wirkung entfalten, Ausbruch und Entladung. Es konnte etwas auslösen, indem es sich zur konkreten Botschaft gerade nicht verdichtete, weder Parteiprogramm war, noch zur Fraktionsbildung aufforderte, ein Weckruf eher, eine herrische Bitte, vielleicht auch ein Flehen.

Die seltsame Stimme der RAF hörten wir als einen Doppelklang. Sie lockte einerseits mit etwas Vertrautem und sie brachte doch gleichzeitig etwas Fremdartiges zu Gehör, ja sogar etwas Abstoßendes. Es war ein schroffer Sirenengesang. Wenn er die politische Nachfolge nicht zu organisieren vermochte, rief er trotzdem nach einem Verstehen. Es war kein Zufall, dass die Künste, vor allem der Film, am schnellsten und am überzeugendsten diesen Ton aufnehmen konnten, eben weil die künstlerische Verarbeitung *zeigte* und nicht analysieren musste und weil sie das Geisterhafte mit Gesichtern ausstattete. Das Verblüffende am Auftritt der RAF war ein ästhetisches Phänomen, aber es durfte nicht benannt werden. Aus moralischen Gründen musste sich das Ganze dem Verständnis entziehen und monströs bleiben.

Die kulturellen Vorbilder der RAF-Leute sind oft erwähnt worden, und sie waren nicht einmal die allerstärksten: Andreas Baader ein postexistenzialistischer Filmheld, Wiedergänger des Michel aus Godards «Außer Atem», gemeinsam mit Gudrun Ensslin dann auch ein Killer Couple wie in «Bonnie und Clyde»; der sterbende Holger Meins vor seinem Tod im November 1974: einer damals noch von christlichen Bildmotiven umgebenen Jugend als Schmerzensmann sich aufdrängend; Ulrike Meinhof, mit Jeanne d'Arc und Sophie Scholl verglichen, was Unsinn war, doch erinnerte sie in jener Zeit ans Abbild der guten Lehrerin, an die Sanfte und Verständnisvolle, die sich mit den Kindern verbündet und dafür büßen muss. Ihre Imago schuf am Ende Gerhard Richter in seinem Zyklus «18. Oktober 1977». In Richters Porträt verlöscht der Hass. Die Entführung der «Landshut» kurz vor diesem neuralgischen Datum war ein Szenario aus dem schon damals beliebten Genre des Katastrophenfilms – und weil das Bild des in afrikanischer Sonne flimmernden Flugzeugs real war, wurde es auch zum Anfangsbild der optischen Mythologie des Terroristischen. Es ließ alles bisher Vorstellbare hinter sich. Gerade weil keine Trümmer zu sehen waren, drückte es ein Maximum des Unheils und der Perfidie aus – und zwang damit seine Überbietung förmlich herbei. Die feiernden Mörder in ihrem Ausbildungscamp in Jordanien: eine Reminiszenz an Louis Malles «Viva Maria!»; die Anwälte in den Gerichtssälen: Spieler in einem nie zur Auflösung gelangenden Court-Room-Drama. All das drängte aus der zeitgenössischen Sehkultur hervor, bis hin zum Shoot Out in Bad Kleinen im Juni 1993, dem missglückten Spätwestern. Als im September 2001 Flugzeuge in das World Trade Center rasten, war diese Überlagerung erinnerter und vorweggenommener Bilder bereits ein Déjà-vu. Es war ein weiterer gesteigerter Wahrnehmungsaugenblick, der abermals das Empfinden auslöste, der Zusammenhang historischer Zeit sei zerrissen, als Wiederholung und als Steigerung. Und dann ebenso der sofortige Umschlag: Der Drang kannte keine Grenzen, neuen Sinn um diesen Moment zu weben. Dieses Mal aber gerade keinen politischen.

Denn seit 9/11 existiert endgültig keine Möglichkeit mehr einer Politisierung der Aktion. Der Terror ist seitdem ein berstender, krepierender Pop, realer Splatter, und genau so wird er seither fotografiert und gefilmt. Erfahrbar ist er als optisches Ereignis. Nur das Hinsehen ist noch imstande, Entsetzen und Trauer hervorzurufen; nie wieder wird der Terror in den westlichen Kulturen ein politisches Zeichen sein, nie wieder wird er eine begreifliche Botschaft vermitteln können. Er ist ein irrer Mordversuch an allen, und genau als solcher wird er von den Nachfolgern der RAF auch begangen. Und selbst wenn sich der RAF-Terror dadurch auszeichnete, dass er die Politik verfehlte, die Unberührbarkeit der realen Macht durch eine existenzielle Tathandlung vorführte, ja für die westlichen Gesellschaften vermutlich festschrieb, so unterschied er sich der Absicht nach von seinen späteren Wiederholungen und Steigerungen: Er wollte sehr wohl eine rationale Art des Politischen sein – und er konnte schon damals die Andersheit nur als quasi-ästhetischen Schrecken ausdrücken.

Es gab damals keine Möglichkeit, dies zu benennen. Was hätte es auch geholfen, solange Staat und Terroristen noch aktiv waren? Heute erscheint der internationale Terrorismus als blutige Show für die Weltöffentlichkeit, damals wirkte er auf eine andere Weise: Er zwang im ersten Augenblick seines Erscheinens dazu, ihn sehr wohl als einen Aufruf, als Gesellschafts- und Kulturkritik oder als eine moralische Unterweisung zu verstehen. Er war Text, nicht Bild. Das ging aus der hohlwangigen und zugleich herrischen Sinnproduktion der Gruppe hervor. An jener Stelle waltete intellektuelle Askese – im Sinne einer Abblendung alles Populärkulturellen, wenn nicht des Kulturellen überhaupt. Da trat etwas Priesterliches ins Spiel, ein häretischer Wahrheitsanspruch, der seine Gewissheiten durch jahrelange Nichtachtung und Nachstellung immer wieder hatte veredeln lassen und nun zu einer Einfachheit gelangt war, die eines Savonarola würdig gewesen wäre. Jede Sekte ist eine Echokammer, aber nicht jeder gelingt es, die ihre nach außen zu stülpen. So ungeheuer schlagend wirkte der erste Akt der RAF durch die fulminante Art der Zeichensetzung, durch ihre Performanz, wodurch sogar das dürre neomarxistische Thesenwerk kurzzeitig mit in die Höhe gerissen wurde. Was die Gruppe im Einzelnen verlautbarte, enttäuschte allerdings. Die Botschaft war untergeordnet, verglichen mit der Rückhaltlosigkeit, in der sie ihren Schriftsinn *verkörperte*. Da tauchte sie noch einmal auf, mitten in einer komplex und erwachsen gewordenen und nun auch schon von den Interessen und Gedanken anderer Völker bedrängten Bundesrepublik: die Eindeutigkeit.

Der Sympathisantensaum ließ sich von diesem Schaustück der unmissverständlichen Wahrheit faszinieren. Handeln und Reden der Hauptdarsteller waren entschieden säkular und doch nicht ganz von dieser Welt, es war ein persönliches Passionsspiel, keineswegs altertümelnd, aber entschieden reformatorisch streng. Viele hielten das Weltbild der RAF tatsächlich für ein ethisches, tun es bis heute und arbeiten sich bis heute an der Zweideutigkeit ab, in welche diese Annahme führt. Auch damals war die ironiefreie Armseligkeit der RAF-Sprache bemerkt worden, und seltsamerweise galt sie damals keineswegs als Anzeichen von Gehaltlosigkeit.

Das Gehör für diese Art Sprache konnte sich vermutlich nur auf dem Hintergrund einer protestantischen Bildungskultur einstellen. Diese Kultur, sie hatte einige der Täter tief geprägt, ermöglichte eine Lektüre, die zu Misstrauen gegenüber sich selbst aufrief. Die Rede der RAF schattete die Wirklichkeit auf radikale Weise ab, vereinfachte berserkerhaft, riss das Fleisch von der Wirklichkeit und machte das Gerüst der Machtverhältnisse sichtbar. Genau dazu galt es sich in Beziehung zu setzen. Die Entwirklichung war es gerade, die den Weg in die Verinnerlichung eröffnete. Dann nämlich ist der «Sprung» im Gewissen auch schon eine Aktion. Lachhaft war schon damals die Idee, die Macht habe ein Zentrum, das man sprengen konnte wie das eigene Ich. Nichts Kompliziertes, nichts Widersprüchliches durfte in der Außenwelt mehr sein, damit innen Klarheit herrschte. Wer sich in diesen Sprech fügte, den überzeugte nicht nur der theoretische Nachweis, sondern die praktische Vorführung, dass Analyse ohne Umschweife in Ethik zu überführen sei, die Idee bereits die Moral selbst, bis zu jenem Punkt, an dem das Sprechen in Handeln überzuspringen schien: Ändere dein Leben, verwerfe den Augenschein und wende dich der Wahrheit zu, sei die Wahrheit selbst, sofort!

Bloß dass diese Mission kein weiterreichendes Angebot für jene bereithielt, die zu folgen bereit waren. Und dieser Dezisionismus, die Leere der reinen existenziellen Entscheidung, die in Selbstzerstörung mündete, hinterließ eine schwere weltanschauliche Bürde. Eine Menge musste verdrängt werden, um den gemeinsamen Trip überhaupt in einer gedanklichen Ordnung zu halten. Wahrscheinlich wirkte jeder ihrer Tage magnetisch nach innen und rief zu einem Kult der Loyalität gegenüber dem einmal gefassten Entschluss auf, zu Übungen in der Selbstdisziplin, sodass schon ein distanzierender Blick auf sich als Verrat erschien. Das Schema ihrer Taten führte die RAF nah an die konservativen Revolutionäre der Zwanzigerjahre heran. Auch die mussten unbestimmt lassen, wie eine verhasste Moderne mit gegenmodernen Mitteln zu überwinden sei, warum eine Friedensordnung zu zerstören war, wenn sich doch keine politische Kraft mehr anbot, die den revolutionären Ansprüchen genügte: Wie die Wahrheit in eine Welt hineinhämmern, die gar keine benötigte, weil sie so vollkommen wirklich geworden war und sich in ihrer Korruptheit pudelwohl fühlte. Ohne dass sie es bemerkten, schulterten dann auch die Sympathisanten der RAF dieses geistige Erbe. Sie begaben sich unter seiner Last in die Wiederholungsschleife der Dreißiger: Gewaltfantasien, Ressentiments, Selbstmitleid und Selbstheroisierung. Irgendwann blieb davon tatsächlich nur noch Literatur übrig, Kulturpessimismus und Autobiografie. Wer es nach der gescheiterten Aktion überhaupt noch aus seinem Ich schaffte, musste die Revolution nun minimalinvasiv denken, will sagen, sie verwandelte sich mehr und mehr in Beschwörungsprosa, wanderte immer weiter in die Einbildung hinein und wurde zu einer Angelegenheit der Sprechakte. Bald nach den Selbsttötungen der RAF-Leute stülpte sich die sektiererische Echokammer endgültig ein. Eine Beschädigung der gesprochenen Sprache draußen blieb zurück. Das veränderte auch den Umgang der Jüngeren untereinander, säte Misstrauen und lähmte, wie durch ein pharmazeutisches Mittel hervorgerufen, das beim Patienten die Entwicklung unguter Eigenschaften fördert. Eine Zeit lang ging alle Unbefangenheit verloren.

Wir konnten uns nicht darüber klarwerden, dass die RAF zwar einen Kampf gegen die Gesellschaft führte, wie auch wir sie ablehnten, es aber mit den falschen Mitteln tat und für falsche, ja nicht einmal erkennbare Ziele. Es war ein trügerischer Kampf, und wir wussten es, ohne dass wir uns sofort abwandten. Die Verwirrung zeigte sich daran, dass wir unter uns kaum darüber sprachen. Wir brachten keine Kraft auf, dieses Phänomen zu erörtern, wir nahmen es wie ein Naturereignis hin und beschwiegen es kommunikativ (nun auch wir: die Beschweiger). Nach außen sah das wie Zustimmung aus, während jeder mit seinem Schrecken allein blieb. Nicht einmal die engeren Freunde sollten wissen, was einen in dieser Sache wirklich bewegte, es war eine Art Schauspiel der Verhärtung. Härte musste sein. Ich erinnere, dass Misstrauen einzog und wir einander zu kontrollieren begannen – als stellte sich ernsthaft die Machtfrage im Staat, und wir bereits auf dem Weg, eine Guerilla zu werden. Niemand fand das lachhaft. Ob einer einem Untergetauchten helfen würde, lautete die Frage, und bohrender: Wieso er es denn nicht täte? Die Schuld an gar nichts nistete sich im jugendlichen Gewissen ein, jeder mit der Möglichkeit einer erzwungenen Nachahmung konfrontiert. Unter uns war B., ein kleiner Quirliger mit Leninbart, er war der Sohn eines Staatsanwalts, eines Oberstaatsanwalts sogar, dessen Verbindungen bis in die höhere Politik hineinreichten. Der Vater war der Feind, auch für B., wir litten mit dem Sohn. Umso überraschender, dass uns eines Tages ausgerechnet B. mit der These konfrontierte, der Krieg einer Stadtguerilla könne niemals siegreich enden, solange sie nicht – er hatte offenbar Mao und Gramsci gelesen – von der Mehrheit der Bevölkerung unterstützt werde. Das wollten wir nicht hören; eine zutreffende Analyse der Lage war nicht vorgesehen. B. hatte recht, wir keine Argumente. Vielleicht hatte sein Vater ihn über die Aussichten der RAF aufgeklärt, vielleicht hatte er ihm auch nur die Instrumente des Staates gezeigt. Jedenfalls war B. seine spätpubertäre Naivität plötzlich abhandengekommen, und er würzte seine neuen Einsichten, wie es seine Art war, sogar mit ironischen Spitzen.

Dass wir in dieser Situation nicht befreit auflachten und zur Tagesordnung übergingen, mag man entwicklungspsychologisch erklären, immerhin standen mit der RAF auch erste Ichideale auf dem Spiel. Wir verbündeten uns gegen B. und trugen ihm Gerede nach. Für diese offen gezeigte Abweichung konnte es ja nur eine Erklärung geben: B. umgedreht, hirngewaschen, Verräter geworden. Das war vollkommener Unfug, doch jene neurotische Gruppendynamik, der wir uns allesamt überlassen hatten, erzwang nun die Geburt eines schäbigen Spitzelmythos, B. ein Agent der Staatsanwaltschaft, uns aushorchend – als hätte es etwas zum Aushorchen gegeben. Schämen hätten wir uns sollen. Die Suche nach Spitzeln entwickelte sich zu einer weitverbreiteten Übung in jenen Jahren.

Ich hörte Andeutungen über diesen und jenen, vielsagende Augenaufschläge, wissendes Nicken, Genaues wusste niemand. Was wohl über mich geredet wurde? Irgendwann war das aber auch wieder unwichtig, da gehörte B. längst wieder zu uns. Jedenfalls in meinem Kreis war am Ende das Bedürfnis nach Freundschaft größer als die Lust am Verdacht. Manche behielten eine ausgewachsene politische Paranoia zurück. Bis heute ist Politik für sie Ränkespiel und Hochverrat; Staat und Kapital bleiben die nimmermüden Strippenzieher eines Putsches oder einer schleichenden Machtübernahme. Ein bestimmter, immer kurz vor der Panik stehender politischer Habitus geht auf diese Zeit zurück. Man hat den Eindruck, er machte im Lauf der Jahrzehnte eher noch Schule. In den von der RAF geschaffenen Vexierhöllen erlebten die Paranoiker ihr politisches Erwachen, blickten auf einmal durch, sahen ihren Kameraden bis auf den Grund der Seele, sahen die Wahrheit über die Gesellschaft, lassen sie bis heute nicht wieder los, während die anderen sich irgendwann ihre Augen rieben und zum mitmenschlichen Vertrauen zurückkehrten. Ursprünglich ist der Aluhut ein linkes Accessoire.

Wie man auch redete, war es verräterisch, drückte es doch die Wahrheit über die eigene Person aus, denn genau sie, die unverblümte Wahrheitsrede, hatte die RAF als Speerspitze einer gefährdeten Jugend ja gerade gesprochen, sodass sie einem in den Ohren klingelte: Bekenntnisdrang und Bekenntniszwang. Jeden Tag mussten wir Heranwachsenden uns die Herzen prüfen lassen. Daneben die Straßenkontrollen, die Rasterfahndung, die sogenannte «Mitwirkung der Bevölkerung». Ein Wahn schien die Gesellschaft befallen zu haben, darin denselben Reinigungsfantasien folgend, die ihr die Terroristen aufgenötigt hatten. Und wie sollte in diesem Klima eine überzeugende Distanzierung denn ausfallen, Mitgefühl und Absage an die Verirrung gleichermaßen, wie sollte einer seinen Abscheu vor Entführung und Mord zum Ausdruck bringen und trotzdem seinem Land kritisch verbunden bleiben, auch weil er kein anderes hatte? Der junge Boomer war ratlos. Diese Rhetorik erzeugte ihre Selbstüberwachung gleich mit, und eine selbst ernannte Sprachpolizei wird die Politisierung der Sprache fortan verwalten, bis heute. Sie wird sich als Instanz einrichten, bereit, sofort die Trillerpfeife zu benutzen, und darüber entscheiden, was gesagt werden darf und was nicht, welches Denken angezeigt ist und welches konservativ bleibt und also postfaschistisch.

Frühmorgens nach den Selbstmorden in Stammheim kam mein Vater in mein Zimmer, um mich mit der Nachricht aufzuwecken. Er triumphierte nicht gerade, aber er war erleichtert, beinahe euphorisch. Wie die meisten in seinem Alter und in seiner Position hatte er den RAF-Terror als schrittweisen Zerfall seiner Welt, wenigstens als bürgerliche Demütigung erfahren. Ich betrachtete es als mein Recht, darauf keine Rücksicht nehmen zu müssen – allerdings fragte er auch nie nach dem Grund unserer verstörten, relativen Anhänglichkeit. Dass ich in diesem Moment vor Freude die Arme hochriss, erwartete er nicht. Vielleicht befürchtete er, ich würde mich zu einer letzten, fiesen Loyalitätsgeste hinreißen lassen, die Faust aus den Federn recken, allen Morden und Entführungen zum Trotz. Ich war ebenso erleichtert. Wortlos. Es zu zeigen wäre mir peinlich gewesen. Inzwischen war alle jugendliche Romantik des Kampfes aufgebraucht, und die Frage erhob sich – und zwar hier in Gestalt meines Vaters –, wie ich wohl den ersten gravierenden politischen Irrtum meines Lebens eingestehen würde, was mir nicht erspart blieb, wenn ich so reif sein wollte, wie ich dachte. Ich zog die Decke über den Kopf und wartete, bis er wieder weg war.

Die Gesellschaft der Bundesrepublik war nach dem Tod von Baader, Ensslin und Meinhof keine direkte Kampfzone mehr, sie musste sich, wenn überhaupt weiter gestritten werden sollte, in einen symbolischen Kampfplatz verwandeln. Das Ziel war entschwunden, doch musste es sichtbar bleiben. Die Überwindung der Gesellschaft war nunmehr ein Andachtsbild, das alltägliche, also erträgliche Traurigkeit auslöste. Notgedrungen wurde die Aktion sublimiert, der Entscheidungsbedarf drang ins Lebensweltliche ein. Im Grunde war von da an alles ein Fall für die Gesinnung und die Gesinnungsprüfung. Nichts sparte diese Politik des Symbolischen mehr aus. Immerfort gab es etwas zu richten oder jemanden zu maßregeln: Je korrupter die Verhältnisse immer noch wurden, desto augenfälliger der Unterschied zwischen wahr und unwahr. Mitten im kapitalistischen Gulag hielt die Schwermut der Erkenntnis das Gemüt auf Trab, sorgte einerseits für Erleichterung, weil es vom Wohlgefühl der eigenen Gewissheiten begleitet wurde, nagte andererseits schwer, weil die Trägheit Einzug in die revolutionären Knochen hielt. Nie wird dieser evangelikale Zug aus der intellektuellen deutschen Kultur wieder ganz verschwinden. Andere Nationen werden später verwundert auf den heiligen Ernst deutscher Auseinandersetzungen blicken und diesem seltsamen Nationalcharakter auch im Übergang zum 21. Jahrhundert ein ebenso unklares wie entschiedenes Denken bescheinigen, stets guten Willens, aber kurz davor, einander die Köpfe einzuschlagen.

Der vom RAF-Geschehen erzeugte Druck auf die Verständigungsmedien der Jüngeren hat in Deutschland Pop und Politik für alle Zeit getrennt. Der Pop wanderte auf die Seite der Unterhaltung, und niemals gelang es, ihn in ernstzunehmender Weise zu repolitisieren. Der Deutsche Herbst war auch so etwas wie ein Fanal der Metaphysik. Er verstärkte diesen deutschen Hang zum pathetischen, die ganze Menschheit und auch die Weltgeschichte in Anspruch nehmenden Moralisieren, weil er das «Politische» entgrenzte und weil er in einem Akt der Rückkehr zur Gewalt den Marxismus jeder Verwirklichungschance beraubte. Die Hinterlassenschaft von 1977 war desolat. Sie ließ die Gesellschaft in Bedrängnis zurück und stimulierte den akademischen Theoriefuror abermals. Auf eine nicht genau zu beschreibende Weise hatte der Staat «gesiegt», mit Verlusten und weiß Gott nicht grandios. Die kleine Revolte meiner Generation, die sie zum Teil auch noch Stellvertretern oder großen Schwestern und Brüdern hatte überlassen müssen, war in der Sackgasse gelandet, ohne dass die Anlässe zu rebellieren sich in Luft aufgelöst hätten. Danach war unklar, ob die Nachfolgeregelung zwischen Eltern und Wohlstandskindern noch galt. Wir fragten, ob die erwachsene Welt überhaupt lebenswert, sie fragten, ob der Nachwuchs weiterer Hege noch würdig war. Unklar erst einmal die Zukunft der Republik. Ein Spitzel- und Polizeiregime hätte die Terroristen bestätigt, doch die Duldung der Revolte kam auch nicht mehr infrage. Nur die erprobten Techniken des kommunikativen Beschweigens führten die Bundesrepublik aus dieser Lage wieder hinaus.

Was folgte, war inszenierte Normalität. Es war die Autofahrt ohne Kontrolle, Tagesschau gucken ohne Beklemmung vor der ersten Meldung, bloß mit langweiligen Bildern von Außenministern. Trotzdem war es eine Selbsttäuschung, wenn alle so taten, als wäre das kein Trauma gewesen. Der Feind war direkt aus dem Inneren hervorgestoßen und er hatte sich angeschickt, alles zu verderben, was bisher als Errungenschaft und Ziel der Mühen galt. Die RAF-Episode wurde aus der bundesrepublikanischen Geschichtsschreibung nicht ausradiert; man wies ihr vielmehr ein Unterkapitel zu und verbannte das meiste in die Fußnoten. Außerdem konnte niemand den endgültigen Abschluss der Angelegenheit ausrufen. Übrig blieb diese nicht vollständig vernarbende Verwundung aller, sie wurde zwar immer erträglicher, aber sie erinnerte daran, dass sich die Bundesrepublik einmal fremd geworden war, fast bis zur inneren Selbstvergessenheit. Wer politisch noch träumte, musste nun nachweisen, wieso er den Bürgerkrieg zu riskieren bereit war, die Kapitulation der Demokratie, ja sogar den Rückfall in die Gewalt.

Für eine erste Entlastung im Unbehagen sorgte der Bundeskanzler Helmut Schmidt. Gegen ihn, so schien es ein paar Wochen lang, hatten die Terroristen persönlich gekämpft, jedenfalls hatte er den Kampf angenommen und dann für alle geführt. Wenn die Gemüter sich wieder beruhigten, hatte das wahrscheinlich diesen archaischen Mechanismus zur Voraussetzung, dass ein Einzelner eine bestimmte Zeit lang die Last des Ganzen auf sich nahm. Genauso wunderlich wie die Wirkung der RAF blieb die Wirkung von Schmidts Haltung: auch sie Entscheidung und Entschluss, aber als gemeinsame Tat. Außerdem befreite Schmidt die Politik wieder aus ihren inneren Verstrickungen. Er lenkte den Blick der Bevölkerung aufs Ausland, wo die Aufmerksamkeit inzwischen von anderen Spektakeln gefesselt wurde. Das Ökonomische war das Schicksal, und nicht der Terror von Bürgerkindern.

Der Kanzler hatte großen Erfolg mit seiner maritimen Art der Selbstdarstellung, die an seine Verdienste in der Sturmflutzähmung erinnerte und das Sicherheitsgefühl bestärkte. Er war der Mann, der das Staatsschiff vorm Kentern bewahrte. Schmidt war klug genug, sich nicht als Konteradmiral zu inszenieren, sondern als Steuermann am Ruder; er war da, wenn man ihn brauchte. Sein Elbsegler war das erste jener Dingsymbole, in dem sich von nun an der deutsche Wunsch nach Verkleinerung von Problemlagen kondensierte. Die Mütze stand für die gesellschaftliche Illusion, das meiste sei doch zu reparieren, auch wenn ein jeder es besser ahnte. Dem widersprach keineswegs, dass der notorische Lehrmeister Schmidt nicht müde wurde zu erklären, seine Probleme seien keineswegs westdeutsch und begrenzt, sondern von globaler Dimension – und würden in Zukunft nicht kleiner werden. Niemand solle sich der Hoffnung hingeben, die gute Zeit Ludwig Erhards oder die euphorischen Jahre mit Willy Brandt kehrten zurück. Schmidt verkörperte eine an die Stelle von Zuversicht tretende Rechtsstaatlichkeit, in deren Kühle jeder Überschwang gesellschaftlicher Alternativvisionen erstarrte. Der Rechtsstaat hatte für nichts eine Lösung, höchstens auf alles eine Antwort. Mehr versprach Schmidt nicht, dies der künftige Modus von Politik, Konfliktbearbeitung durch Regelanwendung, so bescheiden wie unbefriedigend. Das war die neue pädagogische Lektion für die Jüngeren.

Unter ihnen hatten der Terror und seine Befriedung einen gewaltigen Schub der Individualisierung ausgelöst. Einer, der unter veränderten Bedingungen sein politisches Leben organisierte, war beispielsweise Joschka Fischer. Er hatte Pulverdampf gerochen, nun anerkannte er die neuen Statuten, ein rechtsstaatlicher Revolutionär der ersten oder der letzten Stunde, ganz wie man will. Dass er seine Gelegenheiten nutzte, wird niemand bestreiten, doch blieb dies ein splendides politisches Einzelschicksal. Die Jüngeren mussten sich auf andere Weise arrangieren, so sie der politischen Ratlosigkeit entkommen und gedanklich erwachsen werden wollten. Die geburtenstarken Jahrgänge betraten das Karussell der Selbsterprobung. Vielleicht engagierten sie sich schon in einer der sozialen Bewegungen der Zeit, Frieden, Feminismus, Tierschutz. Marxistisch gesehen waren das die Spielflächen der

Nebenwidersprüche, in der Tat nun die Arenen des privat Politischen oder nur der Gewissensberuhigung. Die Jüngeren bewegten sich in einem Spannungsfeld, in dem der Druck herrschte, die Erinnerung an die Revolte wachzuhalten und sich gleichzeitig in die Ordnung einzufädeln.

Glücklich war, wer gut situierte Eltern hatte und sein Abitur machte. Er konnte immerhin raus und irgendwohin zum Studieren gehen. Länger als anderen blieb ihm erspart, sich in einer Erwerbsbiografie einzurichten, mit Frau, Kind und Häuschen. Dass sich in der Verachtung gegenüber solchen Lebensentwürfen auch Klassenbewusstsein ausdrückte, nahm ich damals nicht wahr. Anders leben hieß kritisch leben, dabei unter den Tisch kehrend, an wie vielen Privilegien das kritische Leben hing. Das ist ein empfindlicher Punkt: In der nun sich entwickelnden Kultur der Jugend wird kaum erwähnt werden, dass sich darin mehr Akademikerkinder tummeln als Arbeiterkinder. Es wird auch nicht bemerkt, weil wir im Grunde alle unsere Freundinnen und Freunde mitnehmen, auch jene ohne Aussicht auf Fortkommen. Schön wird sein, dass man sich ein paar Jahre lang mit einem Augenzwinkern verständigen wird, weil man viele Abneigungen teilt. Dieses Einverständnis tut wohl, und die längste Zeit bleibt völlig unerheblich, wie man an Geld kommt. Irgendwann jedoch haben die einen welches, die anderen immer noch nicht. Die später so stolz berichten, dass sie früher in einer Punkband mitgespielt haben oder dass sie neoexpressive Designer geworden sind, hatten sie nicht wenigstens eine Schecks ausschreibende Mutti dabei?

Die größte aller sich eröffnenden Fluchten war die Universität. Deswegen fielen die Erwartungen an sie hoch aus. Der Universität wuchs noch einmal große soziale Bedeutung zu, ganz anders jedoch als um 1968. Wie psychologisch wichtig die Uni wurde, blieb von der großen Öffentlichkeit weitgehend unbemerkt. Für den Einzelnen war sie die entscheidende Hoffnung zu entkommen – und dies zu einer Zeit, als der innere Zustand der Unis schlechter denn je war. Man konnte sich dort selbst parken und eine anständige Verlängerung der Adoleszenz heraushandeln. Jede autonome Arbeitsgruppe war ein Reservat schwindender Jugendlichkeit und schwindenden Möglichkeitssinns, während unsere Lebenskultur, die sich um diese Vermeidungszonen bildete, einen soliden Schutzschirm darstellte vor jedweder Zumutung, sich allzu früh festzulegen. Ende der Siebziger, Anfang der Achtziger war die Universität kein Labor der Utopien mehr oder besserer Organisationsmodelle der Gesellschaft, einen demokratischen Mehrwert erzeugte sie auch nicht länger. Sie wurde vielmehr zur großen Schule der gesellschaftlichen Differenzierung. Ich bin jetzt ein seine Selbstständigkeit genießender Student und stoße auf die arbeitende Bevölkerung als der verwöhnte Zausel, der ihnen wahrscheinlich einmal vorstehen wird. Nichts wird verhindern, dass sich aus meiner Klassenlage Privilegien ableiten wie von selbst. Auch meine aktuelle Gesinnung wird in dieses Schwungrad nicht ernsthaft eingreifen. Das Linkssein ist zwar ein generationelles Verständigungsmuster, aber kein Anlass mehr zu sozialem Heldentum oder zur moralischen Umkehr. An dergleichen verschwendet keine meiner Kommilitoninnen und keiner meiner Kommilitonen einen Gedanken.

Ich stecke in einem gewaltigen, einem Sattelschlepper aufsitzenden Stahltank, aus welchem vor einer Stunde erst eine ebenso gewaltige Fuhre warmen Waltrans abgelassen worden ist. Vom Himmel fällt ein Kegel Licht durch eine Luke, und wenn ein Witzbold oben die Klappe zuwirft, werde ich ziemlich lange in diesem schwitzigen, nach Fisch riechenden Verlies herumrutschen, mein lautes Rufen wird keine Menschenseele herbeilocken und mein junges Leben wird ersticken. Nur mit Seife und Schrubber soll ich den Tank auswaschen, das wird solide Handarbeit werden, denn kein Schlauch ist so lang, dass er bis hierhin reicht. Für ein paar Stunden wird mich kein Schichtmeister von hier nach dort schicken. Ich bin allein und kann singen wie ein Kind im Walde. Dass ich unbeobachtet bin, fühlt sich ein kleines bisschen nach Selbstständigkeit an, und die habe ich gerade eingetauscht für einen Lohn, der mir hoch vorkommt, weil mein Leben ja ansonsten bezahlt ist und das Geld in Schallplatten, Bücher und Benzin investiert werden kann. In ein paar Wochen bin ich sowieso wieder verschwunden, auf der Reise nach Paris oder Kopenhagen. Die anderen bleiben und sie schrubben solche Tanks so oft, dass sie ihn zu Hause nicht mehr für erwähnenswert halten, den täglichen Dreck. Anders als ich, auf den das Geschmier im Dämmerlicht noch Eindruck macht.

Ich arbeite im Fett. Eine oder zwei Handvoll Studenten kann der Betrieb immer brauchen. Wir kennen uns mittlerweile gut und treffen uns in den Semesterferien regelmäßig. Weil wir gesund und kräftig sind, lassen wir die Spätschicht aus und arbeiten Nacht- und Frühschicht im Wechsel. Damit kassieren wir die Nachtzuschläge und können in der folgenden Woche unsere alten Freunde sehen oder am Referat weiterschreiben. Der Betrieb ist nicht sonderlich groß, er beschäftigt vielleicht 200 oder 250 Leute und gilt als modern. Das Entscheidende ist, dass draußen nichts, aber auch gar nichts von den immer etwas widerlichen Rückständen unserer Produktion zu sehen sein darf. Wir nehmen uns klinisch sauber aus, und nur ein cremiger Backstubengeruch verrät uns, der einhüllende und immerwährende, der uns schon begrüßt, wenn wir nur in die krumme Straße einbiegen, an deren Ende der Werkhof mit den alten Hallen aus dem vorigen Jahrhundert liegt, ihre

Fassaden inzwischen verborgen hinter weißen Zementplatten im Stil der Siebziger.

Wir stellen Back- und Frittierfette sowie Margarine her. Nicht die kleinen Schachteln für den Supermarkt, sondern solide Stangen und Blöcke für Bäckereien, Restaurants oder Imbissbuden. Es ist eine Welt, die einen Joseph Beuys in Freudentaumel versetzt hätte, ein nie endender Strom von oberarmblasser Energiesubstanz. Er wird von fünf Förderanlagen abgemixt, vorgekühlt und in einem zischenden, gemächlichen Rhythmus herausgepresst, vierundzwanzig Stunden lang, sieben Tage pro Woche. Das Fett duldet keinen Aufschub, es will keine Pause machen, sondern es will in die Welt hinaus und in die menschlichen Körper hinein, wo es in Ruhe seine wärmende Wirkung entfalten kann. Sogar Schamanen sind hier am Werk, sie tragen weiße Kittel und begegnen uns, den Fettwerkenden, mit routiniertem Distanzverhalten. Anders als die Chemiker laufen wir in einer verschossenen hellblauen Sträflingskluft herum. Die Schamanen wachen über dicke braune Medizinflaschen und verwandeln das Öl aus den Tanks in etwas Butterähnliches. Wir fahren die abgepackten Stangen und vollen Eimer mit elektrischen Ameisen an die Laderampe. Beim Rangieren entwickle ich mich mit der Zeit zu einem Virtuosen.

Super-Atze arbeitet hier und er behandelt die Studenten wie seine Kumpel, obwohl er uns früher mit seinem Moped anzufahren versucht hatte. Auch Erich aus meiner Grundschulzeit treffe ich wieder. Sein Vater hatte es in die Lokalzeitung geschafft, als er eines Abends den Fernseher aus dem Fenster warf. Aus dem geschlossenen. Das war unbegreiflich für alle, denn ein Fernseher kostete noch Unsummen. Wochenlang blieb das Gerät vorm Wohnblock liegen, und wir fuhren mit den Rädern hin, um die Trümmer zu bestaunen, aber nur kurz, denn die Kinder aus dem Viertel konnten uns nicht leiden, Erich schon gar nicht. Käte ist klein und rund, sie wackelt auf sehr dünnen Beinen und möchte uns jeden Tag die Schamesröte ins Gesicht treiben, indem sie schlüpfrige Witze erzählt. Ihr Repertoire ist beeindruckend, an ihr ging eine große Pornografin verloren. Die anderen rufen einander «Tidde» oder «Zahnruine», einer ist der «Würger von Wolfenbüttel», ein mürrischer, träger Riese, der nur widerwillig mit uns spricht und auch sonst lieber allein sitzt. Alkohol ist auf das Strengste verboten, trotzdem läuft er um, besonders während der Nachtschicht. Dann, wenn die Stimmung in der Pause zwischen zwei und drei schon etwas psychedelisch zu werden beginnt, zieht der Würger von Wolfenbüttel manchmal seine Jacke aus und zeigt uns seine SS-Tätowierung. Der Ton ist rau, doch gehässig wird er nie. Wahrscheinlich ist ewige Flachserei die einzige Möglichkeit, mitten im Lärm und im Trott so etwas wie gegenseitige Anteilnahme zum Ausdruck zu bringen.

Auch das Verhältnis zwischen Arbeitern und Studenten bleibt einigermaßen respektvoll. Der Feind ist meistens ein gemeinsamer, er ist fast immer die Technik, viel seltener die Geschäftsleitung. Mir wird klar, dass die gute Laune sich nüchtern erklären lässt. Unsere Väter würden, falls es Ärger gibt, genau diese Geschäftsleitung anrufen und den Hintern ihrer Sprösslinge retten, egal, wo er gerade feststeckt. Auch ein selbst verschuldeter Rauswurf bliebe für uns Anekdote. Wir sind nicht erpressbar. Das wiederum wissen sie, die Arbeiter, und fassen uns im Zweifelsfall lieber mit Glacéhandschuhen an. Im Verhältnis zu uns nehmen sie sich natürlich beklagenswert aus: Der Andrang des Fettes kann mit ungelernter Arbeit bewältigt werden. Die nötigen Fertigkeiten dazu kann einer binnen eines Tages erwerben, sodass zwischen den Arbeitern und uns nur ein flaches Qualifikationsgefälle besteht. Ihr Standesbewusstsein ist folglich gering. Wir könnten im schlechten Fall sogar die Hierarchie von morgen sein, und tatsächlich war es in der Vergangenheit vorgekommen, dass der eine oder andere Student als Betriebsleiter zurückkehrte.

Wenn sie mir Geschichten erzählen, reden sie ungewollt zu einem Höheren, selbst wenn sich das anders anhört. Die meisten von ihnen leben noch in einer klar umrissenen proletarischen Kultur, wozu auch gehört, dass diese Kultur in sich geschlossen ist. Sie will nicht aufgestört werden, sie löst sich langsam von innen auf. Alles Kämpferische ist darin abgestorben, wenn es überhaupt je existiert hatte. Die allerwenigsten verspüren einen Drang nach oben. Ein kleinbürgerlicher Lebensstil erscheint ihnen nicht als etwas Erstrebenswertes. Manche haben es zu einem Jetta gebracht, aber die meisten kommen mit dem Fahrrad zur Arbeit. Einige wohnen tatsächlich in den Reihenhäuschen, die milde gestimmte Fabrikherren am Ende des 19. Jahrhunderts als Arbeitersiedlungen hatten errichten lassen. Hinten wird zwar kein Schwein mehr versorgt, im Schuppen stehen jetzt Gartengeräte, aber das Gemüse entlastet noch immer das Portemonnaie.

Sind wir allein, erzählt der eine oder andere auch mal von seinen Kindern. Die meisten dieser Kinder werden in ihrer sozialen Schicht verbleiben, begreife ich, aber einzelne sind dennoch von der bundesdeutschen Bildungsdynamik erfasst worden. Sie werden dann Lehrerinnen oder Elektrotechniker, und in der Art, wie ihre Väter von ihnen sprechen, kommt immer auch Trauer über eine befürchtete oder bereits fühlbare Entfremdung zum Ausdruck. Aufstiegsfreude ist dann nicht zu spüren, eher Milieuangst. Nach meinen Maßstäben sieht ihr Leben ein wenig unaufgeräumt aus. Gelegentlich sind die familiären Verhältnisse unklar, von Trunksucht ist die Rede, auch häusliche Gewalt kommt vor. Dennoch würde ich keinen meiner Kollegen als Außenseiter oder Verwahrlosten bezeichnen. Ihre Lebensumstände sind stabil. Viele von ihnen sind gewissermaßen in einer verlängerten Nachkriegszeit hängengeblieben. Sie scheinen sich in den Wirrsalen der späten Vierziger und frühen Fünfziger ganz gut eingerichtet zu haben, mit Gelegenheitsjobs oder ersten Anstellungen, die erst einmal die Grundversorgung sicherstellten, auch eine gewisse sexuelle Freizügigkeit gewährten, in Cliquen, mit Fußball und Bier. Auf ihre Weise blieben sie bescheiden.

Die Gelegenheit, die viele Westdeutsche nutzten, diese Zeit für sich abzuschließen, und zwar entschieden, um sich mit dem Wohlstand auch sozial neu aufzustellen, verpassten sie. Sie investierten nicht im Wirtschaftswunderland, das heißt, sie setzten auf ihrer Hände Arbeit und nicht auf Bildung. Sie leben jetzt in der ersten Jugend der Bundesrepublik weiter, wollten sich auch nie ein weißes Hemd anziehen. Es macht nicht den Eindruck, dass sie Sozialfälle zu werden drohen. Arbeitslos zu sein, gilt als unehrenhaft. Auch später werden sie wahrscheinlich nie zur «Unterschicht» der Working Poor gehören, wie vielleicht manche ihrer Kinder. Zu Beginn der Achtzigerjahre sind sie sehr wohl ein Bestandteil der Gesellschaft, ein Teil der sich auflösenden unorganisierten Arbeiterschaft.

In diesem Betrieb gibt es keinen Betriebsrat – oder er ist so still, dass ich nichts von ihm höre. Nur einmal werde ich Zeuge eines offenen Konflikts: Da ist ein sympathischer Wuschelkopf von vielleicht Ende vierzig, ein hilfsbereiter Kerl, etwas fahrig und – wie wir erfahren werden – herzkrank. Er arbeitet als «Springer» und löst in dieser Produktion in regelmäßigen Abständen jene ab, die wie zu Friedrich Engels Zeiten den Tag oder die Nacht an ihre Maschine gefesselt sind.

Er hat hektische Schichten, schont sich nicht, eines Tages stirbt er. Auf der Trauerfeier steht jemand auf und ruft der Geschäftsführung ins Gesicht, der Kollege hatte sich ja wohl «totarbeiten» müssen! Das ist ein hässliches und gefährliches Wort. Danach herrscht Aufruhr. Dass die Arbeitsbedingungen krank machen, können Chefs und Meister nicht im Raum stehen lassen. Sie spielen den Vorfall hoch, es gibt Untersuchungen und Befragungen, am Ende soll der Rufer entlassen werden. An dieser Stelle beginnt die Belegschaft zu murren. Sie verfügt sehr wohl über eine eigene Stimme, aber die erhebt sie nur, wenn die allergröbsten Ungerechtigkeiten begangen werden. Bloß weil sich in der Fettfabrik ein gewisser Paternalismus erhalten hat, eskaliert es ganz selten. Die Kündigung wird zurückgenommen.

Ich hätte in den Semesterferien auch als Postbote arbeiten können, das ist ein sehr begehrter Job, der als mühelos gilt und sogar Trinkgelder abwirft. Ich hätte auch auf einer Werft arbeiten können, noch besser bezahlt. Dort wäre die Gewerkschaft offensiv aufgetreten, und mein Bild von der Arbeiterklasse hätte sich verändert. Die Fettfabrik hingegen ist exotisch, und bis heute halte ich sie für wahrer: kein Vorzeigebetrieb, keine Heldengeschichte, völlig ohne rote Symbolik. Nicht ein einziger sozialdemokratischer Politiker wird sich zum Fototermin jemals hier sehen lassen; niemand wird eine Betriebskampfgruppe gründen. Der Seminarmarxismus wird diese Arbeiter nicht in Begeisterung versetzen. Sie ihn auch nicht. In dieser Fabrik gibt es ein Klassenbewusstsein, sogar ein ausgeprägtes, aber wahrscheinlich ist es das falsche.

Wie hoch die politische Rede über der gesellschaftlichen Realität hinwegschwebt, erlebe ich, wenn Super-Atze losbrüllt, weil ein Ventil sich nicht schließt. Sie stürmen nicht ihre Maschinen, aber die Rohre werden ab und an mit Fußtritten malträtiert oder es fliegt eine Handvoll Margarine in die Ecke. Der Feind ist das Fett. Ich werde in der Fabrik ein Stück weit erwachsener, das heißt in diesem Fall mir selbst ein bisschen fremder. Als Kind hatte ich verhältnismäßig viele Spielkameraden aus «armen» Familien. Ich tobte in deren Trubel mit, damals duldeten die Großen so etwas; vielleicht hatten sich auch alle damit in die Tasche gelogen. Noch immer habe ich Freunde mit proletarischer Herkunft. Es ist nicht so, dass sie sich ihrer alten Verhältnisse schämten, sie erzählen davon – desto offener, je weiter sie sich von ihren Anfängen entfernt haben. Sie werden allerdings wortkarger, sobald es um Intimes geht, um Familienrituale, Weihnachten, Konflikte, Szenarien des sozialen Aufbruchs oder gemeinsame Ferienerlebnisse. Das bleiben delikate Themen. Über die erlebten Formen eines stillstehenden Lebens wacht bis heute Diskretion.

WIR EMANZIPIEREN UNS,
UND WIR WERDEN EMANZIPIERT

Am Tag, als die Alma Mater ihre Arme für mich öffnete – es war die Münchner Ludwig-Maximilians-Universität –, waren alle anderen natürlich schon da. Es gab einen direkten Zugang von der U-Bahn-Station ins Gebäude, der die Massen von der Straße fernhielt, ich entdeckte diese praktische Einrichtung erst später. Die Verkehrsplaner hatten also schon vorgedacht. Das überforderte Ausbildungssystem stöhnte unter dem Andrang unserer Jahrgänge auf, schwieg beleidigt und ließ uns einfach alle ein. Im Grunde kannten wir das: warten, anstehen, ignoriert oder angeblafft werden, Blicke, die durch einen hindurchgingen und die Länge der Schlange hinter uns abschätzten. Übers Studium sich zu informieren, gab es damals wenige Möglichkeiten, geschweige denn eine verpflichtende Studienberatung. Jede und jeder musste sich durchs Einschreibechaos kämpfen, denn man schrieb sich noch persönlich ein, und es war nur die erste Hürde, welche die künftige akademische Elite zu nehmen hatte. Auf den Treppen, die seltsamerweise zuerst ins Hauptgebäude hinauf- und dann wieder in die Halle hinabführen, saß ich beschwingt an einem föhnigen Frühherbstmorgen, innerlich meine Schulzeit rekapitulierend, worauf ich entschlossen ein paar Kreuze auf ein Formular setzte, die mich ein für alle Mal vom Lehrerberuf ausschlossen. Gut so. Die erste Weggabelung war genommen.

Allerdings war das verwegen, denn gerade hatte ich das einzige und letzte Rettungsangebot, welches ein Philosophie-

und Germanistikstudium (auch so ein Generationenschicksal) unterbreiten konnte, in den Wind geschlagen. Ich sagte: niemals Lehrer werden, lieber verhungern! Sogar das nahmen meine Eltern gelassen hin. Die Münchner Universität war im Jahr 1978 keineswegs jene verschulte Anstalt, die heute auf professionelle Weise junge Menschen mit Kenntnissen und Zertifikaten versorgt. Die kulturgeschichtlichen Fächer begannen erst zaghaft damit, ihr Angebot aufzugliedern, in ein Propädeutikum und ein Hauptstudium, mit Zwischenprüfung, Pflichtveranstaltungen und so weiter. Die Vermassung kam plötzlich, gemessen an der Reaktionsgeschwindigkeit der universitären Verwaltung. Manche Fächer erfreuten sich unerwartet größter Beliebtheit, sie gönnen uns eine Orientierungsphase oder eine lebensgeschichtliche Parkzone. So erlebten in jenen Jahren vor allem die Geistes- und Sozialwissenschaften die Fortsetzung der Bildungskatastrophe. Ein jeder Fachbereich musste den Ansturm mit eigenen Mitteln bewältigen.

Woanders jedoch gab es gar keinen Ansturm: Die Philosophie in München war noch ein alter universitärer Zauberwald. In ihm standen berühmte tausendjährige Eichen, einsam und auf den ersten Blick unnahbar, ihre Kronen irgendwo im Himmel. Ihre Namen flößten Ehrfurcht ein und erzeugten dieses Novizengefühl, dass man immer zu klein und zu doof bleiben würde, um mit ihnen in einen Austausch zu treten, während sie die Aufgabe hatten, Gimpeln wie uns geistig aufzuhelfen. Es waren noch echte Ordinarien, und sie erwiesen sich, anders als ihre gehetzten Kollegen aus den beliebteren Fächern, als erstaunlich zugänglich. Im Prinzip hätte ich am ersten Tag damit beginnen können, meine Doktorarbeit zu schreiben. Das hatten Generationen vor mir so gemacht, nur ein paar halbwegs schlaue Seiten in einem Pappeinband. Später blätterte ich viele solcher Turbodissertationen durch. Ich hätte mein Studium auf ein paar Wochen begrenzen können, wenn ich es darauf angelegt hätte, ich war nun tatsächlich auf beunruhigende Weise frei. Das generöse Angebot der alten Studienordnung nahm mich sehr fürs Fach ein, auch wenn ich von der Möglichkeit dann doch lieber keinen Gebrauch machte.

Zu Semesterbeginn stellte sich das gesamte Philosophische Seminar in der Bibliothek den Neuen vor, und an diesem Abend war die Massenuniversität plötzlich wie vom Erdboden verschwunden. Aroma von Geist im Raum, gedämpft das Licht, die Wendeltreppen in unerkennbare Bücherhöhen hinaufführend, saßen da – neben einer einzigen Frau, wenn ich es richtig erinnere – würdige Männer in zerknautschten Anzügen, andere Anzüge als jene, die mein Vater und seine Freunde trugen, anders bürgerlich. Aug in Aug saßen wir den Großmeistern gegenüber, Alois Dempf und Helmut Kuhn, die es sich trotz ihres hohen Alters nicht nehmen ließen, sich zu zeigen, Eugen Biser und Hermann Krings. Nur der eine, der mich wenig später vollends in die Philosophie hineinzog, fehlte bei dieser Gelegenheit. Oben links im Hauptgebäude, wo das Philosophische Seminar untergebracht war, unterschied sich die Atmosphäre vom Normalbetrieb, sagen wir von dem der Germanisten. Wenn nicht gerade eine Berühmtheit den Saal 201 füllte, tummelten sich nur wenige Studenten dort im Obergeschoss. Sinnsucher aller Art hatten das Fach noch nicht für sich entdeckt. Es herrschte die meiste Zeit eine konzentrierte, bisweilen feierliche Ruhe, und es gab Augenblicke, in denen ich fest davon überzeugt war, es würde im nächsten Moment Max Weber um die Ecke biegen oder Romano Guardini.

Nichts, gar nichts ließ sich mit dem neuen Glück vergleichen, eine schwierige Passage bei Schelling verstanden zu haben oder eine Pointe bei Leibniz. Gelegentlich übernahm ich die Abendaufsicht in der Bibliothek, dann hockte ich in einer Fensternische und blickte auf die Amalienstraße hinunter, wo eine späte südliche Sonne die Fassaden aufleuchten ließ. Ich war weit fort, noch nicht erwachsen, besaß ein Auto wie viele meiner Kommilitonen, benutzte es aber nie, wollte nur hier sein, kannte nur wenige Bedürfnisse, war tatsächlich zufrieden mit mir, vor allem der Schule entronnen zu sein, und war endlich dorthin gelangt, wo ich sein wollte. München klang nach Wagner und Strauss, ich erwartete, in eine Thomas-Mann-Welt einzutreten, sehr kunstig und erotisch vibrierend, aber im richtigen Maß auch ein bisschen bayerisch vulgär – wie man sich halt München so vorstellte, aus dem Norden kommend. Auf jeden Fall hatte ich eine Zone reiner Möglichkeit erreicht. Nichts band mich, keiner passte auf mich auf. Einen Folioband des Aquinaten auf den Knien, existierte ich nun in einer anderen Zeit. Viele Zeiten gab es, die meisten schrieben einen bestimmten Rhythmus vor, diese nicht. Dass sie sich mir geöffnet hatte, stimmte mich heiter.

Im Jahr meines Studienbeginns ließ die holprige Selbstorganisation der Universität – gewissermaßen im letzten Augenblick, bevor sie von einer ähnlichen Regulierungsgewalt erfasst wurde, die ich in meinem Reformgymnasium kennengelernt hatte – Ungleichzeitigkeiten dieser Art noch zu. Das akademische Idyll hatte stellenweise überlebt, und am Ende waren wir es, die es beendeten, indem wir die Uni in Gebrauch nahmen. Die Euphorien um die Universität als Ideal- oder Alternativmodell von Gesellschaft hatten sich beruhigt. Letzten Endes waren alle diese Selbstverklärungen elitär gewesen, denn auch studierte Linke hatten nie daran gezweifelt, eine Elite zu sein. Nun kamen wir, die wir uns schon als Menge gleichmachend auswirkten. Nichts als epigonal konnten wir Boomer sein, späte Zaungäste oder Touristen auf Schlachtfeldern. Für die einen bildeten wir das Material einer herausgeforderten Bildungsverwaltung, in anderen Augen sahen wir wie eine riesige orientierungslose und schon ein bisschen auseinanderlaufende Nachhut aus.

Verglichen mit den Standards der akademischen Berufsrevolutionäre war unser gesellschaftliches Bewusstsein unverlässlich. Uns unterstellte man, dass wir nur auf gute Jobs aus waren. Doch wo sollten die sein? Außerdem hatten wir uns gerade für die Geisteswissenschaften entschieden, um nicht ins System integriert zu werden. Ich wollte nicht so leben wie meine Eltern, keine meiner Kommilitoninnen und Kommilitonen wollte das. Der subjektive Faktor spielte die entscheidende Rolle, vielleicht zum ersten Mal bei der Wahl von Studienfächern, in einem wohlhabenden Land, dessen soziale Schichtung zumindest flüssiger geworden war als früher. Familiennachfolge oder politisches Sendungsbewusstsein waren nicht mehr die maßgeblichen Faktoren.

Nun begannen sich die Boomer endgültig zu trennen. Viele von uns gingen in Lehrberufe, einige zur Bundeswehr, andere wurden früh Eltern, übernahmen Verantwortung – oder eben keine, nicht einmal für sich. Währenddessen öffnete an der Uni für die Bürgerkinder der große Ehemarkt. Ihre Seilschaften bildeten sich schnell, jene ominösen, zufällig zustande kommenden und doch gut funktionierenden Grüppchen, die noch lange für Zusammenhalt sorgen würden. Subtil glichen sich die Interessen an, die Gewohnheiten und Geschmacksregeln, die Redeweisen und das Qualitätsgefühl. Es stellte sich die wohlbekannte Akademikervertrautheit ein, im besten Sinn und in bester Absicht. Es gab jene, die diese Verhaltensanpassung überforderte oder die allergisch darauf reagierten, andere begannen über ihre Herkunft Lügen zu erzählen oder zu protzen. Wie wir uns zusammenrauften, hatte das selbstverständlich auch mit der Abweisung anderer zu tun, selbst wenn das alle damals empört von sich gewiesen hätten. In einem Wort: Der Stallgeruch entstand.

Nicht jeder, aber fast jeder Geisteswissenschaftler wurde damals in eine Linkskultur hineinsozialisiert. Das war sogar in Bayern so, wo die CSU allein herrschte. Bayern erwartete von seinen Universitäten die Ausbildung loyaler Beamter, nicht von Straßenkämpfern oder Freaks. Entsprechend war es als Studentin und als Student ziemlich leicht, sich halbwegs widerständig zu fühlen. Die Franz Josef Strauß-Welt war sehr mit sich beschäftigt und stand schon in Verteidigungshaltung. Abweichenden kulturellen oder politischen Milieus schlug offizielle Ablehnung entgegen, was wiederum in diesen das Selbstwertgefühl erhöhte. Die studentische Kultur wollte anders sein, wie genau, spielte eine untergeordnete Rolle, aber auf Eigenheit wurde bestanden.

Auch in dieser Hinsicht öffnete sich also ein Stall mit einem besonderen Geruch. Es war ein entsprechend großer und gewissermaßen zur Massentierhaltung hergerichteter linker Stall. In ihm wurde ein gewisser Slang gesprochen, es gab gemeinsame Dafürs und Dagegens, und jeder Neuankömmling musste in diesem Umfeld erst einmal symbolisches Kapital erwerben. Dafür wurde dringend ersehnte soziale Wärme in Aussicht gestellt. Letzte Dogmatiker irrlichterten auch herum, aber sie hatten kaum noch Einfluss auf die Stimmungslage. Verglichen mit meinem späteren Leben ging es im München der späten Siebzigerjahre so bunt zu wie nie wieder. Ich lernte einfache Jungs aus dem Allgäu kennen, die sich Hegel oder Wittgenstein verschrieben und aus diesen Denkozeanen niemals wieder hervortauchten, Apothekertöchter, die sich jeden Tag neu erfanden, und zwar mit einem damals noch bescheidenen Vorrat kultureller Zeichen. Da tauchten erste Traveller mit Rastalocken auf, vom Stadtrand aus jeden Tag in die Uni pendelnd, strenge Katholiken und kichernde Buddhisten, die Nachfahren des alten Bohème-Schwabing, Wiedergeburten der Gräfin Reventlow, Millionärskinder, die lebten wie Millionärskinder, mittenmang ein Dozent, der auch bei größter Sommerhitze seine Husserl-Vorlesung in gelben Gummistiefeln abhielt, Fußwärme sorge schließlich für einen kühlen Kopf.

Ich traf die Unscheinbaren, die zehnmal klüger waren als ich, Seminarschwätzer, die niemals einen Satz zu Papier brachten, Arbeiterkinder, die wussten, was sie wollten – und von wem –, Mittelbegabte mit einem erstaunlichen Talent fürs gesellschaftliche Fortkommen, junge Trinker, noch jüngere Kifferinnen. Das München von damals war nicht glatt und teuer. Sogar das Geld ließ mehr Vielfalt zu. Weder hatte BMW zum Höhenflug angesetzt, noch kannte jemand das Wort «Biotech». Im Grunde wusste die Stadt nicht besonders viel mit sich anzufangen, sie pflegte ihre Vergangenheit redlich, aber das meiste war halt schon verdammt vergangen. Die Frisuren fielen woanders rasanter aus, dort blitzten in den Ohren schon die ersten Sicherheitsnadeln, während München unter einer gelassen sich drehenden Discokugel wippte. Der Münchner Glamour der kommenden Jahre, ein bisschen untersetzt und immer am Rand der Selbstparodie, wird in dieser Stadt auch aus der kulturellen Not geboren werden.

Mag jeder Studienbeginn in eine Phase der Suche und der Abgrenzung fallen, so zeichnete sich unsere dadurch aus, dass die Schlagworte und Selbstverständigungstechniken, ja alle entscheidenden Vokabularien zur Selbstdefinition bereits zur Verfügung standen. Sie wurden von den Älteren angewandt und von uns übernommen. Jedenfalls am Anfang. Verpflichtend war die Musik, ähnlich war der Umgang mit Drogen, normiert waren die Rituale der Aufmüpfigkeit und die Lebensweise in den WGs. Auch in dieser Hinsicht erwiesen wir uns als epigonal. Der Transfer zwischen Älteren und Jüngeren ging noch reibungslos vonstatten, Nachfolge ereignete sich ein letztes Mal in der Form von Nachahmung. In dieser Hinsicht ist das akademische Milieu sehr willig, Traditionen fortzuführen, es muss nicht immer auf dem Paukboden sein. Wir übernahmen der Lektürelisten der Älteren, ihre Binsenweisheiten, ihre Reflexe und Attitüden. Alles, was folgte, wurde dann interessant. Denn so einmütig konnte es ja auf Dauer nicht bleiben. Nach langen Jahren der Krankheit trat der berühmte Germanist Walter Müller-Seidel wieder ans Pult. In seiner ersten Vorlesung holte die «Marxistische Gruppe» Müller-Seidel genau dort ab, wo sie ihn in den alten Scharmützeln stehen gelassen hatte: Sie drängelte ihn vom Mikrofon und versuchte, ihn niederzubrüllen. Zuvor hatte sie den Hörsaal mit ihren Flugblättern ausgepflastert. Doch war auch der alte Knochen im Kampfmodus verblieben und rangelte munter mit. Er setzte sich schließlich durch. Die Studenten protestierten, und die «Marxistische Gruppe» trollte sich, niemand triumphierte. Es war eine kleine Einlage zum Fremdschämen.

Das politische Engagement von uns jungen Studierenden ließ sich nicht länger zentrieren und nicht mehr vollständig in den alten Riten zum Ausdruck bringen. Man machte lieber in einer Initiative mit, die für einen Radwanderweg im Isartal focht oder gegen eine gefährliche Kreuzung in Haidhausen. Die ökologischen Anlässe zum Protest sahen beinahe noch privat aus. Feministische Frauen mochten in dieser frühen Zeit kaum über ihr Engagement sprechen. Der Feminismus wirkte in diesen Jahren noch seltsam gschamig, als ginge er nur die Eingeweihten etwas an, er wurde eher diskret zelebriert wie ein geheimes Glaubensbekenntnis. Überhaupt war die Politik nun viel privater und sie hatte zur Abwechslung mit einem selbst zu tun, mit dem schlechten bürgerlichen Gewissen, mit dem Leiden an einem ganz besonderen, vielleicht nur von einem selbst empfundenen gesellschaftlichen Skandal, mit dem eigenen Körper, mit sexueller Präferenz oder Ernährung. Diese Engagements strebten eigentlich nicht nach Repräsentanz, schon gar nicht strebten sie in die politischen Parteien hinein. Sie wollten mit dem parlamentarischen Betrieb nichts zu tun haben, nicht einmal mit dem Studentenparlament. Der an den Unis weiterhin real existierende Neomarxismus gab Anlass zu weiterführenden intellektuellen und politischen Suchbewegungen. Er blähte die Linkskultur auf ungewollte Weise auf, bis deren Bindekräfte langsam zu ermüden begannen. Irgendwann war dann das selbstverständliche Linkssein überhaupt nicht mehr marxistisch.

Anfang der Achtzigerjahre saßen beinahe alle für den akademischen Weg bestimmten Babyboomer in der Universität. Danach stieg die Quote der Bundesbürger mit Uniabschluss steil an. Bildung verfügte über ein breiteres gesellschaftliches Fundament, selbst wenn dieses Fundament in erster Linie ein verbreitertes bürgerliches blieb. Es reichte immerhin aus, um den bundesrepublikanischen Mythos vom sozialen Aufstieg und von der sozialen Durchlässigkeit zu bestätigen. Die Universitäten kassierten dafür das klassische, verhältnismäßig unbeobachtete und mit allerlei romantischen Freiheiten ausgestattete Studieren ein und organisierten Ausbildung als Fortsetzung der gymnasialen Oberstufe mit anderen, nämlich wissenschaftlichen Mitteln. Humboldts Uni galt mal als Einrichtung, wo der Nachwuchs der alten Familien eine gute Zeit hatte, um später alles in deren Sinn weiterzuführen. Das sollte und konnte die Uni nicht bleiben, auch wenn ein paar sentimentale Tränen flossen, weil die aus ihr hervorkommenden akademischen Seelen nicht mehr so schön und rund sein würden. Die Autorität des Ordinarius reichte nicht mehr hin, um die zukünftige Funktionselite zu formen. Die Aufgabe wurde umfassender, und vor allem ihre quantitative Verbreiterung kam dem alten Perfektionierungswunsch der Bundesrepublik entgegen. Bildungs- und Gesellschaftsplaner stellten ihre Zäune um uns auf, sie regelten unseren Verkehr, definierten Sackgassen und Einbahnstraßen. Überall Baustellen und Polizisten. Das war der Preis für die Chance zum sozialen Aufstieg.

Ein generationengeschichtlich bedeutsamer Augenblick bereitete sich vor: Würde es gelingen, all die ausdrücklichen und unausgesprochenen Aufträge für die geburtenstarken Jahrgänge, all die Ideen, die in sie hineinprojiziert worden waren, noch einmal mit ihnen fortzuschreiben? Würde es gelingen, sich weiterhin ihrer Loyalität zu versichern und sie in Mäßigung zu halten? Sollte man dieser Generation Beständigkeit und Ruhe als ihre ureigenen Interessen schmackhaft machen? Oder sollte man sie im Gegenteil zum Aufbruch erziehen, Reformgeist und Veränderungswillen fördern? Sozialer Aufstieg hieß auch soziale Dynamik, und die war zunächst einmal unspezifisch. Selbst Sozialdemokraten mussten nach dem Versanden der Brandt'schen Reformen eingestehen, dass Dynamik jetzt auch Risiko bedeutete.

Jedenfalls waren wir nun die künftigen Politiker und Juristen, die kommenden Ärzte oder Lehrer, die Multiplikatoren in jeder Hinsicht, und die für uns bereitstehenden Programme mussten an gewagtem Ort umgesetzt werden, an der Uni, die traditionsgemäß (und immer noch) freie Geister bilden, insgesamt zur Selbstständigkeit erziehen wollte. So wurde das Studieren nicht nur eine fachliche Bewährungsprobe für uns. Es wurde zur Transfer-, ja zu einer neuen Kampfzone. Die sich modernisierende Gesellschaft musste ein gewisses Maß an Unberechenbarkeit und Freiheit gewähren, während sich gerade in den Wissenschaften die Globalsteuerungsfantasien durchsetzten. Das neue Bildungsziel bestand in gelenkter Freiheit. Es wurde «Emanzipation» genannt.

Andere Pädagogen nahmen sich jetzt unserer an, andere Psychologen, Soziologen und Politikwissenschaftler, die Wortführer des Emanzipativen. Im rechtlichen Sinn waren wir mündig, aber emanzipiert waren wir noch lange nicht. Indem wir eine gewaltige soziale Potenz darstellten, gelangten wir erneut in die Rolle eines Auditoriums. Die politischen und gesellschaftlichen Diskurse der Zeit, wieder leidenschaftlich und manchmal voller Erbitterung ausgefochten, richteten sich nun direkt an uns, wir die Zuhörer, die nun schon die Öffentlichkeit mitbildeten. Wie die Bundesrepublik genau aussehen sollte, hing nicht von den jungen Studenten ab, aber ohne uns war die Bundesrepublik in Zukunft nicht zu denken, wir waren die Mehrheit in spe, wir waren die Wähler, auf die es ankam, die Meinungsmacher im Wartestand, die Träger der Kultur – und dies alles noch in einem formbaren Zustand.

Diese erregte Stimmungslage, den Bildungsauftrag der jüngeren Generation betreffend, stach seltsam von der erschöpften Ruhe ab, die sich nach dem Koalitions- und Kanzlerwechsel eingestellt hatte. Helmut Kohls «geistig-moralische Wende» blieb aus, denn ein attraktives intellektuelles Angebot unterbreitete sie nicht. Die defensive Lage, in die nun der Gedanke eines abgestimmten, alle gesellschaftlichen Bereiche erfassenden Fortschritts gelangte, eröffnete paradoxerweise die Möglichkeit, die Konfliktlinien von Achtundsechzig neu zu bespielen: Nun als Kampf um die freien Köpfe, keineswegs mit Gewalt oder Provokation, sondern mithilfe von Überzeugungs- und Überredungstechniken. In diesem Zug wurden die Geistes- und Sozialwissenschaften tatsächlich sehr wichtig. Aber in den Achtzigern waren sie nicht länger eine ausschließliche Domäne der Linken. Auch in sie drang etwas Neues ein.

Latent politisiert war im Grunde jedes Buch, das wir lasen oder lesen sollten. Das Sinnbild dieser intellektuellen Kultur war die Leseliste. Sie war hektografiert, roch auch danach, und ihr Papier fühlte sich holzig an. Sie besaß bereits eine Patina, als sie ausgeteilt wurde, aber auf ihr stand die Wahrheit. Wenn man es überspitzt formuliert, bestand unser Curriculum zu einem wesentlichen Teil in unserer Emanzipation selbst. Es war diese im diskursiven Vollzug. Der Aufenthalt an den Universitäten diente in den Augen der linksliberalen Supervisoren nicht nur dem Lernen, sondern war Subjektbildung in richtiger Weise, auch Kollektivsubjektbildung, also ein aus damaliger Sicht ausgesprochen politischer Vorgang. Einer jeden noch so vorläufigen Verstehensleistung fiel besondere Bedeutung zu, in einer jeden schien «Entscheidung» nachzuzittern. Es bestand ja immer noch die Gefahr, dass wir einfach so wurden wie unsere Mütter und Väter. Es gab aber auch die Chance, dass wir uns im Sinne des gelenkten politisch-gesellschaftlichen Prozesses aufrütteln ließen. Sozialismus und Systemfunktionalismus waren beides starke Anleitungsideen, und die Emanzipation war in diesem Spannungsfeld ein strittiger bildungspolitischer Kompromiss, der noch mehr Anleitung erforderlich machte.

Gelegentlich fragten wir uns sinngemäß: Wer formuliert eigentlich dieses Ideal, das Ziel unserer Emanzipationsbewegung? Wir waren es jedenfalls nicht. Wir standen ganz am Anfang, uns zu artikulieren, und selbst wenn wir eine Übereinkunft über unseren unausgegorenen, zerfaserten politischen Willen geschlossen hätten, wäre eine solche in den Augen der Supervisoren die falsche gewesen. Zwischen einem bloß faktischen und dem transzendentalen Konsens lernten wir zu unterscheiden. Die Freiheit von Herrschaft war erst das, wohin wir sollten, aber bis dahin galt es, sich als emanzipationsbedürftig und damit als beherrscht anzusehen. Subjekt und Objekt dieses Prozesses zugleich zu sein, war ziemlich anstrengend. Wir waren notwendigerweise Irrende, denn wenn wir bloß unseren persönlichen Wünschen folgten, verfehlten wir das Gute auf alle Fälle, welches doch ein gesamtgesellschaftliches war. Und wenn wir spontan und unter dem Ballast unserer zufälligen Erziehung trotzdem das Richtige wählten, taten wir es ja nicht aus vernünftiger Einsicht. Die mussten wir erst lernen. Dann war es nicht das richtig Richtige, welches ja begriffen werden und im Glanz objektiver Vernünftigkeit strahlen wollte, also zwingend war und nicht der Gegenstand einer Wahl.

Das Ganze rief nach einem energischen Erziehungsprogramm. Vor der Herrschaftsfreiheit war Bezähmung vonnöten. Die rechtfertigte sich durch das Versprechen auf Abschaffung der Herrschaft. Allerdings: Der im richtigen, im rationalen Diskurs schon greifbare Zustand der Herrschaftslosigkeit löschte doch streng genommen den Gedanken einer gerechtfertigten Herrschaft aus? Der Ausgriff auf die Idee der Herrschaftslosigkeit sollte die doch schon sein; wieso dann die pädagogische Zähmung vorab? Sie wollten über uns bestimmen, erklärten uns aber, dass kein Bestimmer bestimmen durfte. Warum sollte ausgerechnet derjenige unser Denken anleiten, der uns erklärte, dass die Idee von Führung notwendig unbegründet bleiben musste? Wer «immer schon» die Freiheit in Anspruch nahm, konnte sie doch nicht durch Denkverbote oder mit moralischen Verdammungsgesten einschränken, dachten wir treuherzig, er konnte doch nicht die Diskursregeln nach seinen Vorlieben auslegen und definieren, was «Kritik» sei, ausgerechnet in unseren universitären Unterredungen, die doch schon durch ihren Rahmen Freiheitlichkeit signalisierten!

Was wollten diese Onkel eigentlich? Wieso prunkten sie vor uns im Vernunftornat, während sie uns dazu zwangen, unsere Seelen zu reinigen und die Restbestände unseres unreflektierten Gewordenseins auszuradieren und alles Nicht-Vernünftige in uns in Rationalität zu verwandeln? War das vernünftig oder war es doch nur Herrschaft? Damals reagierten wir mit zerstreutem Unbehagen. Wir taten es in den Seminaren auch mit argwöhnischer Forscherlust, ob dieses Innen einer so glasklaren Theorie auch ein Außen habe, welches dann womöglich nicht mehr so funkelte. Gar nicht ansehen mochten wir diese Außenseite, fürchteten wir doch, ein ganz elementares, unemanzipatives Bedürfnis nach Autoritätsausübung zu Gesicht zu bekommen.

Lange bevor Michel Foucaults Analysen den deutschen Universitätskanon erreichten und vorführten, dass gesellschaftliche Macht allgegenwärtig und fein verteilt war und sich über die Lebenswirklichkeit legte wie ein Dunst, entwickelten viele der Jüngeren ein Gespür dafür, dass die Macht einen selbst betraf: als Frauen, als Schwule, als «Ausländer» – und sogar als angehende Intellektuelle, in theoretischen Zusammenhängen, die sich unserem Empfinden nach ziemlich hierarchisch und choreografiert ausnahmen. Machtfrei war der kritische Diskurs ganz und gar nicht. Unter der offiziellen Landkarte der Herrschaftsverhältnisse schimmerte eine wie mit Geheimtinte verfasste Skizze wirklicher Machtverteilung durch. Es gab mehr als nur eine Art des Kommunizierens, entdeckten wir, aber nur eine sollte für uns verpflichtend sein. Ich las bei einem, der das kritisierte: «Der Kommunikationsprozeß erscheint dann als solcher der Wahrheit äußerlich; hat er doch nur den Sinn, das immer schon prinzipiell Wißbare für alle an den Tag zu bringen. Die jetzt schon Wissenden scheinen die zur Herrschaft Berufenen zu sein.» Ein solcher Gedanke erzeugte im Publikum nicht unbedingt Aufbegehren, er irritierte eher, es ergab sich daraus keine Gegenposition, aber immerhin stieß er geistige Ausweichmanöver an. Ganz am Anfang der Münchner Zeit fiel mir in einer Universitätsbuchhandlung das Buch eines meiner neuen Professoren in die Hände. Augenscheinlich war es kein Fachbuch, sondern eine aktuelle und durchaus kämpferische Einlassung aus der Position eines erklärten Konservativen. Es hieß «Zur Kritik der politischen Utopie», und meine erste Entdeckung bestand darin, dass eine anspruchsvolle intellektuelle Auseinandersetzung mit dem emanzipativen Mainstream sehr wohl existierte.

Robert Spaemann war der beste akademische Redner, den ich je hörte, und dieses broschierte Bändchen, das so gut geschrieben war, gehört zu jenen Büchern, die mich wirklich geistig befreiten. Es war stilistisch und intellektuell eine Provokation und öffnete, anders als die wohlige Adorno-Lektüre, die Augen nachhaltig. Es behandelte mich als Erwachsenen. Es zwang rhetorisch nicht zur Konversion und setzte auch kein Einverständnis mit irgendeiner Mythologie voraus. Dies war die zweite Entdeckung: Die kluge konservative Einlassung erlaubte einen versuchsweisen und vorläufigen Wechsel ins andere Lager, eine Kreuzung der Positionen, die nicht den Verrat eigener Überzeugungen bedeutete, sondern die Auseinandersetzung in einen wahrhaft freien Diskurs verlagerte.

Und sie erlaubte drittens eine andere Art der Lektüre, eine gebrochene, vorbehaltliche, selektive und fragmentierende Lektüre ohne Appell zur Übernahme eines verborgenen Kanons.

Nie folgte ich Spaemann in seinem konsequenten Katholizismus, ich hörte und las ihn als Skeptiker der Gegenwart. In der Sphäre des selbstverständlichen Linksseins stellte dieser Aufsatzband für mich so etwas wie die Entdeckung des «verhängnisvollen gelben Buchs» dar, von dem in einem französischen Roman von 1884 die Rede ist: Nachdem man es gelesen hat, existiert man als ein Fremder in seiner Welt, muss dem folgen, was man nun denken und zu tun nicht lassen kann, mit allen Folgen. So wurden auch konservative – oder wie man damals sagte: «neokonservative» – Einlassungen zum Bestandteil unserer Emanzipationsbewegung.

Es betraf mich nicht allein. Selbstverständlich quälten wir uns alle durch Habermas' «Theorie des kommunikativen Handelns», aber selbstverständlich elektrisierten uns andere stärker, Autoren wie Reinhart Koselleck, Odo Marquard, Hermann Lübbe oder Joachim Ritter, Nietzsche und auch Carl Schmitt, genauso der damals noch nicht vollständig vereinnahmte Walter Benjamin. Sie faszinierten deswegen, weil sie keine Nachfolge erzwangen, weil sie die generationelle Nachahmung ausschlossen, sich gleichsam selbst auf geistigen Abstand hielten und gerade nicht in plumpem Sinne anschlussfähig waren. Intellektuelle Distanziertheit zog uns an, als Stilgeste und als Freiheit des Verstehens. Sie ermöglichte Entdeckungen und auch das intellektuelle Spiel mit dem Gewagten. Längst lebten wir auch geistig in einer ausdifferenzierten und pluralistischen Gesellschaft, aber immer wieder und wieder trug man uns eine Philosophie der Gemeinschaft und Gemeinschaftlichkeit hinterher, eine die uns weismachen wollte, dass wir «immer schon» ein Kollektiv bildeten, diszipliniert und wohlgefällig waren, noch bevor wir uns als Bürger, Arbeitnehmer oder Intellektuelle definieren konnten. Als ob wir solche Lehren nicht als praktische Generationenerfahrung kannten. Es klang nach unseren Eltern. Masse waren wir schon.

Mit unseren geistigen Befreiungsversuchen strapazierten wir in den Achtzigern unter Gesellschaftstheoretikern und Bildungsplanern einen Angstkomplex, der bis heute anhält: Die generationelle Auftragskontinuität könne abreißen, die Nachfolge als Nachahmung könne womöglich abgelehnt werden. Seither ist die Boomer-Generation in gewisser Hinsicht ein Quell der Enttäuschung. Wir sind Gesellschaft, nicht Gemeinschaft geworden, und der politische Prozess ließ sich mit uns nicht als angeleiteter kommunikativer Prozess organisieren. Die Anwendung einer reflexiven Freiheitstheorie auf die demografische Wirklichkeit erzeugt nach wie vor Selbstwidersprüche und sie ruft Vermeidungsphänomene hervor. Die Entpolitisierung, genauer gesagt die Allergie gegen den theoretischen Enthusiasmus der engen Gesamtheit, wurde in jener Zeit zum Mittel, sich der Herrschaft der Onkel (Tanten waren noch rar) zu entziehen. Uns reichten dafür Ausflüge in den Pop und in den Neokonservatismus, später wird die Ausweichbewegung weitere Kreise ziehen und auch die politische Praxis einbeziehen, sogar echte Antipolitik werden.

Es ist nicht verwunderlich, dass sich die Jugendkultur zu jener Zeit noch einmal zu großer Form aufschwang, mit Punk, Wave, Pop, Hausbesetzungen, später mit Techno und Loveparade – alles nicht so gern gesehen unter den Onkeln. Sogar das Fernsehen wurde bunter. Ein neuer Unernst drohte sich breitzumachen, und das war sehr gefährlich. Doch die erwachsen werdenden Boomer waren nun nicht mehr Jugend-Masse, das ließ sich auch nicht mehr per Theorie unterstellen oder herbeizaubern. Keine Analyse, keine Therapie reinigte diese Kohorte von den Zufälligkeiten ihres Herkommens und von der Vielfalt ihrer Interessen. In diesem für die Gesellschaftsgeschichte der Bundesrepublik so wichtigen Jahrzehnt der Achtziger veränderte sich der generationelle Transfermechanismus. Die Phase der wortlosen Mimesis war vorüber, genauso wie wir nicht länger als Projektionsfläche für Zukunftsideen aller Art zur Verfügung standen. Sie zu adressieren, machte nun neue Anstrengungen erforderlich, und auch ein neues mediales Angebot. So öffnete sich wiederum ein weites diskursives Feld. Die Jahrzehnte der deutschen Debattenkultur kündigten sich an. Nur in Form der öffentlichen Rede waren die geburtenstarken Jahrgänge noch zu erreichen, was wiederum auch hieß, dass von da an über die Zukunft der Bundesrepublik nur noch frei und öffentlich diskutiert werden konnte. Keine selbsterklärte Elite konnte mehr so tun, als zeigte ihr Kompass den richtigen Weg an, auch die Parteien konnten das nicht mehr. Ein jeder musste sich erklären. Dies war vorläufig das ebenso frustrierende wie befreiende, das latent unfriedliche und doch demokratisierende, ja ungemein zivilisierende Resultat der Achtziger: Pluralität. Die Partie um uns blieb offen, und nun konnten wir selbst dazu beitragen, dass sie sich nicht schloss.

DAS SCHARNIERJAHRZEHNT –
AUS UNS WIRD EINE GESELLSCHAFT

Ich musste weg aus München, der Schönen, Pummligen, die immer nur zum Film wollte. Ausgerechnet im harmlosen München, beinahe schon im Absprung begriffen, erlebte ich eine Urszene, über deren Folgen ich erst später nachdachte, außerstande, an ihrer gefühlsmäßigen Tiefenwirkung noch etwas abzuändern. Es ereignete sich zufällig. Sicher war ich selbst daran schuld. Ich hatte den Abend mit meiner Kommilitonin D. verbracht. Ehrlich gesagt waren wir ein bisschen versackt, sodass es am Ende das Beste war, ich verbrachte den Rest der Nacht in ihrem WG-Zimmer in der Nähe. Es musste in Schwanthalerhöhe gewesen sein, irgendwo bei den Brauereien. Etwas zittrig war der nächste Morgen, ich kam in die Küche, und da saß er. Er war fast zwei Meter groß, ziemlich muskulös und hatte einen fröhlichen roten Rauschebart. D. schlief noch, draußen zwitscherten die Vögel. Es verlief alles sehr freundlich, ich bekam einen Kaffee angeboten, und er sprach sogleich ein kategorisches Rauchverbot aus, das ich selbstverständlich respektierte, auch wenn ich über die schädlichen Wirkungen des Tabaks nicht ausführlich informiert zu werden brauchte. Auch in dieser Hinsicht war ich immer geneigt, abweichende Ansichten gelten zu lassen.

Ich musste damit rechnen, dass er ihr Freund war. Weder wollte D. etwas von mir, noch ich von ihr, aber diese grundlosen Anfälle von aufsteigender blinder Eifersucht gibt es nun mal. Still ließ ich mich belehren, über die Gefährdung der Umwelt, die Folgen des Münchner Autoverkehrs, über die Wichtigkeit einer gesunden Ernährung und über die verheerende Wirkung all dieser Gifte, die wir so konsumierten und nach denen ich in diesem Augenblick lechzte. «Ökopaxe» nannte der «Spiegel» damals verharmlosend solche wie ihn. Er war es in der bayerischen Ausprägung, Bergfex und Über-Schrat. Sein Missionarismus war völlig schamlos und ungezügelt, ein Mustersohn seines Landes, selbstverständlich gläubig, der Mann der Sonne und des Windes, ein ökologischer Zarathustra, jeden Einwand im Keim erstickend, ein Grüner der allerersten Minute. Doch das Schlimmste kam noch. Mich munter agitierend bereitete er sein Frühstück zu, das ein Müsli werden sollte. Nicht dass ich etwas gegen Müsli hatte, aber dieses war ein ganz besonderes. Er häckselte Früchte und Gemüse wechselweise in eine große Schüssel, füllte mit Milch auf, gab unverdauliches Getreidekorn hinzu, rieb Muskat darüber und schlug – an dieser Stelle begann der Kaffee in meiner Tasse unruhig zu werden – ein Ei darüber, das die Masse band, und während er mir die weltpolitische Lage auseinandersetzte, fing er tatsächlich damit an, diesen widerwärtigen Gesundheitsschlamm in sich hineinzulöffeln, er lobte das Karwendelgebirge und vergaß nicht, mit vollem Mund seine Mutter zu erwähnen, kurz: Ich musste ganz schnell hinaus in die freie Natur, bloß um sie vollzurauchen.

Das war's mit mir und jener Welt. Meine Abneigung war ungerecht und näselnd, jedoch nachhaltig. Am Ende der Siebzigerjahre gab es noch keinen Grund und keinen Zwang, einen wie ihn gut zu finden. Er war nur eine Figur in einem aufgekratzten Selbstfindungsmilieu. Dass er damals schon ein Typus war, dass er etwas vorstellte, das viele anziehend fanden und dem sie sich gleichmachten, ahnte ich bei dieser Gelegenheit, und es machte mich eher misstrauisch. Alle liefen damals verstört in diesem lebensweltlichen Überangebot herum und versuchten, sich durch Ausschluss von Möglichkeiten zu definieren: So auf keinen Fall sein! Bitte endlich neue Frisuren und bitte andere Formen, den Missmut zum Ausdruck zu bringen, vor allem die neuen Freuden! Und bloß nicht so wie Zarathustra. Den Siebzigern, das war allen klar, konnte man nur durch einen verzweifelten Nonkonformismus entkommen, während sich die Angepassten auch schon neu erfanden. Das machte uns später, als wir über erstes Geld verfügten, zu gewieften Navigatoren im Universum der materiellen Kultur, denn von Lifestyle begannen wir etwas zu verstehen. Das dauernde Augenrollen und Ablehnen trainierte sogar eine gewisse Selbstverantwortung, die dann in wirtschaftsliberaleren Zeiten beim Durchkommen half.

Im Wesentlichen hing ich nun ganz unphilosophisch in Berlin und Hamburg herum. Das Universitäre rückte weit in den Hintergrund, ohne dass sich ein neuer Vordergrund bildete. Von außen sah das rastlos aus, in Wirklichkeit dehnte sich die Zeit, bis ein großer, schwarzer Ballon daraus geworden war. Näherte man sich in Berlin der Mauer, war man in die Szenerie einer Endzeitstadt versetzt, wie sie erst später für Computerspiele erfunden wurde. Diese Gegend war ein Vakuum, sie besaß den Vorzug, sich zu ihr nicht in bestimmter Weise verhalten zu müssen. Für einen, der vorläufig nichts wollte und diesen Zustand erhellend fand, erzeugte es ein gewisses Wohlgefühl, dass ein offizielles Leben in dieser Stadt schlapp gemacht zu haben schien und an den Rändern in Verwahrlosungsrinnen ausfloss. Das Kreuzberger Wintergrau war epochal, der schweflige Himmel darüber, der brandige Geruch, der in den Haaren hängen blieb. Müde wandte die Stadt ihren Blick von uns ab, und das war genau das Richtige für uns.

Später versuchte ein Regierender Bürgermeister namens Richard von Weizsäcker, Berlin neue Zuversicht einzutrichtern und endlich wieder eine «Identität» beizulegen. Er stellte neupreußische Laternen auf und ließ seinen Innensenator Lummer besetzte Häuser räumen, die noch nicht liebevoll historisch saniert aussahen. Meine alten Schulfreunde starteten in Berlin Karrieren als Kleinkriminelle, auch als Drogensüchtige und Schrauber in Fahrradwerkstätten. Die ersten jungen Toten waren zu beklagen, und eine seelische Störung zu zeigen, erhöhte das Ansehen der Person. Ich entwickelte eine gewisse Neigung für schwarze Lederbekleidung, die dem Zeitgeschmack entsprechend auch mal bordeauxrot ausfallen konnte. Wir lebten im Wesentlichen in Clubs, in den Berliner genauso wie in den Hamburger. Dass wir mithilfe studentischer Rabatte zwischen den Städten mit der PanAm hin und her zu fliegen uns leisten konnten, klingt von heute aus ökologisch wie ökonomisch fantastisch.

An diesem Punkt bin ich ganz froh, dass ich mir nicht vorgenommen hatte, meine Lebensgeschichte auszubreiten. Die Autobiografie käme ins Trudeln, denn nun geschieht viel gleichzeitig, und nicht alles will sich in einen abgesteckten Sinnzusammenhang fügen. Von damals aus betrachtet sollte es das auch gar nicht. Die viel gescholtenen Achtzigerjahre habe ich ungeachtet der zähen kulturellen Beharrungskraft der Siebziger und trotz der Bremskräfte meiner selbstverliebten Traurigkeit in sehr guter Erinnerung. Man kann ja melancholisch und begeistert zugleich sein. Vieles passierte, was auf den ersten Blick nichts miteinander zu tun hatte und sich nicht logisch aus etwas ergab. Es rief die seltsamsten Widersprüche hervor, in meinem Leben, das agil genug war, nicht an Widersprüchen zu leiden. Es gab das heiße Interesse an öffentlichen Dingen und die verträumte, wenn nicht verpeilte Abwesenheit. Ich mochte die Meinen weiterhin, verschwand aber für längere Zeiträume in andere Städte und Szenen.

Ich nahm Anteil am Leben einiger meiner Freunde, die ins Schlingern gerieten, und musste mir eingestehen, dass ich dabei ebenso wohl eine kühle, beinahe medizinische Neugier für die Auflösungsphänomene jugendlicher bürgerlicher Existenzen entwickeln konnte, wie sie sich nur damals zeigten, als niemand mehr in irgendwelche Fußstapfen trat und das eigene Leben jeden Tag neu begonnen wurde. Vielleicht nur mit einem Bier.

Die Rebellion hatte sich von einem starken Gefühl in eine eher milde Empfindung verwandelt, in eine alltägliche Begleiterin, die Freundin, von der man nicht loskam. Dieses Gefühl schlug sich in einer gelangweilten Abwendung von allem nieder, das sich aufdrängelte, aber es konnte auch ganz leicht in eine grundlose Zuversicht umschlagen, in einen Optimismus, der so unerwartet aufs eigene Dasein fiel wie ein Sonnenstrahl im Berliner Winter. Ich dachte an alles Mögliche, aber gewiss nicht an die Stetigkeit meiner Lebensführung. Unvorstellbar in jener Zeit, einen Beruf ausüben, zur Arbeit gehen zu müssen, um Geld zu verdienen, zu erben oder eine Firma weiterzuführen. Keiner wollte so etwas. Das Leben war karg und luxuriös zugleich.

Die Zeit gilt heute als langweilig, aus der Innensicht war sie es gewiss nicht. Die westdeutsche Ordnung erhielt sich, West-Berlin war währenddessen längst zur Kampfzone der Lebensweisen geworden. Im Fernsehen traten die infantilen Idioten der «Neuen Deutschen Welle» mit Liedern auf, die angeblich mit uns zu tun hatten, aber niemand konnte verstehen, was wir in der Nacht zuvor tatsächlich erlebt hatten. Nach Achtundsechzig und der RAF diente unsere Selbstbezogenheit auch dazu, sich den Bezeichnungen zu entwinden, unter die man inzwischen subsumiert worden war, diesen ätzenden Definitionen, die inflationär werden, sobald die Gesellschaft spürt, dass sich etwas verändert. Gewaltig schwoll die Zeitdiagnostik an. Jede Woche wurde ein neuer Jugendtrend ausgerufen, jedem Tag wurde ein neues Etikett aufgeklebt. Das Bedürfnis, sich dem Rubrifizierungswahn zu entziehen, machte findig. Wir wurden kulturell und intellektuell kecker, zwangsläufig.

Ich glaube dennoch, dass die Boomer-Generation währenddessen ein paar gemeinsame Züge behielt und sogar hinzugewann. Schon dass die geistigen Onkel uns unterstellten, wir hätten kein Interesse mehr an der Zukunft und vegetierten in dumpfem Konsumismus nun so dahin, war ein Indiz dafür. Verkennung schweißt zusammen. Wir wussten schon noch, was Moral bedeutete, wir pflegten ein gebrochenes, aber doch freundliches Verhältnis zur Familie, die viele von uns noch als intakte kennenlernten, und hegten im Stillen die Erwartung, die Wirtschaft möge uns Jobs anbieten. Wir erweiterten die Bandbreite unserer Möglichkeiten, aber weil wir den Randbereich der Gesellschaft schon besetzt hatten, gab es keinen Anlass mehr, wie wild an ihren Stäben zu rütteln.

Was für meine Darstellung wiederum bedeutet, dass ein bestimmtes literarisches Genre nicht bedient wird, obgleich es sich aufzudrängen scheint: Es ist keine Renegatengeschichte. Ich blicke nicht auf eine politische Konversion zurück. Der dramatische Übertritt ins andere Lager fällt in die Erlebnishaushalte der Älteren und hat etwas mit der Rettung fragwürdig gewordener Biografien zu tun. Die Dramatik der Umkehr und der Zuflucht in neue Heime unerschütterlicher Wahrheiten bleibt das Vorrecht der Achtundsechziger. Deren Stilgeste war die Entscheidung und der ins Existenzielle zugespitzte Selbsterkenntnisprozess: Die Wahrheit ist das Schicksal der Achtundsechziger. Der Boomer hingegen wird später einen interessanten Kanzler wählen und dann eine langweilige

Kanzlerin. Da hat er bereits viele der ihm vererbten Antagonismen lebbar gemacht und biografisch eingemeindet. Er wird sich und seine Generationsgenossen genau im Blick behalten und fleißig übers Gesehene sprechen: die beobachtende und mitredende Generation.

Der Einwand liegt nahe, so wie ich das schildere, betreffe das doch nur eine akademische Jeunesse dorée, und Hunderttausende meiner Generationsgenossinnen und -genossen seien gezwungen gewesen, Arbeitnehmer zu werden, weil ihre materiellen Verhältnisse sie dazu zwangen. Das ist natürlich richtig, aber in meiner Erinnerung war das soziale Driften damals weitverbreitet und nicht nur das Privileg bürgerlicher Kids. Es war eine Sache der Gelegenheit, des individuellen Bedürfnisses und auch des Talents, ergebnisoffen und ohne Überlegung, wie bis wohin es führen möge. Indem es beobachtet wurde und wir uns selbst darin beobachteten, bildete sich für uns zum ersten Mal so etwas wie ein gemeinsames Lebensgefühl, wenigstens in meiner Wahrnehmung, eine Erfahrungsweise, die eine klare Grenze zu anderen Erfahrungsweisen setzte.

Vermutlich hätten wir uns sogar als politisch wache Zeitgenossen bezeichnet – Atomkraft, Nachrüstung, Hausbesetzungen, all das ließ uns ja nicht kalt. Dennoch fingen wir mit uns an. So waren wir egoistisch und verspielt. Es bleibt die Frage, was mit der Revolte am Ende geschah, wohin die revoltierenden Energien strömten, die in den Achtzigern noch lebendig waren. Ökologie und Frieden hielten wir auch für Spektakel, die sich Ältere für uns ausgedacht hatten; worin wir instinktiv richtiglagen. Wir ersetzten diese Art pädagogischer Politik erst einmal durch Codes, die Beweglichkeit ermöglichten, ohne in die alten Entschiedenheits- und Festlegungsrituale zurückzuführen. Der Sozialismus fand jenseits des Eisernen Vorhangs in einer Art Gegen-Zeit statt, die ebenso stillstand wie die eigene, nur dass die Restbewegung nicht einmal Bilder und Töne erzeugte, sondern sich in Verwesung niederzuschlagen schien. An die Verwandtenbesuche von ganz früher mochte sich keiner mehr erinnern. Der Blick nach Polen löste damals allenfalls Melancholie aus. Erwartungsgemäß wurde die Solidarność-Bewegung 1981 vom Kriegsrecht ausgebremst, drei Jahre darauf der Priester Popiełuszko ermordet. Die fehlende Erwartung solchen Ereignissen gegenüber, auch die Täuschung, die ein solcher Mangel an politischer Hoffnung einschloss, folgte nicht etwa einem klaren Bewusstsein von Nachgeschichtlichkeit. Das «Ereignis» wurde in jenen Jahren schlichtweg nicht mehr in der Politik gesucht. Die Politik lag im Abklingbecken.

So brachte sich, was die Auswahl der Vorbilder für die eigene Lebensweise betraf, eine fragmentierende, vorbehaltliche Lektüre zur Geltung. Jedes merve-Bändchen brachte einen weiter, aber was hieß schon «weiter»? Richtig ist auch, dass die Munterkeit sich in heilloser Verschlingung mit einer Konsumsphäre ereignen musste, die unseren Aufbruchsmechanismus schnell kapierte und für ihre Zwecke nutzte. Unsere Bildung von Unterschieden erfolgte in einer neuen, lebhaften und aggressiven Produktwelt. Sie weckte den heißen Wunsch nach Erscheinung, denn wir wollten vorkommen, uns materialisieren und manifestieren, unser Dasein anschauen und angeschaut werden. Die Individualisierung der Achtziger war zu Anfang krass exhibitionistisch. Sie wanderte zuerst in die Kunst, in den Pop, dann irgendwann in die Industrieproduktion, wo sie den Namen «Disruption» erhielt. Später wurde sie von den Digitalpionieren adoptiert und verläpperte sich schließlich in den Aufregungen der sozialen Medien. Die Revolte wurde zur Innovation, und die hoch spezialisierten, narzisstischen Erneuerungszonen der heutigen Gesellschaft sind vorläufig ihr letzter Aufenthaltsort.

Wer dafür verantwortlich war – auch wir –, den trifft der nachträgliche Zorn von Guy Debord, der den jugendlichen Aufbruch schon 1967 mit der Einsicht konfrontierte, nicht sie, die Jugend, breche auf, sondern werde aufgebrochen: «Dort, wo sich der Konsum im Überfluß niedergelassen hat, nimmt ein hauptsächlicher spektakulärer Gegensatz zwischen der Jugend und den Erwachsenen den Vordergrund der trügerischen Rollen ein: denn nirgends gibt es einen Erwachsenen, einen Herrn über sein Leben, und die Jugend, die Änderung des Bestehenden, ist keineswegs das Eigentum der Menschen, die jetzt jung sind, sondern sie gehört dem Wirtschaftssystem, dem Dynamismus des Kapitalismus an. *Dinge* sind es, die herrschen und jung sind, die einander verjagen und ersetzen.»

Das saß, und es ist in der einen und anderen Variation auch wiederholt worden. Es ist der böse Blick des vielleicht letzten originellen Theoretikers der Linken, in aller Dichte zusammenfassend, was ja auch unsere kritische Sicht auf uns selbst ausmachte. Höchst empfindlich waren wir gegenüber den Formen der Außenlenkung geworden, aber vielleicht ließen wir nur allzu willfährig zu, dass die Lenkung sich ganz leicht auswechseln ließ unter der Regie des Kapitalismus. Dann musste alles Illusion bleiben, und wir blieben auf ein Selbstverständnis verpflichtet, das im Kern negativ war und wiederum zur Disziplinierung aufrief. Einen Unterschied gab es jedoch: Der machtkritische Blick hatte damals schon die ominöse Macht eines strategisch vorgehenden und mit Bewusstsein begabten, das Leben manipulierenden und in sämtliche Kapillaren der Seele eindringenden Kapitalismus miterfasst. Dieser Kapitalismus mogelte sich zwar ins Leben, aber er wurde selbst von dessen Dynamik erfasst. Der Kapitalismus war längst nicht mehr der böse alte Wurm aus dem Mythos, der sich immer gleichblieb, sondern er musste sich teilen und häuten und anstrengen, dass man ihn noch fütterte. Er blieb immer noch Kapitalismus, doch der Alltag zivilisierte ihn. Wäre die linke Kulturkritik alles gewesen, hätte es keinen Punk gegeben. Was von den Rändern der Gesellschaft zurückströmte, war nicht bloß Kaufkraft, es war ein breit gefächerter Veränderungswille. Die lebensweltliche Auswanderung, das Spiel mit Abweichung und verzögerter und verschobener Anpassung, alles das besaß inzwischen auch etwas «Objektives».

Unsere linken Altvorderen blieben indessen auf die Politik und ihre Sphäre fixiert, sie wollten die Einrichtungen der Macht penetrieren und wurden am Ende unzufriedene Lehrer oder Parteireferenten. Das Heer der Boomer bereitete sich erst einmal auf ein Leben anderswo vor. Alle Lernenden erlebten damals, dass der Wissenskanon langsam breiter wurde und seine inneren Hierarchien sich einebneten – damit auch die Lebensmodelle, ja die Zukunft insgesamt. Die Wissensgesellschaft kündigte sich an, indem auch das praktische Wissen aufgewertet wurde, das technische, ökonomische oder das juristische. Erst unter der Voraussetzung dieser Art von Distanz gegenüber der klassischen Politik und erst, als diese gigantische Alterskohorte erwachsen zu werden begann, erzeugte das eine Breitenwirkung. In der Ära Helmut Kohls durften wir Jüngeren eine Zeit lang etwas anderes als nur Citoyen sein, sozial gesehen undeutliche Schemen. Und nur so entwickelten wir am Ende doch eine erste Zutraulichkeit gegenüber der Erwachsenengesellschaft. Erst als ich nach einer Phase des Schweifens und des Haderns begriff, dass ich gar nicht weiter studieren musste, war das Studium wieder interessant. Erst als ich endgültig nicht mehr funktionierte, konnte der Gedanke an eine gesellschaftliche Rolle überhaupt aufkommen. Mithilfe unserer Auszeiten und Verkleidungen befreundeten wir uns behutsam mit der Idee, irgendwann sei es auch in Ordnung, sich an Regeln und Standards jenseits des Experimentallebens zu orientieren. In einem ersten Schritt eigneten wir uns Freiheit als etwas Höchstpersönliches an; wir bezweifelten, dass sie weiterhin noch in Parteien, Verbänden und Gewerkschaften gelebt werden konnte. Unsere Aufmerksamkeit richtete sich zunächst auf Welten, die etwas anders eingerichtet waren, auf die Sphären des Alltäglichen, der Erotik, der Sprache, der noch nicht vorgedachten Ideen, auf all das, was der politischen Verfasstheit vorausgeht und vielleicht irgendwann und irgendwie auf sie zurückwirkt. Mit uns kommt die gesellschaftliche Sphäre in Fluss. Ich behaupte: So stark waren wir.

St. Pauli wartete mit einem Ambiente auf, das mit Schöneberg oder Kreuzberg beinahe konkurrieren konnte. Selbst das aufgeräumte Hamburg erlaubte sich eine leichte Müdigkeit; das Sanieren lohnte sich einfach nicht. Die hanseatische Variante des Endzeitlichen war der Straßenzug, den keiner mehr betrat, die nasse Wüste. Wenn man in Richtung des Altonaer Fischmarktes lief, stieß man auf viele feuchte Wüsten, Menschen zeigten sich dort keine. Es gab die kleinen Müllecken, die nie verschwanden, wo der Unrat aus der Erde zu sprießen schien, auch wenn die Stadtreinigung doch mal kam. Selbst die bewohnten Häuser am Hafen, die letzten Reste einer ansehnlichen Zahnreihe, schienen lieber Ruinen sein zu wollen. Wim Wenders' Film «Der amerikanische Freund» hat etwas von dieser Stimmung eingefangen. Eppendorf trug noch seine bunten Hippie-Fassaden, und wenn Gebäude irgendwo im alten Weiß stehen geblieben waren, schob sich von unten etwas glitschig Grünes die Mauern hinauf, Flechten oder Moose.

Nicht einmal der Regen spülte das Alte weg. Unsere Lieblingskneipe in Hamburg war eine ehemalige Fleischerei, die man durch ein verdunkeltes Ladenlokal betrat. Wenn sich die Bodenplatte geöffnet hatte, kletterte man nach unten, wo die Wurstmaschinen stehen geblieben waren und es laut zuging. Wir hatten keine Ahnung, dass wir mit unseren Streifzügen durch die Kaschemmen der großen Städte Trendscouts waren, Heerscharen von abenteuerlichen Nachtschwärmern nach uns ermutigend. Wir standen am Anfang beispielloser Gentrifizierungsprozesse, nein, wir lösten sie aus.

Der Gedanke, eine Gesellschaft könne ihre Konflikte mit Herz und Verstand lösen und sich durch geteilte Einsichten von ihren Gespenstern befreien, ist wahrscheinlich ein naiver. Er setzt das Modell einer Psychoanalyse voraus, zumindest das einer erfolgreichen Psychotherapie, während es schon offenbleiben muss, ob die Techniken der seelischen Reinigung tatsächlich dasjenige Maß an Vergessen erzeugen, welches für eine Gesundung nötig ist. Befreiung ist keineswegs an eine Rekonstruktion der Unfreiheit gebunden. Eher ist wahrscheinlich, dass sich der Anschein von Zivilisierung durch Wiederholung ergibt, aus dem wieder und wieder unternommenen Versuch, die bewährte Konfliktlinie zu reaktivieren, mit abnehmender Intensität, bis zu jenem Punkt, an dem der Konflikt von allen Beobachtern als sinnlos angesehen wird.

Die Betroffenen reagieren dann alarmiert und appellieren an die Moral: Auf keinen Fall dürfe ihr Anliegen vergessen werden! Die Profiteure des Konflikts steigern die Dringlichkeit seiner Gegenwart per Rhetorik, sie entwerfen neue Szenarien, in denen er sich weiterhin abspielen soll. Irgendwann ist es aber auch vorbei. In diesem Sinn sind die Achtziger auch ein Jahrzehnt der Reprisen gewesen: Nichts wird in ihnen vergessen. Vieles geschieht in Gestalt einer Schichtung von Begebenheiten, deren Skandalwert immer weiter verblasst und langsam in Sedimentbildung übergeht. Kulturgeschichtlich gelten die Achtziger als Epoche des grellen Privatfernsehens und der missglückten Frisuren. Nur wenige Ereignisse lassen sich vermelden, die auch das historiografische Unterhaltungsbedürfnis befriedigten. Die ideologischen Frontstellungen der alten Bundesrepublik werden bis zur Unverständlichkeit abgearbeitet und plötzlich wieder rasant erneuert. Hier flackern sie noch einmal auf, dort stellen sich im Zuge der deutschen Einheit schon die neuen Fragen.

Wenn die These zutrifft, dass sich mit den erwachsen werdenden geburtenstarken Jahrgängen der Pluralismus der deutschen Gesellschaft steigerte, ist der Gedanke unplausibel, die Gesellschaft könne einsinnige, vor allem endgültige Lernprozesse absolvieren. Vielleicht verfügen nur sehr kleine Gesellschaften über die Möglichkeit, gemeinschaftlich zu reflektieren und demgemäß zu handeln; Rousseau war immerhin davon überzeugt. Wir nahmen wahr, dass sich beides ineinanderschob: Wie sich das lebensweltliche Angebot erweiterte – und auf der anderen Seite die alten Nachahmungsmuster noch einmal zur Norm erklärt wurden, jetzt von jüngeren Spielern, die sie nicht als aufgezwungen erlebten, sondern sie freiwillig übernahmen.

Ein solches Nachahmungstheater waren die Auseinandersetzungen um die besetzten Häuser an der Hafenstraße. Ich kann nicht genau erklären, warum ich für die Berliner Hausbesetzer Sympathien hegte, mich die Hamburger Angelegenheit jedoch eher kaltließ. Vielleicht lag es an den Hamburger Kontakten zur RAF (was nie ganz aufgeklärt wurde), sicher aber an der enormen Wichtigkeit, die sich die Besetzer und ihre Sympathisanten selbst zuschrieben. Anders als in Berlin stand nicht die eigene Lebensweise im Vordergrund, sondern schon das öffentliche Fanal. Und auch wenn die Brutalität der Polizei keineswegs hinzunehmen war, stand das Wohl und Wehe des Landes zu jenem Zeitpunkt und an diesem Ort nicht auf dem Spiel. Die Reprise erzeugte kein Drama mehr. Ich erinnere mich an einen bizarren Abend, der sich im Winter 86 abgespielt haben musste, als die Lage an der Hafenstraße eskalierte. Vielleicht war es auch ein Jahr später, kurz vor der letzten großen Schlacht. Wir standen an der Theke des Cuneo, eines damals beliebten italienischen Restaurants, wo Werbeleute, Journalisten und Spätstudenten auch noch in tiefer Nacht versorgt wurden. Plötzlich ruhte der Verkehr auf der Davidstraße, und die Polizei rückte in Kampfmontur und Schild in Richtung der Davidtreppe vor, ähnlich wie eine römische Legion. Die verräucherten Vorhänge wurden zurückgezogen, die linksliberale Boheme drängte sich auf den Eingangsstufen, katastrophensehnsüchtig und ein bisschen feig. Das Schlimmste war dort unten an der Treppe zu befürchten. Dann sahen und hörten wir nichts mehr. Nach einer Weile hasteten die Polizisten zurück, einzeln oder in kleinen Gruppen, aber im hurtigen Laufschritt. Die Truppe war geschlagen, ja in Auflösung begriffen. Das sorgte für Heiterkeit, denn die Kompanien des Innensenators waren unbeliebt.

Darauf gespenstische Leere auf der Straße, vielleicht eine halbe Stunde lang. Schon floss wieder der Averna, dann folgte der nächste Angriff, diesmal mit Einsatzwagen. Die Formation schob sich aufs Neue in Richtung Treppe, das spannende Warten, schließlich musste die Polizei abermals fliehen, mit Blaulicht retour. Das war's. Nichts mehr zu hören und zu sehen. Keiner wusste, was tatsächlich vorgegangen war. In Hamburg schätzt man Sarkasmus. Die Stimmung im Cuneo stieg auf einen Höhepunkt, und ein Hamburger Fest wurde gefeiert. Die Schurken hatten sich blutige Nasen geholt, und man selbst stand auf der richtigen Seite im Restaurant.

Am nächsten Morgen berichteten nicht einmal die Lokalzeitungen. Verletzte gab es nicht zu beklagen, angeblich war nur eine neue Einsatztaktik erprobt worden. Es gab keine Möglichkeit, sich in diesem Konflikt richtig zu verhalten. Bei allem Ingrimm, er reizte zum Lachen, er hatte sich im Laufe der Jahre in Travestie verwandelt. Die Stadt wurde darüber zur Bühne der großen Gesten, Hamburg inszenierte vor der ganzen Welt seinen Bürgersinn. Wer soziales Kapital benötigte, konnte jetzt einsammeln und warf sich öffentlich in die Bresche: Ein Zigarettenerbe bot sich an, die Häuser zu kaufen, der Erste Bürgermeister «verpfändete» heroisch sein Amt und löste das Ganze unblutig auf. Mittlerweile hatte man sich auf beiden Seiten totgerüstet wie im Kalten Krieg. Ein halbes Jahr später trat der Bürgermeister zurück, denn es drohte juristisch kompliziert zu werden mit den Eigentumsverhältnissen, und die öffentliche Aufmerksamkeit war längst weitergewandert. Viele Jahre später wagte ich das Thema in einem Gespräch mit Helmut Schmidt zu erwähnen, wie er jene Zeit erlebt hatte und was er vom friedlichen Ausgang der Besetzungen hielt. Der winkte nur verächtlich ab und murmelte etwas von «Kinderkram». Sein Gefecht mit der Jugend war von anderem Kaliber gewesen. Die Zivilisierung schritt unaufhaltsam voran, aber sie hinterließ weder Glück noch Siegestrunkenheit.

So saß ich doch wieder im Seminar. Ich vergrub mich in die Anfänge des deutschen Idealismus, in diese paar Jahre im Übergang zum 19. Jahrhundert, als es so aussah, die ganze Welt könne mit Denken aus den Angeln gehoben werden. Die Sprache und die Literatur wurden wichtiger: Wenn überhaupt, wollte ich Journalist werden. Wir traktierten Heinz Schlaffers Buch über den «Bürger als Held» – also den jungen Bourgeois im 18. Jahrhundert, der sich heroisch fühlte, wenn er sich die freie und ungebundene, die Gelddinge souverän ignorierende Lebensweise des Aristokraten zu eigen machte. Abgesehen vom feudalen Drum und Dran, charakterisierte das auch uns. Soweit ich überhaupt einen Gedanken an den Beruf verschwendete, richtete er sich auf idealisierte Vorbilder: Reporter beim «Spiegel» oder beim «Stern», das war in jener Zeit schon etwas, unfassbar hoch ihr soziales Prestige, phänomenal ihr Lebensstil, von ihrem Beitrag zum Guten in der Welt ganz zu schweigen. Die «Spiegel»-Leute bildeten eine asketische Kriegerkaste, die für uns Studenten unzugänglich blieb, «Stern»-Redakteure waren ein wenig leutseliger. Alles in allem verhielten sie sich wie Journalisten stets: vollkommen uninteressiert am Nachwuchs. Hässlich, aber selbstbewusst ragte das Gruner + Jahr-Hochhaus fast bis in die Alster hinein. Damals gab es diese Hamburger Medienfolklore noch, die abendlichen Auftritte in Pöseldorf, dunkelblaue Autos und dunkelblaue Anzüge, schon ohne Krawatte getragen, die Gelage mit Fußballspielern oder Galeristen, die dezent angedeuteten Kontakte in die Halbwelt, über die man verfügen musste.

Die «Stern»-Leute liefen in rotem und gelbem Kostüm umher, weil sie gerade ihrem Kollegen Jörg Andrees Elten zum Bhagwan Shree Rajneesh nach Indien gefolgt waren – und von diesem wieder in ihre Redaktion zurückgeschickt wurden. Das war natürlich grotesk, aber auch dies war die Zeit. Wenn wir dachten, sie würde uns huldvoll umarmen, nachdem wir nun groß geworden waren, dann wurden wir eines Besseren belehrt. Sie war auch ungeheuer dämlich. Wir lasen Luhmann, der zwar zu den untersagten Autoren zählte, der uns aber half, einen abkühlenden Blick auf die Verhältnisse zu werfen. Rationalität zählte insgesamt noch, zumindest in der praktischen Lebensführung, und der Gedanke, sein ohnehin brüchiges Ego der endgültigen Zertrümmerung durch einen geschäftstüchtigen Guru auszuliefern, war dann doch zu stark.

Die Sannyasin-Mode ergriff Hamburg schlimm, während das unbürgerliche Berlin weitgehend resistent blieb. Gefährdet waren die Älteren, denen es schwer auf der Seele lag, die Revolution beim Italiener sitzend verpasst zu haben. Die orange Mode bildete auch ein Vorspiel zum Kampf um die Vernunft, der wenig später an der Universität ausbrechen sollte und uns wieder auf die Gegenwart stieß. Peter Sloterdijk hatte ebenfalls die Mala genommen, und auch das war die Vorführung eines öffentlichen Intellektuellen gewesen. Die erste große Enttäuschung, die mir der Journalismus bereitete, noch bevor ich einer war, hatte ebenfalls damit zu tun: Nur eine durch fehlerhafte Meditation hervorgerufene Hirnerweichung, angetrieben von Hamburger Gier – ein freundschaftliches Verhältnis zum Geld pflegten alle Gelbgewandeten bis zuletzt –, konnte dazu führen, auf Konrad Kujau hereinzufallen, auf dieses famose Schlitzohr, den Cagliostro der Superpresse, und auf sein Helferlein, den nicht minder schlitzohrigen Reporter Gerd Heidemann. Als sich im Frühjahr 1983 die Hitler-Tagbücher als Jux erwiesen, war der «Stern» fertig und mein erstes Berufsbild lag in Scherben. Der investigative Reporter war doch kein Held. Bis ich mich sammelte und erkannte, dass es auch andere Möglichkeiten im Journalismus gab, verging viel Zeit. Wieder las und studierte ich. Ich absolvierte meine akademische Runde, ein bisschen überrascht von mir selbst.

Menschlich gesehen war das Literaturwissenschaftliche Seminar der Hamburger Universität eine ausgesprochene Katastrophe, was kaum erwähnenswert gewesen wäre, versicherten meine Freunde doch glaubhaft, dass es an anderen Unis ähnlich zuging. Die Animositäten unter den Professoren hatten sich in Grabenkriege verwandelt, die sich im Prinzip alle auf Unverträglichkeiten innerhalb der linken Theoriebildung zurückführen ließen. Uralt mussten diese Streitereien sein, der Hass von Jahren und Jahrzehnten. Eine gemeinsame Idee von Wissenschaft existierte nicht länger, und das Lehrangebot fiel eher kleinteilig aus. Beurlaubungen zogen sich endlos dahin, das Klima ruinierte auch die Gesundheit robusterer Naturen. Mancher Professorenname war Leerstelle und blieb es bis zu meiner Promotion. Es herrschte eine Neigung zur Sektenbildung, und auch dass der eine oder andere Lehrende sexuell übergriffig wurde, schien an der Tagesordnung zu sein, jedenfalls wusste das der Klatsch zu berichten. Und Klatsch blieb es.

Wer ernsthaft studieren wollte, nahm bei Karl Robert Mandelkow Zuflucht. Mandelkow war ein später klassischer Goetheforscher, und er war der letzte dort, den die Aura profunder literarisch-philosophischer Bildung umgab. Als Person war er nicht unbedingt gewinnend, ein unsicherer, spröder und zur Empathie unwilliger Mensch, eher wie ein lutherischer Pastor alter Schule, der will, dass einer erst einmal sein Verhältnis zu Gott klärt, bevor er Anspruch auf Anteilnahme erwirbt. Sein Urteilsvermögen war unbestechlich, sein wissenschaftliches Qualitätsgefühl machte seine Anziehungskraft aus. Bücher, deren Kenntnis er voraussetzte, waren wichtig. Seine Seminare begannen mit einem Ritual: Zuerst platzierte er vor sich einen winzigen Aschenbecher aus Ton, brach dann in aller Ruhe und knisternd eine Stange Peter Stuyvesant auf und wählte sich eine Packung aus. Wie viele, die Krieg und Nachkrieg erlebt hatten, pflegte er seine Mangelneurose. Manche überheizten ihre Wohnungen, weil sie nie wieder frieren wollten, manche stopften sich mit Butter voll, weil Butter irgendwann verschwunden war. Mandelkow war der Gedanke unerträglich, in seinem Leben noch einmal von der Nikotinzufuhr abgeschnitten zu sein. Aus der Theologie kommend, war er im Grunde mit Dilthey, Husserl, Heidegger und Gadamer ein klassischer Geisteswissenschaftler geblieben, er öffnete sich aber der aktuellen Verwissenschaftlichung seiner Disziplin, soweit es ihm möglich war.

Als ich noch in Höschen in Athen herumsprang, hatte Michel Foucault in Hamburg ein Jahr lang am Romanischen Seminar gelehrt. Im Gedächtnis der Universität hatte er jedoch keine Spuren hinterlassen, niemand erinnerte daran, dass einer der wichtigsten Theoretiker der Zeit einmal am Ort gewesen war. Nun kam Foucault zurück, und zwar in Gestalt seiner übersetzten Bücher, die neue Themen setzten und die Hermeneutik, wie wir sie anwandten, aufmischte. Die Welle französischen Denkens plätscherte zuerst harmlos und mit eher ironischen Angriffen aufs verstehende Subjekt heran, in Gestalt von Texten Jochen Hörischs oder Friedrich Kittlers. Das nannte sich damals «Neostrukturalismus» und drohte die aus dem Kanon ausgesonderten Untoten der Zeit, vor allem Heidegger und Nietzsche, ins wissenschaftliche Spiel zurückzubringen.

Für unseren Lehrer war es Anlass zu einer zermürbenden, uferlosen, teils produktiven, weitgehend aber in Sackgassen mündenden Auseinandersetzung. Wir lasen die französischen Philosophen außerhalb des Seminars, in selektiver, fragmentierender Lektüre. Und natürlich probierten wir alles aus. Wir lasen auch Carl Schmitt. Wir wussten noch nicht, dass er bis zu seinem Lebensende wirklich ein übler Nazi geblieben war, das kam erst mit der Veröffentlichung seines «Glossarium» an den Tag, aber natürlich schillerte er giftig. Alle lasen ihn, seine Texte strahlten eine ähnliche Faszinationskraft aus wie der Naziplunder, mit dem der «Stern»-Reporter Gerd

Heidenreich die Carin II vollgestopft hatte, Görings Jacht, die ihm gehörte. Carl Schmitt war die Carin II der Theorieszene.

Wir fanden ein Gefallen an der neuen, gekünstelten Sprache der Franzosen, die uns gegenüber dem problematischen Fach in eine überlegene Position zu hieven schien und die eigentlich weniger esoterisch war, als sie unter Übersetzungsmängeln litt. Es war Mandelkow hoch anzurechnen, dass er diese krausen Experimente um sich zuließ. Meine Magisterarbeit hatte sich in einen veritablen Jargon geschraubt. Er lobte sie, sah mir, was nicht seine Sache war, tief in die Augen und rettete mich mit einem einzigen Satz: «Thomas, so kann man nicht schreiben.» Daran laborierte ich ein paar Tage, aber dann verstand ich, dass eine dackelhafte Stil-Imitation keine Erkenntnisfrüchte eintrug. Ich konvertierte nicht – und die meisten seiner Schüler verzichteten ebenfalls darauf –, arbeitete danach konventioneller und präziser weiter, wohl um den Preis, dass es uns Doktoranden nicht ganz gelang, die Kritik am Subjekt und an der Vernunft passgenau in unsere Fragestellungen zu integrieren.

Erneut war Theorie die Sache einer politisierenden Auseinandersetzung geworden, mit welchen Wendungen im Einzelnen ist nicht mehr wichtig, doch so ganz vermochten die linken Onkel das Französische nicht wieder hinter den Rhein zu verbannen. Die Schlacht ums Subjekt teilte unsere intellektuelle Community. Die einen folgten Jürgen Habermas und beanspruchten die Tradition der Aufklärung ganz für sich, die anderen blieben skeptisch, ob die deutsch gedeutete Vernunft das letzte Wort im Denken sei. Erst später begriff ich, dass die Kriegsführung asymmetrisch war. Derrida, Barthes oder Foucault plädierten ja nicht für die Widervernunft, die ihnen notorisch unterstellt wurde. In ihrem Kontext bedeutete

Kritik der Vernunft immer auch den notwendig werdenden Angriff aufs Etablierte, wo die französischen Institutionen, die heiligen Traditionen, ja die Mächtigen in Frankreich sich immer auf ihre Vernünftigkeit berieten, aufs cartesianische Erbe. In Deutschland hatte der Begriff einen anderen Klang. Vernunft und praktische Vernünftigkeit waren seit Kriegsende auch die Gegenkonzepte zum Irrationalismus der Nazi-Ideologie gewesen. Der deutsche Restidealismus bildete also bis zu jenem Zeitpunkt einen kontinuierlichen, DNA-artigen Strang, der auch unseren generationellen Auftrag mitreproduzierte. Ohne Kant keine universelle Moral und kein geläutertes Deutschland, deswegen mussten Kant und die Moral, die nicht wieder national vereinnahmt und begrenzt werden durften, mit Zähnen und Klauen verteidigt werden.

Wieder mal standen unsere Seelen auf der Kippe. Der Unterschied zu früher, als solche Auseinandersetzungen um die uns betreffende Deutungshoheit ganz im Erziehungs- und Bildungssystem ausgetragen wurden, bestand jetzt im Hinzutreten der debattierenden Öffentlichkeit. Die Selbstdeutung der Gesellschaft schritt voran, auch weil die Medienlandschaft sich verbreitete. Und auch Helmut Kohl entwickelte auf einmal den Ehrgeiz, sein Land geistig zu prägen, will sagen, die Hegemonie der Linkskultur endgültig zu brechen. Jetzt erschienen auch konservative Onkel auf der Bühne, keine scharfen Denker, sondern eher Prediger der Versöhnung mit dem Gewesenen, Beschwörer des «Schlussstrichs», Traditionserklärer, kurz: die Historiker. Genauso wie ihre linken Kontrahenten waren sie eloquent und medial versiert, sie suchten Wege direkt in die öffentliche Diskussion. In Israel hatte Kohl 1984 von der «Gnade der späten Geburt» gesprochen, ein Jahr darauf ergriff er bei einem Besuch eines Soldatenfriedhofs in Bitburg feierlich die Hand des amerikanischen Präsidenten, wohl ein Versuch, das Bild von Willy Brandts Kniefall in Warschau zu überschreiben.

Die von diesen Reden und Gesten ausgelöste Empörung war beinahe einhellig. Kohls Geschichtspolitik eröffnete ein neues Kampffeld. Die Bundesrepublik rang um ihr Selbstverständnis im Medium der Zeitgeschichtsschreibung. Die Republik deutete, wer sein Verständnis der jüngeren Vergangenheit verbindlich machen konnte, also der NS-Vergangenheit. Diesen Fehdehandschuh griff die Linke auf, denn auch in ihr hatte sich gewisser Weise eine Wende zum Historischen vollzogen. Die Theorie der Gesellschaft musste ergänzt werden. Der Vorwurf an die mit dem Strukturalismus liebäugelnde Intellektuellenjugend war nun, dass sie beim bloßen Betrachten des Spiels gekoppelter Elemente die große Idee einer Entwicklung aus dem Blick verlor und damit eine Verbesserung der Lage ausschloss. Gegen die «Struktur» wurde nun die «Geschichte» in Anschlag gebracht. Damit gemeint war eine von der Befreiung vom Nationalsozialismus ausgehende entwicklungsgeschichtliche Erzählung, die weit in Politik und Kultur ausgriff. Und tatsächlich schien auf der anderen Seite die Kohl'sche Geschichtspolitik geradewegs aufs Gegenteil, auf eine instrumentalisierte Nationalhistorie zuzustolpern, plumper Versuch einer Identitätsstiftung im vorpolitischen Raum, für Kohärenz sorgend in einer angeblich selbstgenügsamen, auf Emanzipation und Kritik verzichtenden Sozialsphäre, die reine Affirmation halt.

Der im Juni 1986 anhebende Historikerstreit kreiste vordergründig um ein geschichtsschreiberisches Darstellungsproblem, um die Frage nach der Bewertung der Shoah, ihrer Vergleichbarkeit mit anderen, in diesem Fall den Stalin'schen Massenmorden. Man benötigte schon Fantasie, um daraus einen Skandal zu ziehen. Fachlich gesehen versandete die

Debatte. Ihre, wenn man so will, wahrhaft historische Brisanz entwickelte sie performativ, als Mobilisierung von Diskursmacht im öffentlichen Raum. Die neokonservative Bedrohung vor Augen und sie nutzend, versuchten Habermas und seine Mitstreiter, die Dringlichkeit eines linken, nun linksliberalen Konsenses nicht nur zu belegen, sondern auch vorzuführen. Diese so spezialistisch und doch so grundsätzlich geführte Auseinandersetzung führte die linken Bataillone unter den Schreckvokabeln «Nationalismus» und «Revisionismus» wieder zusammen und bezog sich direkt auf die bundesrepublikanische Vereinbarung des «Nie wieder». Das konnte sogar die verzankte Linke einen. Es galt, dieses von der Geschichte zu Recht bestrafte Land vor dem Rückfall in die nationale Normalisierung zu bewahren – und dabei die Bundesrepublik als ein «Projekt» festzuschreiben. Ob die revisionistische Gefahr 1986 so akut bestand, muss von heute aus betrachtet offenbleiben. Verglichen mit dem aktuellen Rechtspopulismus waren Kohls ideologische Berater seriöse Bürgerliche. An der Universität registrierten wir währenddessen, dass auch die Dekonstruktion, ja alle unsere Bestrebungen, die auf eine Pluralisierung des Diskurses angelegt waren, mit erledigt werden sollten, denn das «Projekt» schlug auch die Dekonstruktion dem Syndrom des Neokonservatismus zu. Habermas koppelte die Erinnerung an die Shoah mit der deutschen Teilung und mit der Westbindung der Bundesrepublik, er machte das Gegenangebot eines Konzeptes von postnationaler gemeinsamer Identität, welches er «Verfassungspatriotismus» nannte.

Damit war die geistige Frontstellung der Neunziger etabliert. Sie erwies sich als hartnäckig und zeichnete sich durch eine Besonderheit aus: Die Gegenseite operierte (noch) nicht als geschlossene intellektuelle Formation, sondern bezweifelte lediglich Berechtigung und Sinnhaftigkeit der von Habermas gesetzten Leitdifferenz. Manche Historiker fühlten sich missverstanden, sie wollten als Wissenschaftler doch nur differenzieren und erhielten auf einmal einheitliche neokonservative Absichten untergeschoben: Schon die Habermas'sche Frontlinie sei das Produkt einer ganz unhistorischen Abstraktion. Und dieses Strategische, ja Künstlich-Konstruierte von Habermas' Position vertiefte die Gräben endgültig, denn auf diese Weise wurde die Debatte bald unscharf, verließ ihren zeithistorischen Bezug und erneuerte sich wieder und wieder bei vielerlei Gelegenheit. Es war ja auch eine Fehde, die gerade nicht in der Wissenschaft entschieden werden sollte.

Ironischerweise intervenierte die Geschichte selbst in den Historikerstreit. Die deutsche Einheit erledigte die Frontstellung nicht, sondern fiel in sie hinein. Das Ereignis wurde von ihr gleichsam resorbiert und mit einem Rahmen versehen. Die Einheit schillerte von der ersten Berliner Nacht an. Sie war das «Wunder» oder das «Geschenk» und gleichzeitig ein Beleg, ein Symptom. Als sie geschah, war sie von den Onkeln bereits verstanden. Von uns allerdings nicht. Viele der Diskussionen um einen Fortbestand oder eine Neuaufrichtung der deutschen Nation wurden daraufhin im Schatten des moralischen Überschusses geführt, den der Historikerstreit aufgeworfen hatte. Und wie die Einheit in den folgenden Jahren gestaltet – oder eben nicht gestaltet wurde, mit den hohlen Versprechen auf «blühende Landschaften» und mit der Treuhandpolitik, mit sozialen Ungerechtigkeiten und kulturellen Verwerfungen, gegen die man keine Mittel fand –, all das bestärkte den Eindruck, dass sich im Grunde nichts an der Lage des Landes verändert hatte oder auch nur verändern durfte.

Das fanden wir Jüngeren auch, aber nicht aus theoretischen Gründen. Der Appell, die deutsche Gesellschaft möge künftig den Konsens in linksliberalem Geiste suchen, erhielt sich. Er erhält sich bis heute, denn das Schlimmste muss immer noch verhindert werden, selbst wenn es immer anders schlimm ist. Die zentralen Begriffe erhielten sich ebenfalls, wenngleich die Einheit dazu beitrug, dass am Ende auch die Habermas'schen Engführungen dekonstruiert wurden: Die Erinnerung an die Shoah konnte ein Fluchtpunkt der politischen und gesellschaftlichen Moral der Bundesrepublik bilden, auch wenn die deutsche Frage beantwortet war. Und der deutsche Nationalstaat, klassisch oder postklassisch, stellte keineswegs die Westbindung zur Disposition. Heute wird gelegentlich die These geäußert, der Historikerstreit habe der «Neuen Rechten» die Schlagworte geliefert. Das stimmt so nicht. Ein neurechtes oder neonazistisches Denken war in kleinen Kreisen seit Kriegsende gepflegt worden, seine Grundbegriffe waren längst ausformuliert. Aber nach dem Historikerstreit entdeckte die Neue Rechte die Zeitgeschichtsschreibung als Schauplatz der Auseinandersetzung. Die Rechte begreift entsprechend heute auch, dass sie strategisch in entsprechender Weise operieren, will sagen medial den gesellschaftlichen Konsens anstreben muss.

Der Historikerstreit, vielleicht die erste substanzielle Debatte des neuen deutschen Feuilletons, vielleicht sogar dessen Initialzündung, teilte die Lager auf der allseits sichtbaren Oberfläche. Er gehört ins geistige Gepäck der Boomer, auch wo seine Argumente ignoriert wurden, denn in solchen Lagen ist auch Unbetroffenheit eine Stellungnahme. Die Politisierung der kommenden Jahrzehnte ist nur unter dem Aspekt des dringlichen linksliberalen Konsenses zu verstehen, ob in Gestalt von Rot-Grün, der linken Mehrheit im Wartestand, als Koalition gegen den Klimawandel oder als Antikapitalismus. Ein gewisser chiliastischer Grundton war in ihm gesetzt. Und nicht die politische oder theoretische Avantgarde war aufgerufen, ihn zu hören, sondern wir alle, «die Gesellschaft», die zerfallende und falschen Einheitspropheten nachlaufende, des richtigen Konsenses bedürftige, ja eigentlich noch ausstehende gesamtdeutsche Gesellschaft.

DEUTSCHE EINHEIT.
WIR BLEIBEN ZU HAUSE

Der Nachmittag des 23. Dezember 2008 ist windig und verschneit, in Hamburg wird Helmut Schmidt neunzig, aber viel mehr passiert nicht an diesem Dienstag in Deutschland. Es wartet unten keine Dienstlimousine, kein Chauffeur raucht neben seinem Wagen eine Zigarette, ziemlich ungehalten fegt der Wind durch den Hof. Oben sitzen zwei Männer im Halbdunkel, die unter einem gewissen Zeitdruck stehen. Trotzdem machen sie einander vor, sie hätten endlich mal einen ruhigen Augenblick erwischt und könnten plaudern. Es sind der Bundesaußenminister und sein Ghostwriter. Der eine will bald Kanzler werden, der andere hört in seinem Kopf schon, wie die Druckmaschinen anlaufen.

Ich habe das Himmelfahrtskommando übernommen, zum Wahlkampf des sozialdemokratischen Kandidaten das obligate Buch zu schreiben, und zwar in ziemlich kurzer Frist. Angela Merkel sendet währenddessen alle Anzeichen der Unbesiegbarkeit aus. Andererseits hätte ich diesen Job als Ghost vermutlich nicht angenommen, wenn wirklich Wechselstimmung im Land gelegen hätte, denn im Falle eines Sieges von Frank-Walter Steinmeier würde es mich als Journalist aus der Bahn getragen haben, und schon ein solches Buch zu schreiben, löst genügend Komplikationen aus. Ich schätze den Mann. Natürlich kann ich mir vorstellen, dass er der Nachfolger Merkels und Schröders wird, ich schätze seine Art, Politik zu machen, und seine Person. Er ist integer und auch nervenstark genug, um Bundeskanzler zu sein.

Ob seine Partei ihn mit aller Kraft unterstützt, bezweifle ich.

Steinmeier ist zu jenem Zeitpunkt Kandidat, Parteivorsitzender, Vizekanzler und Minister. Seine Fähigkeit, sich im Gespräch zu konzentrieren, ist legendär. Auch dann vermag er zuzuhören, wenn der Geräuschpegel um ihn ausschlägt und die Referenten im Laufschritt auf ihn zustürzen. Jetzt ist es ganz still, nur ein kleines internationales Gastgeschenk tickt auf der Konsole vor sich hin. Man spürt, wie die vergangenen Wochen und Monate an ihm zehrten, auch weil er weiß, dass die kommenden Monate noch zermürbender sein werden. Er schilderte mir beim Frühstück das Verhältnis des westlichen Bündnisses zum Iran, ohne dass daraus eine Vorlesung wurde; ich verlor dabei auch nicht den Appetit. Ich begleitete ihn in seiner Delegation nach Delhi, wo er mich abends nach politischen Gesprächen fragte, was die Inder eigentlich wollen, so im Kern. Darauf hatte ich keine schlüssige Antwort, fand aber beruhigend, dass auch in der Diplomatie manchmal Menschen am Werk sind, die nicht schon alles wissen, und vielleicht stellten die Inder ähnliche Fragen in unsere Richtung. Jetzt sitzt er hier mit seinem Ghost, der ihn dringend überreden will, für das Buch eine heikle Klippe zu umschiffen. Sie liegt tief unten in der Vergangenheit gelegen: Die deutsche Einheit, mein Gott, ist das lange her! Immerhin darin sind wir uns einig.

Um ehrlich zu sein, ist es erbärmlich kalt im Ministerbüro. Das Auswärtige Amt steht verlassen da. Die Heizung ist über die Weihnachtsfeiertage abgestellt worden. Vor dem Eingang zu diesem Trakt, wo früher Erich Honecker regierte, war zu DDR-Zeiten ein übermannshoher und hohler Marmorblock als Schutz vor bewaffneten Eindringlingen aufgestellt worden. Weil er so interessant in seinen Farben schimmert, besonders, wenn man ihn von innen beleuchtet, heißt er im Jargon des Auswärtigen Amtes «der Gorgonzola». Nun hat sich der ausgeschaltete Gorgonzola in eine graue Eisskulptur verwandelt. Niemand kommt mehr herein und sorgt für Ablenkung. So schrecklich gern erinnert sich Steinmeier nicht. Er ist ein Mensch, den keine Furien der Vergangenheit jagen, er muss auch nichts bekennen oder geraderücken. Er verfügt über diese gesunde Fähigkeit, mit Gewesenem abzuschließen. Im Winter 1990 hatte er nicht zu jenen gehört, die sich vor Jubel kaum noch halten konnten. Und wieso auch, damals stand er noch nicht im politischen Rampenlicht, er arbeitete als Wissenschaftler an einem juristischen Lehrstuhl an der Uni Gießen. Zu Gerhard Schröder wird er erst ein Jahr später stoßen. Ich gebe zu bedenken: Auch wenn man 1990 als ein linker Jurist tief in Westdeutschland lebte, muss man heute ein positives Verhältnis zur Einheit signalisieren, so man Kanzler werden will. Das sieht er ein, dreht ein paarmal seine Tasse mit dem Bundesadler um, hat aber überhaupt keine Lust, sich nachträglich zu verbiegen. Wir werden schreiben: «Als wir in Gießen vor dem Fernseher saßen und die Menschen auf der Straße tanzen sahen, da lösten sich das Staunen, die Ungläubigkeit in Freude auf.»

Ich mochte mir gar nicht vorstellen, wie er an der Lahn an jenem Abend genau aussah, dieser Freudentaumel. Der Zusammenbruch der DDR war der Ernstfall für den linksliberalen Konsens, er war jener historische Zufall, der die abgelegte deutsche Frage neu stellte und möglicherweise ein deutsches Nationalbewusstsein anfachte. Die Einheit schien nur deswegen annehmbar zu sein, weil sogleich die Idee einer neuen, gemeinsamen Verfassung ins Spiel kam, eine Vereinigung beider Staaten nach Artikel 146 Grundgesetz. Unter dieser Voraussetzung konnte der westdeutsche Verfassungspatriotismus gewissermaßen aktiv werden und die ostdeutsche Bürgerbewegung einbeziehen – und nichts weniger als eine Neugründung der Republik ausrufen. Doch daraus war nichts geworden. Die Einheit hatte sich auf ganz andere Weise ereignet.

Darf einer noch im Jahr 2008 darüber enttäuscht sein? Steinmeier versucht, das Ereignis vom nationalgeschichtlichen Saum zu befreien und in den umfassenden Rahmen der osteuropäischen Demokratisierungsbewegungen einzubetten. Doch fürs Wahlvolk klinge auch diese Version schon einigermaßen historisch, finde ich, für die Wähler sei die deutsche Einheit schließlich in erster Linie die deutsche geblieben. Am Ende formulieren wir einen geradezu diplomatischen Formelkompromiss: «Die demokratisch aufrichtige Perspektive, in der wir damals die Ereignisse verfolgten, wurde dem engen Korridor realistischer Politik nicht gerecht.» Und so war es wohl auch gewesen. Man kann nicht sagen, dass Helmut Kohl die deutschen Chancen verspielt hatte. Was allerdings dabei herauskam, war schwierig in die bewährten Erzählungen der politischen Lager zu integrieren, in Ost wie in West, vor allem ermutigte es zu neuen oder auch ganz alten und teils unschönen Legendenbildungen.

Anfangs hechelten die Deutungen den tagespolitischen Entscheidungen hinterher, später ließen sie die Politik hinter sich und schossen einfach ins Kraut. Anders als ich befürchte, wird dieses Thema dem Kandidaten später im Wahlkampf nicht unter die Nase gerieben wie anderen Politikern. Merkel wird ihre «asymmetrische Kriegsführung» anwenden und jeden Anschein eines Lagerwahlkampfes vermeiden. Der linke Jurist von ehedem stellt für sie kein Feindbild dar, sie benötigt gar keine Feinde. In die Kälte hinein bringt uns die Leiterin seines Vorzimmers noch einen heißen Tee. Wir drei sind die letzten in diesem Riesengebäude. Das Land will zu Weihnachten endlich die Beine hochlegen.

Die Einheit, der endgültige und sinnfällige Zusammenbruch des Sozialismus in Europa, wurde von den Deutschen friedlich bewältigt, sodass nirgendwo auf dem Kontinent ein blutiger Konflikt auszubrechen drohte. Zwei Umstände trugen zu dieser Friedlichkeit bei: robuste staatliche Einrichtungen, die es erlaubten, den ersten und gewaltigen geopolitischen Schock vor allem im deutsch-deutschen Rahmen abzufedern, dann aber auch das Beharrungsvermögen einer wohlhabenden, ihre Ruhe und politische Ordnung wertschätzenden Westgesellschaft. Man darf sich im Nachhinein nicht von der aufgewühlten Sprache der Zeit täuschen lassen, auch nicht von den kosmopolitischen Beteuerungen damals: Die Deutschen stellten ihren Nationalstaat wieder her, und zwar im erweiterten Territorium. So gut wie alle ausländischen Beobachter waren alarmiert; revolutionäre Stimmungsaufschwünge oder Neutralitätsfantasien hätten ihre Vorbehalte bestätigt. Was die Deutschen im Einheitstrubel also lieber nicht pompös wiederherstellten, war ihre Nation.

Das Nationale ist eine hochenergetische Angelegenheit. Was bei einer nationalen Gefühlsaufwallung herauskommt, ist schwer vorauszusagen, im deutschen Fall war mehr als einmal ein hitziger und selbstverliebter Chauvinismus das Ergebnis. Die Frage nach der Nation im größer gewordenen Nationalstaat, also nach den inneren Grundlagen des Zusammenlebens, wurde zwar aufgeworfen, an vielen Stellen auch debattiert, am Ende wurde sie aber liegen gelassen. Der Einheitsvertrag nach Artikel 23 Grundgesetz erlaubte schnell und pragmatisch zu regeln, er passte Nationalstaat und Nation fürs Erste aneinander an, deckelte aber auch Wünsche und Erwartungen, die sich vor allem in der DDR gebildet hatten. Die politische, soziale und vielleicht sogar kulturelle Neugründung der Republik fiel also aus. So dramatisch die tägliche Politik, so kühl blieb die westdeutsche Gesellschaft gegenüber dem Geschehen. Sie delegierte die Folgen an die Ostländer.

Etwas zugespitzter formuliert: Die Bürger der DDR wurden einem neuen politischen Körper implantiert. Der neue Körper war zwar ein demokratischer, er war legitimiert, auch hinsichtlich der Verfahren, mit denen er diese Operation bewerkstelligte, aber aus der Perspektive der Ostler trafen sie schon wieder hart auf eine Staatsgewalt, die sich ihrer faktischen Stärke sehr wohl bewusst war. Die neue Ordnung war eingerichtet, als die Ostler hinzustießen, sie war konstituiert und wollte auch nicht flüssig werden. Nicht die kurze, rauschhafte Phase, in der sich die Diktatur als überwindbar erwies, blieb in der Erinnerung zurück, sondern die freundlich-bestimmte Einladung des bundesdeutschen Souveräns. Eine aufgewühlte und zersplitterte Ost-Gesellschaft sollte sich in einer einheitlichen und stabilen Ordnung samt ihren Einrichtungen wiedererkennen, und zwar rasch. Diese Wiedererkennung unterlag einer gewissen Nötigung und sie war, wie Angela Merkel später gesagt hätte, «alternativlos».

Die Art, wie die Einheit zustande kam, zwang den DDR-Bürger dazu, an ein zentrales Kapitel im bundesdeutschen Selbstverständnis zu glauben: dass der Staat letzten Endes für die Integration der Gesellschaft sorge – und sie auch zu herzustellen befugt sei. Und weiter: dass es dabei gar nicht so sehr auf die Formen ankomme, in denen sich Gesellschaft selbst organisiert, eben auch nicht auf die frischen bürgergesellschaftlichen. In der Vorstellungswelt der Bundesrepublik, genau das zeigte sich bei diesem Anlass, geht die staatliche Ordnung der gesellschaftlichen Selbstorganisation voraus. In der Sache und historisch. Im Gedächtnis der Bundesrepublik markiert die Einrichtung der auf der Basis des Grundgesetzes verfassten Ordnung den Gründungsakt – nun auch den zweiten, der kein richtiger mehr sein sollte. Alle anderen Gründungsmomente, auf die Nationen sonst so zurückblicken, Siege, Revolutionen, Erhebungen, freie Vereinigungen oder föderale Gelübde, hatten ja in der Westzone nicht stattgefunden. In Deutschland soll das klar und eindeutig sein: Vor dem Grundgesetz existierte nur Leere, die künstliche Annahme eines Nichts, nämlich die Niederlage in ihrer Eigenschaft als Tabula rasa. Nur so war Demokratie möglich. Doch ist das ganz vom Staat her gedacht: Erst wenn der alte zerschlagen ist, kann etwas Neues beginnen, in Gestalt einer neuen Staatlichkeit. Erst von seiner Verfassungsordnung aus wagte Westdeutschland an seine Demokratisierung zu glauben. Das Grundgesetz war nach dieser Lesart der Quell des späteren gesellschaftlichen Lebens, durch das sich der eine Teilstaat vom anderen unterschied.

Für den Normalfall der Teilung war das ja nicht falsch gewesen. Aber im Augenblick der Einheit brachte sich diese unterschwellige Staatsfixierung der bundesdeutschen Verfassungsordnung drastisch zur Geltung. In ihrem Geist sind auch alle Babyboomer erzogen worden: ohne feste Staatlichkeit keine Demokratie. Das offizielle Geschichtsbild der Bundesrepublik neigt dazu, vergessen zu machen, dass es auch vor der Verabschiedung des Grundgesetzes ein gesellschaftliches Leben gegeben hatte. Es existierten bereits geteilte Überzeugungen und Regeln, eine wie immer rudimentäre gemeinsame Willensbildung, geteilte Gewohnheiten, funktionierende Märkte, kurz: Verhaltensmuster, auf welche die Mütter und Väter des Grundgesetzes sehr wohl aufbauten, sei es unausgesprochen, vielleicht nicht einmal absichtlich. Die Bundesrepublik als neuer Staat hatte eine schon eingerichtete und höchst aktive Gesellschaft vorausgesetzt, also auch einen in Umrissen sichtbaren politischen Körper, ebenso kulturelle Praktiken, in welche die neue konstitutionelle Ordnung verflochten war – als Voraussetzung, dass sie anerkannt und mit Leben erfüllt wurde.

Die Ingenieure der Einheit blendeten, so gesehen, 1990 die gesellschaftlichen Wirklichkeiten in beiden Teilstaaten aus. Als politische Technik war das anspruchsvoll genug. Wer keine Zeit hat, beginnt zu abstrahieren. Unter dem Druck, die politische Nachkriegsordnung neu gestalten zu müssen, suchten die Verhandler die einfache, die erlernte Lösung – und das hieß streng nach Max Weber: Nur der Legalität gesatzter Ordnung kannst du in Augenblicken der Krise vertrauen. Und diese Haltung hinterließ wiederum in Ostdeutschland ein weitreichendes und zählebiges kulturelles Problem, ein Repräsentationsproblem. Denn die Neubürger mussten sich jetzt nicht nur in Recht und Gesetz, sondern in dieser Gesamtwirklichkeit wiedererkennen.

Die symbolische Ordnung Westdeutschlands war konstitutionell vorgeprägt, ein staatlich-gesellschaftlicher Komplex, dichter gewebt und mit viel höherer moralischer Verpflichtungskraft ausgestattet als die gesellschaftliche Realität in anderen Nationen mit politisch weniger exzeptionellen Gründungsgeschichten. So fiel beispielsweise den Bürgern in den ostmitteleuropäischen Ländern wie in Ungarn oder Polen die Identifikation mit einer liberalen Ordnung viel leichter. Ihre Gesellschaften, die keiner bestehenden Staatlichkeit gegenüber mehr loyal sein mussten, öffneten sich und reicherten sich mit Möglichkeitssinn an. Und indem die Ostdeutschen so ungestüm nach westlichen Konsumgütern verlangten, schien sich an jener Stelle auch keinerlei Verwicklung anzudeuten: Wer alle diese schicken Sachen haben wollte, fand bestimmt bald auch Freude am Westlichen generell, an allem, was ihn insgesamt ausmachte, so die Erwartung, und von einer mangelnden Bereitschaft, sich im Bundesrepublikanischen wiederzuerkennen, schien keine Rede zu sein.

Wir, denen es unter anderen zu verdanken war, dass die bundesrepublikanische Gesellschaft langsam Eigensinn und Breite erhielt, rührten uns nicht. Es gab aus unserer Sicht auch keinen Anlass, unsere Gewohnheiten infrage zu stellen. Mit dem Beitritt waren die Ostdeutschen auf den republikanischen Universalismus des Westlandes verpflichtet – und mit ihm auf seine Kultur, die entsprechend in feiner Weise vorpolitisiert war. Die westdeutsche Gesellschaft hatte sich ausdifferenziert, aber immer unter politischen Gravitationskräften, unter einer behutsamen Zielführung. Diese Entwicklung war unumkehrbar geworden, als das historische Ereignis hereinplatzte. Im Grunde hätte bereits der Gedanke an eine nationale Umkehr oder gar an einen Widerruf des geltenden Selbstverständnisses diese Bundesrepublik in ihren Grundfesten erschüttert. Der Unwille, das Fremdeln der Ostdeutschen auch nur wahrzunehmen, hatte etwas mit dieser kulturellen Tiefendimension Westdeutschlands zu tun. Er wies dorthin, wo in diesem mächtigen, unerschütterlichen politischen Körper die Ängste hausen. So hielt der eine Teilkörper still.

Die meisten von uns hatten 1989 gar kein genaues, das heißt von eigener Anschauung geprägtes Bild vom Ostblock. Einige waren mal in Moskau gewesen oder hatten Urlaub in Rumänien gemacht. Solche Reisen brachten unter Freunden nicht viel ein, weil immer unterstellt wurde, dass Spaß und Erfahrungsgewinne gering ausgefallen waren. Vielleicht mal rüber nach Ost-Berlin, da reichte dann ein Nachmittag für länger. Diese Gleichgültigkeit saß tief. Sie hatte sich noch unterhalb der politischen Vorbehalte eingerichtet. Der Osten

Europas, Ungarn, Rumänien, Bulgarien, die Tschechoslowakei, schon gar die Region der Ukraine, das war die Welt, die uns schlichtweg nicht betraf. Sie betraf vielleicht den Staat und die Bundeswehr, aber nicht uns.

Mich auch nicht, obwohl es bei mir ein kleines bisschen komplizierter lag. Denn es gab diese eine irre Reise nach Polen, mit der ganzen Familie und wieder viel zu früh. Wir waren die ersten Bundesbürger, die aus Jux nach Polen fahren durften, 1972, ich zwölf und eigentlich schwer davon genervt, in Vaters kalte Heimat mitkommen zu müssen. Aber mein Vater bestand darauf. Die Einladung des polnischen Reisebüros muss in der Entspannungseuphorie nach dem Warschauer Vertrag ausgesprochen worden sein, es war ein Experiment mit hohem Risiko, denn es hätten immerhin deutsche Revanchisten auf überzeugte Kommunisten prallen können. Ich weiß nicht, wie mein Vater auf dieses Angebot gestoßen war, es gab nur wenige Plätze, aber er wollte einer der Ersten sein. Es war 26 Jahre nach seiner Vertreibung, und gemessen an seinem Gleichmut, was die politische Lage betraf, stellte seine plötzliche Ungeduld für uns alle eine Überraschung dar. Vielleicht flüsterte der Realist in ihm, dass dergleichen Phasen relativer Freundlichkeit nicht ewig währen. So sahen wir den ehemals deutschen Teil Polens zu einer Zeit, als die Polen sich in ihm erst einigermaßen eingerichtet hatten – und wir sahen ihn vollkommen ungeschminkt.

Ein aus der Welt der Prilblumen und der orangenen Käfer kommender Junge stieg aus dem Bus und war auf einem anderen Planeten angekommen. Dass die ganze Woche in guter Laune zugebracht wurde, dass die Älteren bei aller Erinnerungsmelancholie heiter blieben, die Einheimischen uns mit größter Freundlichkeit begegneten, dass keiner etwas Bestimmtes vom anderen wollte, dass also Verständigung möglich war, verstärkte die Exotik nur noch. Polen erschien mir auf noch krudere Weise industrialisiert als mein Land, doch verlangsamt, wie im Zustand einer immerwährenden Reparatur befindlich, irgendwie unernst das Ganze, als ginge es die Menschen kaum etwas an, wenn die Züge standen und von all den Schloten nur die wenigsten rauchten. Keine Eile. Der bestimmende Eindruck, der mir in Erinnerung blieb, war nicht grau, sondern ein giftiges Ziegelrot. Es schwebte über den Städten und hatte sich auf die Häuser niedergelegt, eine Kupfer- oder Rostwelt, und selbst wenn ich aus den damals schicken und getönten, die Sonne spiegelnden Scheiben im Hotel auf die Umgebung blickte, schien bereits alles rotbraun eingefärbt zu sein.

Selbstverständlich stand unsere Gruppe unter argwöhnischer Beobachtung, aber die Polen wollten diese Reise zu einem Erfolg machen und bestachen die Besucher und sich selbst mit üppigem, ungesundem Essen und viel Schnaps. Mit den Aufpassern und den Reiseleiterinnen ging es abends hoch her. Niemand legte Wert auf politische Kommentierungen. Mein Vater, so unser Fazit, hatte mit der Vergangenheit endgültig und glücklich abgeschlossen. Er sah sich alles an und gab an einem Vormittag auf dem Großen Ring von Breslau zu, dass er am Ende doch Glück gehabt hatte und im richtigen Teil Europas untergekommen war. Die alte Heimat wurde danach nur noch von meiner Großmutter beschworen, unversöhnlich bleibend und eine Zeit lang sogar mit ihrem Glauben hadernd, als ein Pole Papst wurde.

Diese familienhistorische Zäsur war aber nur die eine Seite der Geschichte. Die andere betraf mich selbst. Es gab diese unfassliche, verlorene Ruhe in den schlesischen Bädern, die mich während endloser sonniger Tage umgab. Ein Zwölfjähriger erwartet nicht, dass er plötzlich von der Idylle heimgesucht wird. Altheide, Reinerz, Kudowa, das waren auf einmal antike Stätten, ich in ihnen, einfach so, ohne Absicht und Ziel. Ein künstliches Himbeer-Soda, das ich noch heute schmecke, ein Vanilleeis, so fett, dass es mir am Gaumen kleben blieb, tatsächlich von irgendwoher Chopin aus offenen Fenstern. Überall in diesen Städtchen gab es familiäre Spuren, aber die interessierten mich nur am Rande. Ich war in eine alte Welt eingetaucht, sie hatte sich gerettet, war vor dem Sozialismus gelegen, vor dem Krieg, vor allem, was ich kannte. Nicht erwachsen werden zu müssen, sich wünschen können, dass etwas so bleibt, auch das war für mich seither der Osten. Wo ich herkam, erregten Reste von Idyllik Anstoß, vielleicht sogar Angst. Sie mussten beseitigt, begradigt, rückgebaut, also in zeitgenössische Wirklichkeit umgewandelt werden, ganz besonders in den Siebzigern. Ich habe nie an einen gelingenden Sozialismus geglaubt, auch nicht an einen utopischen jenseits des real existierenden – wohl aber an eine widerständige, sich den Verbesserungsbemühungen entziehenden Zeit, irreal, aber erfahrbar, eine Zeit im Ich. Auch das war für mich Polen 1972. Die Folge war, dass ich von diesem Augenblick an alle Aufforderungen zurückwies, Verwandte in der «Zone» zu besuchen. Die DDR hätte mich gequält und gedemütigt. Sie hätte mir etwas geraubt. So ließ ich sie, wie alle meine Freunde, auf sich beruhen.

Den Abend des 9. November 1989 erlebte ich zwar auch vor dem Fernseher, aber vermutlich anders als in Gießen. Ich war in diesem Augenblick nicht mehr überrascht, doch als die Leute sich in die Arme fielen, brachen auch aus mir alle diese weggesperrten westdeutschen Teilungsgefühle heraus. Am Vormittag desselben Tages war mir so etwas wie ein Augenblick vollkommener Klarheit widerfahren, wenigstens glaube ich das bis heute. Ich arbeitete damals beim ZDF in

Mainz und hatte gegen Mittag etwas in einem jener riesigen Videoschnitt-Räume zu tun, wo das Aufnahmematerial für die Nachrichtensendungen aufbereitet wird. Die Wände sind dort mit großen Bildschirmen tapeziert, ungefiltert schwemmen Bilder herein, und zwar von überallher, alles wird dort sichtbar, was aus Nachrichtenquellen hervorsprudelt, an diesem Tag, in dieser Stunde. Die Gleichzeitigkeit der Ereignisse ist unter normalen Umständen nicht zu ertragen; der Raum verwandelt sich in kürzester Zeit in ein Augeninferno für jeden, der zu lange oder zu unkonzentriert hinguckt.

Am 9. November waren auf sämtlichen Bildschirmen nichts als fliehende Menschen zu sehen. Sie brachen von irgendwo auf, kletterten über Zäune, rannten Felder entlang, sie skandierten etwas, schnappten ihre Kinder, hatten Angst, waren verstört, manche auch fröhlich. Sie taten im Prinzip alle dasselbe, gleichzeitig und nur an unterschiedlichen Orten: Sie bewegten sich weg. Etwas Unwiderstehliches hatte sie ergriffen. Ich wusste, das ist das Ende. Keines dieser sozialistischen Regime würde überleben, vielleicht wird Blut fließen, vielleicht drückt jemand auf den roten Knopf. Diese Bilderflut war jetzt die Wahrheit, die sichtbare Oberfläche von Geschichte – was mir für ein paar Minuten meine Kraft raubte und mich betäubt zurückließ, als hätte ich mich an einer Naturkatastrophe ergötzt.

Es dauerte noch ein paar Stunden, bis Günter Schabowski in Berlin an seinem berühmten Zettel herumzunesteln begann. Meine Gefühle waren bereits ramponiert, als die Ost-Berliner die Grenzstelle an der Bornholmer Straße überfluteten. Also heulte ich in dieser Nacht genauso wie die meisten Westdeutschen, sei es aus Freude oder auch aus anderen Gründen. Wir waren keine kalten Krieger, die triumphierten. Die Gefühle fielen zwiespältig aus, weil die Vorstellung, Geschichte habe ein längeres Gedächtnis als wir, wirke sich in Zeiträumen aus, in denen wir nur eine untergeordnete Rolle spielten, in diesem Moment Erschütterung und Furcht auslösten. Fast vierzig Jahre lang waren wir die von Geschichte Unbetroffenen gewesen. Gab es das Weltgericht doch? In meiner Wiesbadener Ferne fesselte nicht so sehr das Geschehen selbst – in das jubelnd sich zu verwickeln das Privileg der Berliner blieb –, sondern die schockhafte Wahrnehmung von Bedeutung: Das da war gewaltig, aber vollkommen unklar. Es gab dafür keine sinngebende Instanz mehr, auch das Fernsehen war jetzt nur noch Fernsehen. Ein schlechtes Gewissen hatten wir 25- oder 30-Jährigen nicht, jedenfalls nicht in dieser Sache. Den Kalten Krieg hatten wir geerbt, wir kannten keine gesamtdeutsche Sentimentalität mehr, die war eine schlechte Angewohnheit der Springer-Presse. Die Grenze war weg, und bald würden die Politbürozwerge mit ihren lächerlichen Hüten in Autos steigen und sich murrend abtransportieren lassen. Die Freiheit begann in Osteuropa zu siegen – warum dann nicht nur Freude, sondern Erschütterung?

Die Einheit umriss plötzlich eine Art «Wir». Ungefragt tauchten wir in diesem Wir auf, es war von uns aus gesehen eine ebenso moralisch unabweisbare wie zufällige Zugehörigkeit, mit all ihren Folgen, die wir ahnten, auch mit einer Verantwortung, die uns nun zufiel. Das Wir der Einheit war keineswegs identisch mit dem Wir der Nation. Es existierte ja in unseren Augen gar nichts Vorhergehendes mehr, das ein klares historisches Ziel oder eine Rückkehr hätte begründen können. Es gab nur diese Erinnerungen, derer sich jeder nach seinem Geschmack bediente. Wir hatten uns in einer modernen Gesellschaft eingelebt, und nun wurden wir abermals – massiv wie nie zuvor – mit der Zumutung von Gemeinschaft konfrontiert: die Brüder und Schwestern im Osten, schon wieder dieses Familienmodell! Es lag auch nicht in unserem Interesse, in einem eingebildeten Versöhnungs- oder Vollkommenheitszustand aufzugeben. Der Aufruf zur Neugründung der Bundesrepublik im aktiven Vollzug eines linksliberalen Konsenses war für uns in Wirklichkeit so wenig anziehend wie das erneuerte Nationalgefühl. Reflexiv war die Einheit gar nicht zu bewältigen, weil sich die Nicht-Einheit bereits auf der Ebene des geprägten Verhaltens abspielte, im Inneren, wo man sich selbst gar nicht mehr so ohne Weiteres steuern kann. Mit absichtsvollem und gut gemeintem «Handeln» ließ sich das nicht verändern. Schwäche war das, was wir plötzlich fühlten.

Deswegen begleitete ein depressiver Generalbass die Stimmung recht bald. Daran änderten die Appelle der Politiker nichts, nicht die Spekulationen der Historiker, keine Debatten über die deutsche Kulturnation oder über eine künftige Hauptstadt mit Strahlkraft, auch nicht die optimistischen Analysen einer paneuropäischen Demokratisierung. Wir ließen zu, dass der Einheitsprozess einer eigenen krummen Evolution folgte, was zunächst einmal hieß, dass Interessen aller Art sich unkontrolliert zur Geltung brachten. Wer nicht in den Osten aufbrach, um Computerschrott oder Pornos zu verkaufen, ging weiter zur Arbeit, sah hin oder ließ es irgendwann sein. Es bereitete sich vor, was später von den Politikwissenschaftlern Ivan Krastev und Stephen Holmes als das Grundmotiv des Verhältnisses zwischen den westlichen und den ost- und mitteleuropäischen Ländern herausgearbeitet wurde: Die Neudemokraten des Ostens sahen sich in eine Lage versetzt, in der sie nur imitieren konnten. Sie mussten werden wie wir, Imitation wurde zum Schlüssel der Integration. Wir waren vorn, sie hoppelten hinterher. Der Einheit war von Anfang an eine kulturelle Zeitfolge untergeschoben, die Anpassungs-, das heißt Aufholleistungen erforderlich machten. Eine Frist ging das gut, dann rebellierten die zur Mimesis Verdammten, auch in Deutschland.

Das lässt sich besser verstehen mit einer begrifflichen Unterscheidung, die der französische Philosoph Vincent Descombes in die politische Theorie eingeführt hat. (Genauer gesagt, geht sie auf Cornelius Castoriadis zurück.) Für Descombes genießt die verfasste Rechtsordnung, also die «konstituierte Macht», keineswegs den unbedingten Vorrang wie in der deutschen Tradition und in der deutschen Praxis. Vielmehr bleibt die konstituierte Macht – und dabei beruft Descombes sich ebenso auf die alten Griechen wie auf Rousseau – abhängig von einem ganzen Bündel von kulturellen Praktiken, also von Sprache, Sitten, umlaufenden Ansichten, Ideen, Gedanken, wirkenden Traditionssträngen, gemeinsamen Abneigungen oder Vorlieben.

Auch dieses Bündel stellt in Descombes' Augen eine Autorität eigener Art dar. Es ist für ihn sogar die bestimmende. Er spricht von der «institutionsgebenden Macht», weil sie Recht und Politik erst einzusetzen erlaubt. Für Descombes ist Gesellschaft nicht ein Anwendungsfall der Verfassungsordnung, sondern die Gesellschaft heißt ihre konstitutionellen Prinzipien erst nachträglich gut und Gesellschaft wirkt auch weiter auf jene Prinzipien ein. Gesellschaftlichkeit begründet und rechtfertigt erst das politische Handeln im Rahmen einer Verfassung. Er schreibt: «Was zur ‹institutionsgebenden Macht› gehört, zum Beispiel die Sprache und die Sitten, ist gerade das, was der Gesetzgebung entgeht. Die Gesetzgebung kann die Sprache nicht schaffen, in der sie abgefaßt sein wird, so wenig wie sie die Sitten schaffen kann, dank deren sie kein toter Buchstabe bleiben wird.» So gesehen sind die Bürger der DDR nicht um eine eigene politische Vertretung betrogen worden, wie die Bürgerbewegung beklagte. Vorenthalten wurde ihnen eine eigene postdiktatorische Gesellschaftlichkeit überhaupt, die Gelegenheit, sich ihrer institutionsgebenden Macht zu versichern und ihr Ausdruck zu geben. Wäre das möglich gewesen? Im Zuge des Einheitsprozesses konnte diese Frage nicht einmal gestellt werden, denn die Repräsentationsfrage gelangte nur als Problem der parteipolitischen Zuordnung auf die Tagesordnung: Die neuen Bürger sollten sich schleunigst auf die bestehenden Parteien verteilen, alles andere galt als Privatsache. Die sofortige Verpflichtung auf den republikanischen Universalismus des Grundgesetzes schloss die Bildung von begrenzten oder kombinierten Identitäten aus. Im Sog, den einen kollektiven Bildervorrat zu verwerfen, um sich in einem bestehenden anderen wiederzufinden, formten sich gerade keine eigenen vorpolitisch-kulturellen Einrichtungen, sondern bloß ostalgische Reflexe. Was sich jedoch dabei auch bildete, könnte man als negative institutionsgebende Macht bezeichnen. Sie kam in dem Empfinden zum Ausdruck, die gesellschaftliche Repräsentationslücke niemals füllen zu können, immer anders, unzeitgemäßer, minderwertiger bleiben zu müssen – und dabei zurückgesetzt, manipuliert, wenn nicht betrogen zu werden. Es wuchsen die Vorbehalte und die Abneigungen, am Ende kondensierte das Ganze als Ressentiment. Eine solche Passivität ist sehr wohl eine Aktivität. Auf die wiederum reagierten die Westdeutschen gereizt, und zwar instinktiv.

Das setzte schon früh ein. Die Freude übers Zusammensein, wenn man in den ersten Monaten aufeinandertraf, wurde immer wieder jäh unterbrochen. Dann war der Ostler ein bisschen fassungslos über die kleinen Instinktlosigkeiten des Wessis, über diese Lust, sich in Szene zu setzen; die Westler machte die zwanghafte Art der Ossis perplex, die eigenen

Besonderheiten zu betonen und sich damit moralisch zu erheben. Ein paar Wochen nach den Grenzöffnungen war ich mit einem Team des ZDF in Ost-Berlin unterwegs, auf der Suche nach ersten Postwende-Bildern. Ich war Jahre nicht mehr in Berlin gewesen, es roch im Winter noch immer schwefelkohlig, sogar bei strengem Frost bildete sich Nebel. Die ganze unvereinigte Stadt lag wie nach außen gestülpt da, beinahe schon obszön offen. Der Ostteil, früher die Welthauptstadt der Geheimnisse, begann nun an jeder Ecke zu reden, niemand konnte oder wollte noch Heimlichkeiten hüten. Ein jeder, den man traf, redete, erklärte, rechtfertigte sich, wollte so etwas wie Schuld nach irgendwohin abladen und seine Lebensgeschichte zusammenhalten. Gar nicht in der Absicht, Enthüllungen zu machen, sondern aus reiner Neugier fuhren wir zur Zentrale der Staatssicherheit in die Normannenstraße hinaus. Wir wollten mal sehen, wie das so aussah. Verlassen und düster, offenbar unbewacht lag der Gebäudekomplex. Es sah nicht nach Unterdrückung aus, mehr wie ein riesiges Krankenhaus, wie die Poliklinik der Macht, der konstituierten wie der institutionsgebenden, die zu einem Monstrum zusammengewachsen waren und dort betreut wurden.

Alles war dunkel. Auf Besuch war man nie eingestellt gewesen, jetzt stellte man sich tot. Wider Erwarten schloss uns ein Hauptmann der Staatssicherheit auf, der Letzte im Haus und noch in Uniform. Er bot an, uns herumzuführen. Sein Schlüsselbund eröffnete den Zugang zu allen Höllenkreisen, mein Herz pochte, ich konnte kaum glauben, was ich sah. In den Fluren unten lagen noch die Scherben von der Erstürmung des Gebäudes herum. Unsere Tritte knirschten, jeden Raum durften wir betreten, alles öffnen, alles ansehen. Es war vollkommen menschenleer. Der Hauptmann wollte uns davon überzeugen, dass der Sturm auf die Stasi von der

Stasi selbst inszeniert gewesen sei und der Vernichtung von Beweisen gedient habe. Dass das Volk hier eingedrungen war, musste ihn schwer getroffen haben. Auf den Schreibtischen standen noch die Büsten von Felix Dserschinski, und zwar hundertfach und in allen Größen. In den Schränken hingen verkabelte Agentenmäntel, darunter stapelweise Bücher mit eingelassenen Kameras; Tolstoi und Dostojewski waren als Tarnung beliebt. Wir lernten, dass der Zugang zu bestimmten Bereichen des Hauses vom Dienstrang abhing. Knapp zwanzig Jahre später wird mir dieses Prinzip im Auswärtigen Amt wiederbegegnen. Atemlos folgten wir dem Mann in den Ministertrakt, die Gänge mit roten Teppichen ausgelegt. Wir gelangten ins Allerheiligste, ins Büro Erich Mielkes. Es sah alles noch wie am letzten Tag aus, beteuerte er, nur die Akten fehlten. Wir lernten weiter, dass die Anweisungen des Ministers mit dem Motorrad ins Staatsratsgebäude gefahren wurden und dass im Verteidigungsfall ein Verkehrsstau auf der Karl-Marx-Allee über das Wohl und Wehe des Landes hätte entscheiden können. Nie sprachen Mielke und Honecker am Telefon miteinander, behauptete der Hauptmann. Aus Sicht des Ministers gab es keine Gründe dafür.

Warum er sich den Tort antue, dies alles noch zu bewachen, fragten wir ihn, Verlierer, vielleicht sogar Verdammter der Geschichte, der er war, und auch noch ohne Bezahlung? Und dann erwiderte der letzte Getreue, er sei nun mal ein Kind der geburtenstarken Jahrgänge, stamme aus kleinen Verhältnissen und verdanke dem Bildungssystem seines Landes alles, Versorgung und kleine Karriere, Weltbild und Orientierung, die Berufsperspektive für seine Kinder, eine Altersversicherung, die nun allerdings auf dem Spiel stand. All das, sein ganzes Leben, verpflichte ihn zur Loyalität, auch jetzt, da sein Land im Untergang begriffen sei. Irgendwie klang das vertraut. Wir konnten ihn verstehen, wir sahen sogar ein, dass sein Leben ähnlich angefangen hatte wie unseres, aber wir konnten sein Vokabular nicht übernehmen. Wir mussten diese Parallelgeschichte erst in unsere Worte übersetzen, sie gewissermaßen für uns richtigstellen. Wahrscheinlich meinten wir es freundlich, aber in Wirklichkeit radierten wir seine Version für uns aus. Wer übers Vokabular verfügt, definiert den anderen. Das war auch in diesem Fall eine Form der Machtausübung, und vermutlich empfanden wir die damals sogar als berechtigt. Es konnte zu jenem Zeitpunkt keine gemeinsame Sprache geben, denn es hätte uns auf eine gemeinsame, in unseren Augen nicht bestehende Grundlage verpflichtet. Bei aller biografischen Ähnlichkeit wäre das ein historischer Grund gewesen, so etwas wie eine Wesensgleichheit zwischen uns bestätigend. Etwas hätte es gegeben, nennen wir es Nation, das alles Trennende eingeebnet haben würde. Und genau diesen Grund, jene Essenz bestritten wir. Wir jungen Westler fühlten uns als das Produkt einer Gestaltung aus eigenen und guten Antrieben, als genau in dieser Freiheit erzogene Menschen, während des Stasi-Hauptmanns Prägung eine andere blieb. Und die Lizenz zur Konstruktion von gesellschaftlichen Einheiten – auch unseres biografischen Selbst – betrachteten wir als etwas, auf das wir ein Recht besaßen. Das hatte er nicht länger. Darin lagen damals die Grenzen des Verstehens.

Später werden die Rechten, zumal die Rechten aus Ostdeutschland, diesen Unterschieden in den Selbstbildern sehr genau nachspüren. Sie werden das überzeitliche Wesen einer deutschen Nation bald nicht weiter beschwören, sondern anfangen, in sich abgeschlossene Identitäten neu zu entwerfen und deren Unvereinbarkeit zu betonen. Diese Möglichkeit war angelegt. Das überbetonte Anderssein wird dann nicht nur das deutsch-deutsche Verhältnis beeinflussen, es wird sich später auch auf den Umgang mit Fremden auswirken, auf Zuwanderung und Migration. Und das wiederum erlaubt den Rechten, an andere zurückliegende Episoden verweigerter Integration anzuschließen, an die Art und Weise, wie die Westdeutschen ihre Gastarbeiter aus Portugal oder der Türkei behandelt hatten oder die Ostdeutschen die Vietnamesen. Ähnlich wie der brandige Nebel sich in ganz Berlin verbreitete, legte sich über die Einheit ein feiner und kaum bemerkter identitärer Schatten.

IRONIE

So war auf einmal der Weltfrieden ausgebrochen, und zwar ohne größere Verwerfungen und vor allem ohne Blutvergießen, ein fernes Ereignis irgendwo in den östlichen Provinzen für jemanden, der in Ulm oder Karlsruhe lebte, sodass auch keiner der deutsch-deutschen Geschichtsauguren mit seinen pompösen Voraussagen recht behielt. Was hieß, dass natürlich alle recht hatten, bloß auf ihre persönliche Weise, und das zog weitere lange Erklärungen nach sich. Europa entspannte sich entlang seiner Todesgrenze. Sie hatte den Krieg angehalten und uns eine ruhige, satte Jugend gesichert. Die Lehre war, dass Grabenkriege unheilvoll sind, aber dieser Graben war jetzt zugeschüttet.

Wir standen auf der richtigen Seite der Geschichte und hatten alles richtig gemacht: Wir waren nicht national regrediert, sondern europäisch geblieben; der revanchistischen Versuchung waren wir nicht erlegen. Der Krieg blitzte in unseren Vorstellungen weder als Mittel noch als Ziel auf. Die Konkurrenz der Systeme entschied sich, weil dem Sozialismus die Menschen weggelaufen waren und weil der Kapitalismus die einzige Richtung war, in die sie rennen konnten. Kein Machthaber in Ost und in West hatte seine finsteren Absichten verwirklichen können. Am Ende setzte sich gewissermaßen das bessere Produkt auf dem politischen Markt durch, während die Sowjetunion so in sich zusammensackte. Ich lebte und arbeitete inzwischen in Frankfurt am Main und hörte entgeistert zu, wie die Reste der ruhmreichen Roten Armee nun auf der Zeil schwermütige Lieder sangen. Es war der echte

Rotarmisten-Chor, der legendäre, der jetzt vom ZDF nicht mehr gebucht wurde und sich für kleine Münze zwischen den Ladenpassagen aufstellte. Das mit anzusehen, war auch nicht schön. Die Amerikaner wählten Bill Clinton zu ihrem Präsidenten, Europa stöhnte nach der Unterzeichnung des Maastrichter Vertrages noch einmal wohlig auf. Israel und die PLO schlossen in Oslo ein Friedensabkommen. Sogar das Ende der Apartheid kam. Es war Zeit, die Friedensdividende zu genießen.

Frivol geradezu klingt das von heute aus betrachtet. Die Universalwelt der Demokratie ist vergangen. Sie endete nicht erst mit dem russischen Einmarsch in die Ukraine im Februar 2022 – dann aber endgültig –, sondern sie hatte sich schleichend verabschiedet, mit dem Aufkommen autokratischer Regime weltweit und mit ihrer Duldung, und zwar in der Illusion, man könne sie einhegen und in ihrem Inneren einen Wandel durch wirtschaftliche Zusammenarbeit hervorrufen, in Kombination mit jener kulturellen Anziehungskraft, auf die sich westliche Länder seit 1990 mehr denn je etwas einbildeten. Am Ende räumte der russische Diktator mit der Illusion auf, westliche Politik, westliche Werte und Kultur infiltrierten die Welt unaufhaltsam und mit der Stetigkeit eines den Stein höhlenden Tropfens. Die Selbstbehauptung seines Landes markiert nun den Gegen-Westen, ähnlich wie das heutige China, jedoch in aktiver Konfrontation befindlich, ein letztes Gefecht führend, das die Expansionsbewegung des liberalen Demokratiemodells endgültig brechen soll. In der Theorie erhobene Ansprüche auf universale Geltung dieses Modells sind nicht mehr an ein reales Geschehen gekoppelt. Auch die Philosophen können nicht länger behaupten, dass die Normen des Demokratischen sich durchsetzen, weil sie für das Funktionieren jedweder Gesellschaft «immer schon» vorauszusetzen seien, im Zuge eines Prozesses, der selbstverständlich nicht militärisch sein darf, im Kern auch nicht politisch sein will, sondern auf Einsicht und freier gemeinsamer Aushandlung beruht. Wladimir Putin, der in den schweren Geburtswehen des demokratischen Russlands an die Macht kam und der russischen Demokratie wieder den Garaus machte, führte dem Westen 32 Jahre nach dem Fall des Eisernen Vorhangs dessen Partikularität vor Augen. Dass unsere Prinzipien in der Welt dereinst wieder nur eine Version des Politischen unter vielen sein würden, von außen angefeindet und innen nicht einmal für ausreichende Stabilität sorgend, hätten wir zu Beginn der Neunziger ein Schreckbild von Nostalgikern oder penetranten Pessimisten genannt. Nichts sprach damals dafür, dass die Epoche von 1990 eine historische Episode sein würde.

Die Zeichen standen auf Zukunft und Zuversicht, denn die ganze Welt schien sich unaufhaltsam zu demokratisieren. Nur wenige Gelegenheiten hatte es in meinem Leben gegeben, bei welchen ich so etwas wie allgemeinen Optimismus wahrzunehmen glaubte. Die Zuversicht jener Zeit unterschied sich von den Sechzigern, weil es nicht mehr darum ging, die Wirklichkeit noch einmal durch vernünftige Maßnahmen zu verbessern, sondern weil man jetzt auf die Selbstläufigkeit der Wirklichkeit vertrauen konnte, und zwar mit wünschenswerten Resultaten. Die großen Dinge geschahen von selbst, ungesteuert und überindividuell, wenn auch einer inneren Zielrichtung folgend, an deren Ende das westliche Wirtschafts- und Demokratiemodell stand. Dass Geschichte nicht durch strategisches Handeln zustande kam, sondern eine Art Sinnschicht bildete, hervorgerufen durch eine Parallelisierung der unterschiedlichsten selbstläufigen Prozesse auf den unterschiedlichsten Ebenen, diese Erfahrung setzte eine Menge Experimentierbereitschaft frei.

Der Einzelne, der seine Freiheit in Anspruch nahm, konnte es jetzt guten Gewissens tun und musste nicht mehr damit rechnen, dass er gegen die Normen von Geschichtserzählungen oder von Politikentwürfen verstieß, die etwas anderes voraussagten oder forderten und dafür auf einen Verzicht von Freiheitlichkeit pochten. Das dusslige und selbstgerechte Schlagwort vom «Ende der Geschichte» fiel in diese euphorische Phase. Die Fabeln von den unlösbaren gesellschaftlichen Konflikten waren ins Archiv verbannt. Der «soziale Leim ...», schrieb der amerikanische Philosoph Richard Rorty, «besteht eigentlich nur in dem Konsens, daß es in einer sozialen Organisation darum geht, allen eine Chance zur Selbsterschaffung – je nach ihren Möglichkeiten – zu geben, und daß dieses Ziel außer Frieden und Wohlstand die üblichen ‹bürgerlichen Freiheiten› verlangt».

Ein wenig überrascht waren wir, dass die Berufswelt uns nun doch aufgenommen hatte. Außerdem war uns das Politische so nahe gerückt, dass wir uns nicht länger hinter spätstudentischer Saumseligkeit verstecken konnten. Aufgekratzt die Stimmungslage, schmeichelnd das Gefühl, tatsächlich etwas leisten und bewirken zu können, eine neue Stadt, eine stabile Partnerschaft, ein Gehalt, kurz: Ich musste mich erst mal sortieren. Ein paar Jahre vorher hatte ich mich noch als einsamen Wolf verstanden, jetzt schwamm ich mit. Ich schwamm auch mit, als sich das Land noch einmal ganz entschieden verwestlichte, im Zuge der Einheit noch einmal ganz nah an die USA heranrückte, was hieß, dass es mit Mustern des angelsächsischen Modells von Gesellschaft zu jonglieren begann. Das war die westdeutsche Antwort auf die Vereinigungskrise gewesen: Wenn nun alles okay ist, kann jeder durchstarten und etwas aus sich machen, Freiheit für alle – und zwar richtige Freiheit!

Das klingt heute nach grotesker Fehleinschätzung, aber damals hörte es sich schlüssig an. Das Vertrauen auf sich selbst, das als neues Verhaltensideal über uns schwebte und ja auch von uns selbst eingefordert wurde, wirkte gar nicht fremdartig auf den ersten Blick, schwang darin doch etwas von jener Abständigkeit mit, auf die wir uns ein paar Jahre vorher etwas eingebildet hatten, etwas von jener juvenilen Nichtachtung der Norm des Gemeinschaftlichen, der wir mit verschärftem Nachtleben und hämmernder Musik hatten entkommen wollen. Wie wir uns untereinander, aber auch in Richtung der Gesellschaft erfolgreich vereinzelt hatten, waren wir gleichsam liberal vorgeprägt. Wir waren inzwischen dreißig, vierzig Jahre alt, hatten nun Jobs und Geld, wir waren meinungsbildend, verkörperten die anziehendste Konsumentengruppe für fast alle Arten von Produkten und begannen auch politisch aktiv zu werden. Deswegen hatten wir Lust auf Wettbewerb, auch auf die politische Auseinandersetzung, denn damals hieß das: mehr soziale Selbstorganisation. Wenn wir uns kenntlich machen wollten, dann in diesem Rahmen expandierender Gesellschaftlichkeit. Mehr noch, wir hießen die Dynamisierung der Lebensbereiche willkommen, denn mittlerweile verfolgten wir schließlich auch wirtschaftliche Interessen und berufliche Ambitionen. Die Warnungen vor der sozialen Kälte klingen erst einmal gedämpft, wenn eine so kapitale Alterskohorte in die Institutionen einrückt und ihre jugendliche Kraft zu entfalten beginnt.

Meine Neu-Verwestlichung schlug sich weniger in Begeisterung für die Nato nieder, sondern vor allem im Wunsch, dem deutschen Mittelmäßigkeitssyndrom zu entkommen. Überall brach plötzlich dieses Interesse fürs Ausland auf, für fremde Kulturen und andere Lebensweisen, fürs Metropolitane und fürs Massenhafte, das keine Regel kannte und trotzdem funktionierte. Also für den wilden Westen, nicht für den deutschsimulierten. Lange bevor dieser Schub die Politik erfasste und bevor er auch die deutsche Industrie unter Erneuerungsdruck setzte, richtete sich der Blick nach außen, nach dorthin, wo möglicherweise neue Vorbilder zu finden waren. Der Blick wurde vergleichend und er nahm auch die Provinzialität dieser selbstzufriedenen Bundesrepublik wahr.

Wir wollten nun Kosmopoliten sein, besser essen, etwas vom Wein verstehen, auch mehr von der internationalen Kunstwelt. Meine Neu-Verwestlichung begann in der Lebenskultur und in der ästhetischen Kultur gleichermaßen. Man könnte auch sagen, die Aufwertung des Kulturellen war damals der Versuch einer «horizontalen» Gesellschaftsbildung. Es tat sich was ohne Staat. Die Politikpolitik blieb hoffnungslos kohlistisch. Entsprechend fühlte ich mich nun sehr richtig als Redakteur in einem Feuilletonressort. Die Kultur wurde zum Schauplatz, auf dem ich das Prinzip der Selbst- und Fremdbeobachtung ausprobierte, zusammen mit anderen, die gelegentlich einfließen ließen, sie hätten in Paris studiert, während ich es noch nicht einmal bis nach Sachsen geschafft hatte. Die kulturelle Sphäre wuchs in den neunziger Jahren stürmisch, sie wurde wichtiger, weil sich die Überzeugung durchsetzte, in den Debatten des Feuilletons – damals tatsächlich so etwas wie der Kern von Öffentlichkeit – werde Wesentliches verhandelt, vielleicht sogar die Veränderung von Gesellschaft selbst. «Kultur für alle» war zwar ein altes sozialdemokratisches Schlagwort des Frankfurter Kulturdezernenten Hilmar Hoffmann und setzte noch auf die soziale Emanzipation der von Kultur Ausgeschlossenen, aber nun erweiterte sich der Bedeutungsumfang dieses Begriffes. Nun meinte er die Verpflichtungskraft von Kultur generell, ihren Anspruch, eine öffentliche Angelegenheit zu sein, was auch hieß: Sie war von nun an ein eigenes Gebiet, unabhängig vom Politischen und vom Wirtschaftlichen, eine Sphäre, in der die Gesellschaft frei und experimentierend über eigene Belange stritt.

Das klingt in der Rückschau arg idealisierend. Aber Kultur war der erste Sektor, der vom neuen institutionsgebenden Antrieb wenn nicht erschaffen, so doch erfasst und gestärkt wurde. Ich fand, es öffne sich etwas, und in diesem Raum konnte durch Neugier und Streitlust etwas Neues, etwas nicht schon Beabsichtigtes passieren. Dieses Neue ging dann nicht aus Ideenplanung hervor und ergab sich auch nicht zwangsläufig aus einer schon vorgefügten Redeordnung, sondern es ereignete sich manchmal ganz frei und führte möglicherweise ganz woanders hin als erwartet. In meiner Frankfurter Zeit nahm mich Jean-Christophe Ammann, der Direktor des Museums für Moderne Kunst, unter seine Fittiche. Offenbar gefiel ihm, wie ich schrieb, auch über seine Ausstellungen. Da war wirklich Gegenwart, sie knisterte geradezu. Ammann war ein Maniac des Überraschenden, des Heftigen, Nie-Gesehenen. Er zelebrierte diese Sucht nach Fremdem und Anderem geradezu vor der Frankfurter Stadtgesellschaft. Er trieb sie auf die Spitze, bis an den Punkt, wo die Persönlichkeit Risse zu zeigen begann. Er führte vor, was es hieß, sich vom Anderen forttragen zu lassen und sich den Wegen des Zufalls auszuliefern, auf der Suche nach dem Ungewissen und Beispiellosen – und das mussten nicht notwendigerweise Kunstwerke sein.

Ammann und ich waren damals beide vernarrt in die Arbeiten des japanischen Fotokünstlers Nobuyoshi Araki. Araki produzierte eine Bilderflut des metropolitanen Daseins, eines irrwitzig gesteigerten, verlorenen und dekadenten Lebens in einer Art Universal- oder Gesamtmetropole, die zufällig von japanisch aussehenden Menschen bevölkert war und vielleicht Tokio hieß. Ein ganz anderes Dasein im alltäglichen aufzuspüren, darauf kam es an. Das in jenen Jahren noch nicht so aufgeräumte Frankfurt verfügte da und dort noch über Flecken, an denen man etwas von dieser Bildersprache wiedererkennen konnte. Araki, dieser Epiker des Nächtlichen, zeigte ein Leben in radikaler Umkehrung, eine umgestülpte, erregte, böse, und das heißt auch überaus anziehende Ordnung der Dinge. Er fotografierte eine exzessiv verwirklichte Freiheit – bis sie kollabierte und in Verwahrlosung oder Selbstzerstörung umschlug.

Wenn es Momente gibt, in denen sich Generationen die ihnen gemäßen Redeformen aneignen, sich vielleicht von ihnen auch nur besonders beeindrucken lassen, dann war es die Dekonstruktion. Sie prägte den Geist der frühen Neunziger beinahe exklusiv, und zwar als eine blühende, munter fortmäandernde Analytik der Kultur, die sich von einer Kritik am Eurozentrismus bis zur Hermeneutik des Alltags erstreckte. Wir brachten sie aus der Universität mit, und die Begleitmusik spielte eine Philosophie der Sprache, die bisher geltende, unantastbare Überzeugungen auszuhebeln ermöglichte, und die infolgedessen um machbare Erfahrungen des Andersseins und des Andersdenkens kreiste. Die Dekonstruktion – wenn man so will die erste, noch ganz unschuldige Phase des Postmodernismus – war eine Freiheitslehre. Sie beflügelte die kleinen Räusche des Erstaunlichen und der Übertretung, die doch bewiesen, dass alles auch anders sein konnte. Sie war eine Form der angewandten Skepsis, durchaus von gesellschaftlichem Optimismus grundiert, weil sie eine vollkommen neue Art der Praxis zu sein versprach. Das Zentrum der dekonstruierenden Aktivitäten bildete das Kulturelle. In der Kultur und durch Kultur konnte man die Gesellschaft von der Illusion befreien, sie sei von Natur aus so, wie sie war, und besitze eine fest gefügte Identität. Der Zeitgeist verlangte, jeden identitären Selbstbetrug aufzudecken, die Reste der eingebildeten Dogmatik jeder Art von Ordnung zu entlarven, eingespielte gedankliche Bastionen zu schleifen, wo es ging. Dekonstruktion bedeutete Kritik und Aufbruch zugleich, sie war das geeignete intellektuelle Programm für uns, die wir eine Zeitenwende erlebten, aber keine Revolution gemacht hatten. Wir mussten keinen Sieg sichern, sondern auf eine geschickte Art und Weise teilnehmend beobachten.

Die Welt als eine Summe von Bedeutungsfragmenten anzusehen, sie zuerst voneinander zu trennen, um sie wieder verändert zusammenzusetzen, nahm sich im Überschwang fast schon wie ein Programm für eine neue Zivilgesellschaft aus. Historische Unausweichlichkeiten verloren unter der Heilkraft dieses Blicks ihren Schrecken; kritisch rekonstruiert, relativierten die Konfliktlagen einander. Sie verschwanden vermutlich nicht, konnten aber fürs Erste von der Tagesordnung gestrichen werden. Im Feuilleton wurden die festgefahrenen alten Zwiste abgearbeitet und neu formuliert. Die Boomer – nicht alle – wurden darüber zu intellektuellen Ironikern, und mithilfe ihres dekonstruierenden Bestecks zerlegten sie ihre geistige Hinterlassenschaft. Die Differenz zwischen links und rechts büßte folglich an Dramatik ein. Die Emanzipation war nicht länger an die politische Aktion gekoppelt, sie hatte sich in eine kritische Verstehens- und Redetechnik verwandelt.

Die Befreiung war vor allem anderen eine Selbstbefreiung – ähnlich wie sich die osteuropäischen Nationen selbst befreit hatten, Sieg des Zivilgesellschaftlichen, also der Einzelnen. Rorty schrieb: «Ich kann mir keine Kultur vorstellen, die ihre Jugend so sozialisierte, daß diese Jugend ständig an ihrem eigenen Sozialisationsprozeß zweifelte. Ironie scheint ihrer Natur nach eine Privatangelegenheit. Eine Ironikerin im Sinne meiner Definition kann nicht auskommen ohne den Kontrast zwischen dem abschließenden Vokabular, das sie ererbt hat, und dem, das sie für sich zu schaffen versucht. Ironie ist reaktiv, wenn nicht gar ihrem Wesen nach ablehnend. Ironiker brauchen etwas, woran sie zweifeln können, dem sie entfremdet sind.»

In klassischer Manier die Politik zu kommentieren oder Reportagen zu schreiben, wäre mir damals wie ein Rückfall in ein veraltetes Weltbild erschienen. Das Feuilleton erprobte neue Vokabularien und spürte den Entfremdungsstoff in jeder Falte des Lebens auf. Noch einmal Rorty, der große und vielgelesene Stichwortgeber der Zeit: «Für uns leistet Literaturkritik das, was die Suche nach allgemeinen Moralprinzipien für Metaphysiker leisten soll.» Selbstverständlich steckte auch eine Art Kampfansage darin. Sie wies Marxisten, Habermas-Adepten oder Ökosozialisten in die Schranken. Deren Rede war im Sinne Rortys pathetisch.

Das beste Feuilleton machte in jener Zeit die «Frankfurter Allgemeine Zeitung». Die FAZ war finanziell und personell bestens ausgestattet, verfügte über kluge Redakteure und stand auf dem Zenit ihres Einflusses. Der FAZ gelang es, auf doppelte Weise zu kommunizieren. Sie bespielte einerseits die alte politische Leitdifferenz – und tat es mit erstaunlich rabiaten Artikeln aus den Stellungen eines verbiesterten Konservatismus –, richtete sich aber gleichzeitig an eine im Entstehen begriffene kulturelle Gesamtöffentlichkeit, die neue Perspektiven und Schreibarten, differenzierende und spielerische Tonlagen goutierte. Dieser ironische Hall- und Streitraum erlaubte auch anderen Feuilletonisten, ihre Beiträge ähnlich auszurichten und sie über die politischen Grenzen ihrer Blätter hinaus zu adressieren. Der Anflug von liberaler Freiheit veränderte das geistige Klima sogar in Frankfurt am

Main, der Stadt des Streites und der unversöhnlichen intellektuellen Gegensätze, wo einst so erbittert um Rainer Werner Fassbinders Stück «Der Müll, die Stadt und der Tod» gerungen worden war, wo es aber mittlerweile selbstbewusste jüdische Publizisten gab, überregionale Zeitungen, deutungsmächtige Professoren – und den Suhrkamp Verlag, der am Ende jedes Scharmützel dokumentierte und schon damit in den Rang einer bedeutsamen Kontroverse beförderte. Der Aufbruch erfasste Museen, Verlage, Bühnen. Jung/neu versus alt/dogmatisch lieferte auch in Frankfurt die Orientierung. Der Kalte Krieg hatte auch am Main geendet, als ich dorthin kam. Eine Zeit lang herrschte auch in meinem neuen Berufsalltag eine angeregte dekonstruktive Gelöstheit.

Vielleicht illustriert ein Abend in der Klettenbergstraße, was damit gemeint ist und wie die Stimmung sich in den intellektuellen Kreisen Frankfurts langsam lockerte: Das Haus des Suhrkamp-Verlegers Siegfried Unseld lag im westlichen Teil des Nordend. Es sah nicht unbedingt schön aus, aber der Garten war von Bäumen und hohen Hecken eingewachsen und lag verwunschen. Bis heute finden in dem Haus während der Buchmesse die berühmten Kritikerempfänge des Verlages statt. In jener Zeit wurde noch geraunt, sein Autor Max Frisch habe es ihm gebaut, aber das ist nur eine Legende, an der Unseld sicher diebische Freude hatte. Frisch, der frühe Architekt, auf den ein Schwimmbad in Zürich zurückgeht, hatte wohl Pläne für ein Unseld'sches Domizil entworfen. Es wurde nie in Angriff genommen, was vermutlich für beide, den Schriftsteller und seinen Verleger, das Beste war. Siegfried Unseld ist 66, und sein Stern steht so hoch wie nie zuvor. Statur und Selbstwertgefühl machen ihn zum körperlichen Zentrum des geistigen Frankfurts. Seine Bücher haben den Zeitgeist der Sechziger, der Siebziger und Achtziger wesentlich mitbestimmt, und Unseld ist entschlossen, dass es in den Neunzigern auch so bleibt. Und weil er nicht nur der beste Freund seiner Autoren ist, sondern auch ein erfahrener Geschäftsmann, verharrt er nicht inmitten des ihn umgebenden Halo aus Schmeichelei und Ruhm. Er hält vielmehr seine Antennen ausgefahren und will wissen, wohin der literarische Geschmackswind weht und welche Theoriemoden die nächsten sein werden, vor allem will er immer wissen, wer vorne ist und den Takt angibt. Was das literarische Feld in seiner gesamten Ausdehnung anlangt, gab es nie einen größeren Gärtner als ihn.

So ist die Klettenbergstraße 35 ein streng bewachter Hortus conclusus, aber es ist unter Unselds Ägide gleichzeitig die große Frankfurter Zugehörigkeitsagentur. Für alle jüngeren Feuilletonisten ist es der Golfclub, in dem man Mitglied sein muss. Kritikerempfang reicht nicht aus, am allerbesten ist, man wird zum Abendessen im kleinen Kreis geladen. Dann sitzt man in bürgerlich-modernem Ambiente, kein übertriebener Luxus, und auch die älteren Kritikerkollegen sind plötzlich sehr nett zu einem. Der Ton ist keck, manche mokieren sich über die nicht ganz stilsicheren Silberbecher, in denen der Weißwein serviert wird, oder flüstern über die neue Gattin, die natürlich auch Romane schreibt. Der Unseld'sche Kosmos scheint ewig und unzerstörbar zu sein wie jede Herrschaft eines sehr großen Königs – und nur der König selbst weiß, wie hinfällig das Ganze ist, denn das Buchgeschäft wird bereits zickig, sein Unternehmen arbeitet langsam und mit abnehmender Rendite, und dann dauernd diese Fragen nach seiner Nachfolge. Familiär hatte es schlimme Zerwürfnisse gegeben; es würde keine dynastische Lösung geben.

Unseld hat sich sein Charisma antrainiert und er hält es mit der allergrößten Disziplin aufrecht. Im persönlichen Umgang besitzt er die Gabe, herzlich zu sein, auch gegenüber dem Nachwuchs. Manchmal wirkt er bei aller Schlitzohrigkeit und Berechnung geradezu jungenhaft arglos. Er mag Menschen, und es fällt leicht, ihn zu mögen. Als er 2002 stirbt, verändert sich die Stimmungslage an seinem Hof schlagartig. Stürmische Zeiten werden heraufziehen, geschäftlich und emotional. An diesem Abend ist davon nichts zu spüren. Der Juni ist heiß, er ist tageweise schwül und drückend und verheißt für den kommenden Sommer wenig Gutes.

Es gibt einen Empfang zu Ehren eines bedeutenden analytischen Philosophen aus den USA. Die Frankfurter Schule ist eingeladen, Professoren, Assistenten, Angeschlossene, ein paar Andersdenkende auch. Jürgen Habermas gibt sich ebenfalls die Ehre. Die Gesellschaft ist männerlastig und ein bisschen nerdig. Einige fremdeln in dieser Umgebung, so wirkt das Ganze zu Beginn ein wenig steif. Die Rituale nehmen ihren Lauf. Siegfried Unseld hält eine kleine Rede und beschließt sie, das Buffet eröffnend, mit den immer gleichen Hegelworten in hessischem Englisch: «Everything is doomed to be consumed.» Dann stellt man einander vor, plaudert schwitzend, nimmt ein Häppchen – und sieht gelegentlich auf die Uhr, denn es wird langsam später und ein neuralgischer, vielen der Jungs schwer auf der Seele liegender Zeitpunkt rückt näher: Da draußen wird die Fußball-Europameisterschaft von 1996 ausgespielt. Um neun kommt das Halbfinale: Deutschland gegen England, auch unter Philosophen der Klassiker. So macht sich heimlich Unruhe breit. Die ersten können sich nicht länger im Zaum halten und fragen Unselds Lektoren, ob man nicht irgendwo in einem kleinen Raum den Fernseher anschalten könne. Empört weisen die Lektoren das zurück: Frevel, wo's hier doch dem Akademischen gilt. Etwas enttäuscht widmen sich alle wieder der Plauderei.

Dann wird der Wunsch an den Verleger selbst herangetragen, das Spiel ist währenddessen angepfiffen worden. Der Verleger winkt mürrisch ab. Dies hier sei seine Party, und wer Fußball gucken will, soll nach Hause gehen. Der Ehrengast weiß nicht, was los ist, aber die Unruhe irritiert ihn. Etwas ist hier anders als bei Empfängen an seiner Uni. Jetzt revoltiert die Jugend offen, denn schon ist das erste Tor gefallen. Die Formen werden noch gewahrt, aber nach der ersten Halbzeit muss der Hausherr unter schwerem Druck klein beigeben: Jemand möge doch im Garten das Gerät aufstellen, damit die jungen Kasper endlich Ruhe geben. Im Übrigen will er auch endlich wissen, was auf dem Spielfeld passiert. Das Haus leert sich im Nu.

Die Partie ist genauso spannend, wie zu erwarten war. Der Ausgleich fällt, die Schreie der deutschen Fans hallen durch die Nachbarschaft. Der Abend droht eine sehr unphilosophische Wendung zu nehmen. Derweil sitzen drinnen nur noch die größten Denker mit dem größten Verleger auf dem Sofa und spähen entgeistert nach draußen, als tobe dort mitten im Sommer ein Schneesturm. Und dann, die Verlängerung hat begonnen, es geht jetzt nur noch um die Frage, siegen wir oder siegt der Erzrivale, reißt Siegfried Unseld der Geduldsfaden, er steht einfach auf, wuchtet sich einen Sessel auf die Terrasse, schnappt sich eine Flasche Wein und thront endlich als der allergrößte Fußballfan, umgeben von der akademischen Jugend, die sich wie in einer Ostkurve um ihn herumgruppiert, vor dem elektronischen Rasen, vergessen die Gäste, mögen die Denker doch denken, was sie für richtig halten, sie werden ihm das nächste Manuskript ohnehin wieder auf den Schreibtisch legen und um einen Leineneinband betteln.

Das Elfmeterschießen entscheiden die Deutschen für sich. In der Klettenbergstraße ist jetzt richtig Radau. Der Amerikaner verabschiedet sich dezent, Unseld winkt ihm noch kurz nach. Jetzt taucht auch Jürgen Habermas im Garten auf. Wie zu erwarten, kann er aus seiner Rolle als Erziehungsberechtigter nicht ganz heraus. In etwa: Er missbillige entschieden diesen chauvinistischen Taumel und diesen Ausbruch unkontrollierter nationaler Gefühle, unwürdig sei das und nicht mit anzusehen. Im ersten Moment ist unklar, ob er das wirklich ernst meint oder ob auf seine Weise Ironie im Spiel ist. Einige buhen ihn sogar aus, welch ein Karneval. Der Hausherr ignoriert das alles und ist demonstrativ bester Laune. Nach einer Weile entspannt sich auch der Philosoph. Kann ja sein, dass Fußball eine legitime Facette der kolonisierten Lebenswelt darstellt. Die Frage ist allerdings nicht mehr allzu wesentlich. Ein Abend in Frankfurt, in diesem komplizierten, von Animositäten durchzogenen und durch Konkurrenzverhältnisse aufgeblähten Biotop, endet ausnahmsweise mal «rund», wie man so schön sagt.

Tatsächlich gab es diese Augenblicke, in denen ich zu glauben geneigt war, dass die Verhältnisse formbar wurden und sich freundlich wandelten kraft unseres Deutungswillens. Ich gebe zu, diese Annahme war voreilig. Dieses Frankfurt war noch tief westdeutsch. Überhaupt ging es in der Republik generell viel langsamer zu. Die beiden vereinigten deutschen Hälften verfügten im Grunde über nichts, was miteinander in Austausch hätte treten können. Die Zivilgesellschaften blieben unterentwickelt, was ihre Fähigkeit zur Integration betraf. Der Westteil war in heller Aufregung begriffen, weil die wirtschaftliche Lage in Ostdeutschland Unzufriedenheit hervorrief und schon von neonationalen Parolen begleitet wurde.

Es gab diesen Aufbruch in der Kultur, aber ihn zum Jahrzehnt zu überhöhen, in dem eine selbstständige und selbstbewusste Gesellschaft ihre institutionsgebende Macht auszuüben begann, wäre wohl übertrieben. Außerdem wirkte der offizielle Liberalismus der Zeit ziemlich krude. Jenseits des Kulturmilieus war es ein bloßer Liberalismus des Antistaatlichen, eine ganz unironische Befreiungslehre des kalkulierenden Einzelnen. Dieser Liberalismus war irgendwann gedanklich stehen geblieben, er hatte sich mit den Grundüberzeugungen der US-Wirtschaft unter Ronald Reagan angereichert und schleppte das antigesellschaftliche Ressentiment Margaret Thatchers mit. An kulturellen Maßstäben gemessen, wirkte er schon damals über sich selbst unaufgeklärt. Es war eine Einzelkämpferphilosophie, die sich vor allem die deutsche Industrie, den Wind globaler Konkurrenz verspürend, zu eigen machte. Weil dieser Liberalismus sozial richtungslos war, weil er keinen Ehrgeiz hatte, sich zivilgesellschaftlich fruchtbar zur Geltung zu bringen, propagierte er den Markt. Der Markt verhieß Staatsferne und Unabhängigkeit in reiner Form. Aber so rein wollten wir die Ferne überhaupt nicht.

Streng genommen war auch das Programm des Schwundliberalismus im Kern ein kulturelles. Mitte der Neunziger gab es allerdings kaum eine Möglichkeit, die Idee eines antiautoritären, skeptischen Dekonstruktivismus trennscharf von autoritärer Markteuphorie abzuheben. Und genau die Existenz einer solchen Trennung zu bestreiten, ja eine Wesensverwandtschaft zwischen beiden Strömungen nachzuweisen, entwickelte sich nun zum Projekt einer gegenliberalen Linken. Sie erfand mit dem «Neoliberalismus» einen Kontrahenten, den sie bis heute nicht loslässt, sie versteifte sich auf die Form einer Kritik, die in der Klage über eine moralisch mangelhaft bleibende Marktwirtschaft immer alle Initiativen mit meinte, wenn es darum ging, die Verhältnisse diskursiv und zivilgesellschaftlich zu verändern. So waren die Neunziger der Schauplatz, auf dem alte Denkordnungen abermals errichtet und politische Frontlinien nachgezogen wurden. Indem sich der Kapitalismus wieder auf die kruden seiner Werte besann, regredierte die Linke mit ihm. Der «Westen» musste in ihren Augen bleiben, was er immer gewesen war, und zu den Hauptgegnern wurden jene erklärt, die im Westlichen eine gesellschaftliche Entwicklungschance sahen.

Ich bekam das zu spüren. Es ist an der Zeit, von einer meiner bittersten Niederlagen zu berichten. Ich hatte mich bei der «Frankfurter Rundschau» anstellen lassen, und dieses Engagement endete mit einem erzwungenen Exodus aus einer späten Linkswelt. Es ließ mich als einen besonders schlimmen Vertreter des Neoliberalismus zurück. Ich hatte gezögert, nach Frankfurt zu gehen. Meine Empfindungen gegenüber dem Blatt waren keineswegs eindeutig gewesen. Ich hatte als Autor für ein paar Zeitungen und fürs Kulturradio gearbeitet, kleines Spiel, aber ich konnte mich ernähren. Bekanntlich darf man ein zweites Angebot nicht ablehnen, also nahm ich es an, im Gefühl, einen Schritt zurückzutun, hinein in die Bankenstadt, nun einem ältlichen Pressemedium verpflichtet, womöglich hinein in die politische Festlegung.

Den Schreiber lockten die überregionale Wahrnehmung und der Austausch in dieser damals noch intakten geistigen Sphäre. Nicht, dass ich enttäuscht worden wäre. Wir lebten in Sachsenhausen am Fluss und blickten nachts auf den gelb angestrahlten, ungeheuer weltstädtischen Turm der Commerzbank. Am Morgen ging ich zu Fuß zur Arbeit, über den Eisernen Steg bis in die Große Eschenheimer Straße ins Redaktionsgebäude. Dieser Bau, mittlerweile abgerissen, wirkte wie ein vernachlässigtes Modernemuseum; die Gegend ums Eschenheimer Tor sah aus wie eine Architekturwüste der Fünfziger. Rosemarie Nitribitt hatte dort ihre Freier angelockt, einst schick, jetzt nur noch grau und zugeparkt. In jener Zeit galt die FR als solides Produkt auf einem Markt der Druckerzeugnisse. Dieser Markt schien in seinen Umrissen für die Ewigkeit eingerichtet zu sein, und es hielt von ihm keiner auch nur für möglich, dass er einmal verschwinden könnte. Die Auflage lag bei knapp 200 000 Exemplaren. Der Mix aus lokaler, regionaler und nationaler Reichweite funktionierte noch, auch weil das ökonomische Rückgrat ein eigenes Druckhaus bildete. Die Gehälter waren mittelmäßig. Wie bei den meisten Zeitungen damals rechtfertigte die Ehre, dort zu arbeiten, manchen Abschlag.

Ich hatte ein paar wirklich talentierte Kollegen. Das Feuilleton wurde vom Politikteil beargwöhnt, was immer ein gutes Zeichen ist. Am Anfang gab es noch diese eingespielte linksliberale Wurstigkeit gegenüber neuen Schreibarten und Sichtweisen, die in Wirklichkeit einen großen Vertrauensvorschuss bildete. Es hieß: «Redigieren ist Faschismus», und damit konnte ich leben, auch wenn in diesem Blatt manches gedruckt wurde, das eines strengen Redakteurs bedurft hätte. In ihrer wirtschaftlichen Autarkie galt die FR als ein gelungenes linkes Projekt. Es kam jedoch schnell heraus, dass es so zum Guten auch nicht bestellt war. Die Auflage begann zu bröckeln, zwischen Verlag und Redaktion herrschte Schweigen. Nur die Karl-Gerold-Stiftung hielt das Gebilde notdürftig zusammen. Das Druckhaus war veraltet, Investitionsmittel waren nicht aufzubringen oder man scheute finanzielle Abhängigkeiten. Die Zeitung war in die Hände von Unter- und Nebenfürsten gefallen, die eifersüchtig über ihre Ressorts, oft nur über Einzelseiten wachten, ein jeder der stolze Bewahrer seiner ideologischen Tradition. Die FR publizierte im Gefühl, ein unbestreitbares Anrecht auf ihren Ort in der politischen und kulturellen Landschaft der Bundesrepublik zu haben, zu einer Zeit, als diese Landschaft sich veränderte und so manches alte Lehensgut finanziell klamm wurde. Trotzdem auch dort Aufbruch im Kleinen: Da waren neben all den Siegelbewahrern wache Geister, die sich ein paar Jahre dem linken Konservatismus ihrer Umgebung entzogen, dann das Blatt verließen – oder sich am Ende doch der Defensivhaltung anpassten.

Ich schrieb eine Reihe munterer Artikel, die teils nach FR klangen, teils aber auch nicht. Die letzteren zogen Aufmerksamkeit auf sich, auch im Blatt selbst. Ich spürte nach einer Weile, dass um mich etwas im Gange war, vermutlich war es etwas Ungutes. Ich bemerkte es an der Genauigkeit, mit der die Älteren meine Beiträge studierten und mit mir darüber zu diskutieren sich bemühten, mich auf kleine Fallen hinwiesen, in die man bei der FR besser nicht tappte und wie ich dabei wieder jemanden gekränkt hätte. Es wurden geringfügige Verstöße gegen die Usancen ihrer Welt angemahnt, freundlich und nonchalant, wie das anfangs immer so ist. Es war eine willkommene Resonanz, aber ein bisschen Einflussnahme war es auch.

Da ich weiter so schrieb, wie ich schrieb, galt ich irgendwann als knorrig, wenn nicht als unbelehrbar. Alarm wurde ausgelöst, als ich das «politische Feuilleton» mitbeanspruchte. Im Oktober 1994 unterhielt ich mich auf einem Empfang auf der Buchmesse eine Weile mit Rudolf Scharping. Der hatte eine Woche später eine Bundestagswahl zu überstehen, und es sah nicht sonderlich gut aus für den Kandidaten der SPD. Scharping sagte in diesem Partygespräch, was man kurz vor der Wahl so sagen musste, erwähnte aber auch seine Schwierigkeiten mit den Mitstreitern. Aus seiner Müdigkeit und seiner Melancholie machte er an diesem Abend keinen Hehl mehr. Die «Troika» aus ihm, Oskar Lafontaine und Gerhard Schröder war ein Raubtierkäfig, der zu klein war für drei

Leitwölfe, und gleich nach der Wahl ging es in ihm hoch her. Sechs Wochen später hatte Lafontaine den SPD-Vorsitzenden Scharping weggeputzt. Ich war für Schröder und schrieb das auch. Schröder war Gegenwart, Scharping Vergangenheit, Lafontaine lag als Drache in der Höhle und wartete ab. Es war abzusehen, dass sich die Wandlungen in der Kultur und im Lebensgefühl eines Tages auch im Politischen niederschlagen würden, aber diese Verbindung zu ziehen, diese Erweiterung vorzunehmen, war in der FR nicht vorgesehen. Ich tat das nun. Die Zeitung verlangte, das Feuilleton habe die Deutungshoheit des Politikressorts nicht infrage zu stellen. Daran hielt ich mich nicht. Der Chefredakteur bestand darauf, auch weiterhin für Rudolf Scharping zu sein: Der komme wieder. Ich begriff das nicht. Nicht einmal die verwunschene FR konnte sich Romantizismen dieser Art leisten, dergleichen politische Fehleinschätzungen.

Als Anthony Giddens eines Tages an der Universität einen Vortrag über die «Neue Mitte» hielt, setzte sich der Chefredakteur neben mich, wohl in der Hoffnung, der Jüngere könne ihm helfen, die neue Richtung zu verstehen. Doch was er hörte, war nicht das, was er hören wollte. Schnell verließ er den Saal. In der Redaktion fragend, warum die FR ausgerechnet Scharping die Treue halte, erhielt ich keine Antwort. Schließlich meinte einer, der stamme doch aus dem Westerwald, darauf müsse die Zeitung Rücksicht nehmen. Es war also aussichtslos. Ich hatte in der Illusion angefangen zu schreiben, mit etwas abweichenden Beiträgen das Blatt interessanter zu machen. Nun galt ich als Abtrünniger. Ich missachtete die Empfindlichkeiten dieser Redaktion, die offenbar spürte, wie randständig sie geworden war, ich trat ihre Ängste mit Füßen, verletzte wohl auch ihren Stolz.

Doch leider zog Schröder die politische Fantasie tatsächlich auf sich. Alles was die SPD in den kommenden Jahren interessant machte, hatte mit ihm zu tun. Zu lange wollte ich nicht wahrhaben, dass meine realistische linke Mittigkeit, die nicht ganz frei war von einem selbstbewussten Ton, die älteren Kollegen vor den Kopf stieß. Aber eine Zeitung ist nicht dazu da, vor allem anderen die Gefühle der alten Recken zu pflegen. Eine FR, die nicht einmal imstande war, innerhalb ihres eigenen Lagers Entwicklungen aufzuspüren und sie zu gestalten, nicht einmal Neugier signalisierte, sondern sich als publizistisches Bollwerk verstand, hatte in meinen Augen keine Chance mehr. Wie denn auch der Markt wenig später diese Haltung bestrafte. Die Wellen um mich schlugen hoch. Ich erhielt einen hasserfüllten Brief. Mein Rechtsanwalt musste lachen, als er ihn las: Er hege ja so seine Vorurteile, wie es bei dieser Zeitung zugehe, aber das da übersteige seine Vorstellungen doch. Nichts wie raus da!

Das Büro des Chefredakteurs war riesig und leer wie das Lager eines Supermarktes in Abwicklung. In die äußerste linke Ecke hatte er seinen Schreibtisch gestellt, darauf stand immer, wenn ich mit ihm redete, ein Tellerchen mit den Zipfeln einer Rindswurst von Gref-Völsing – sowie einem Klecks eingetrockneten Senfes. Er warf mir vor, vom Feuilleton aus die Blattlinie ändern zu wollen, und an diesem Punkt war dann nichts mehr zu beschönigen. In einem Café in der Nähe der Katharinenkirche rief mich mein Anwalt an, um mir mitzuteilen, die Trennungsvereinbarung sei ausgehandelt. An diesem Tag schien die Sonne umso heller. Ich war alt genug, um einzusehen, dass all die Zuschreibungen, die ich als so ungerecht empfand, sich verdichtet hatten. Ich war nun erst mal der, den die FR aus mir gemacht hatte. Auf der anderen Seite hatte sich ihre so zäh verteidigte Frontstellung als absurdes Theater erwiesen. Mochten sie den Störenfried aus ihren Reihen exorzieren, im Grunde war es sinnlos, wenn das linke Lager die eigenen Kinder verschlang. Andere gelangten leichtfüßiger zu dieser Einsicht, ich benötigte wohl diese FR-Schleife: Die Selbstpositionierung erfolgte nicht mehr linear, das heißt, sie war nicht länger in einen verpflichtenden Zusammenhang eingebettet, den Herkunft, Erziehung oder Zugehörigkeit zu irgendwelchen Institutionen bildeten. Sie erfolgte nun freier, individueller und war damit auch risikoreicher geworden.

Wahrscheinlich waren wir die letzte Generation, in der die Ausbildungsinvestition noch einigermaßen dem Gehalt entsprach. Die Soziologen hätten uns sogar bescheinigt, dass wir die Verantwortung für unsere Lebensentwürfe übernahmen. Das fiel auch leicht, denn mögen die Neunziger ein konfliktfreudiges Jahrzehnt gewesen sein, so blieb in den letzten Kohl-Jahren doch viel von der bundesrepublikanischen Daseinsruhe erhalten. Währenddessen führten Amerikaner und Briten vor, wie man die Wirtschaft in Gang brachte und gerade damit das soziale Gefüge stärkte, trotz der Hinterlassenschaften Thatchers und Reagans. Wachstum und Gerechtigkeit waren offenbar nicht dazu verdammt, ewig im Widerstreit zu liegen. Konservative Regierungen waren es am Ende gewesen, die ihre Länder gesellschaftlich abgewirtschaftet und verschuldet hatten.

Kohls letzte Kanzlerjahre blieben die Zumutung, als welche sie später beschrieben wurden, eine Zeit der Stagnation in jeder Hinsicht. Der Überdruss am Kanzler war so stark, dass es linker Orthodoxie gar nicht bedurfte, um die Wähler nach Alternativen Ausschau halten zu lassen. Im Vorteil war schon jene Partei, die nicht völlig monolithisch aussah. Wenn Gerhard Schröder schließlich eine Richtungswahl gewann, dann stimmte das. «Richtung» allerdings war 1998 keine Entscheidung mehr in einem ewigen Kampf zwischen links und rechts, maßgeblich wurde zum ersten Mal das Persönliche, war die Frage, wie sich Lebensweisen in der Politik abbildeten, wie sich Haltungen zur Umwelt oder zu Minderheiten, wie sich die ersten Erfahrungen mit dem Globalen, also mit Migration und Digitalität in die Parteien Einlass verschaffen konnten. Auch Stilfragen wurden wichtig. Wer die Wahl gewinnen wollte, musste über das richtige Vokabular verfügen, und so wurde auch Politik ironisches Phänomen.

In der Welt der pathetischen Kämpfer droht die Ironie alt zu machen. Sie ist ein Medium, das Gedanken und Geschichten historisch werden lässt, allein durch die Möglichkeit, anders auf sie zu blicken. In dieser Hinsicht legt die Ironie ein Archiv an, eine Ablage jener politischen Fälle, die vielleicht nicht erledigt sind, aber doch an Brisanz eingebüßt haben. Jeder Versuch, in die Dramatik des Kampfes zurückzulenken, ist dann mit Aufwand verbunden. Die ironische Ablage eröffnet die Möglichkeit zum Perspektivwechsel, weil sie das Konstruierte, man kann auch sagen das «Literarische» am Politischen sichtbar macht, weil sie Politik ein Stück weit in Kultur verwandelt. In einer pluralistischen Gesellschaft wird das Archiv dann aber auch zum Werkzeug, Positionen wieder aufleben zu lassen, jede Art Auseinandersetzung noch einmal als aktuelle zu präsentieren. Doch eben nur als Wiederauflage, Wiederholung, Reprise, mit Gebrauchsspuren oder als Abklatsch, also in verminderter Intensität. Wer dann noch einmal wirklich ins Gefecht ziehen will, muss nachweisen, dass seine Begründung dafür nicht durch andere eingeschränkt wird, also im strengen Sinne wahr ist. Schon dieser Nachweis kann nur ein ironischer sein. Seither vermögen jede politische Neuerung und jede Reprise nur zu greifen, wenn sie sich mit einem eigenen Milieu umgeben und sich dort im begrenzten Rahmen mit ihrer Erzählung durchsetzen. «Alle» erreicht niemand mehr. Kein politisches Angebot kommt ohne kulturelle Komponente aus, es kann sich nicht mehr auf Evidenz oder Tradition berufen. Originalität wird nötig, Debattenfähigkeit, Marketing, mit anderen Worten: Spätestens seit der Jahrtausendwende schmiegt sich dann auch die Politik ganz selbstverständlich in die ironisch-plurale Debattenkultur ein. Neue Themen erhalten damit eine Chance, das Ökologische, der Feminismus, die Identitätspolitik von Minderheiten. Auch die Parteien suchen seitdem Anschluss an den Fluss der Ideenproduktion.

Von heute aus gesehen ist die Zeit des weltweiten demokratischen Siegeszugs lange vorbei. Nicht einmal in den westlichen Nationen gelang es, für endgültig angesehene Standards der Freiheitlichkeit, der Mitsprache oder der fairen Gewaltenteilung aufrechtzuerhalten. Nach der Finanzkrise von 2008 konnten auch hartgesottene Marktliberale nicht mehr behaupten, der Kapitalismus sei die notwendige Bedingung von Demokratie und wirke nur in ihrem Sinn. Die Euphorie nach der Öffnung des Eisernen Vorhangs hatte Geschichte in die Perspektive einer optimistischen Evolution umgedeutet, auch dies nichts anderes als eine Erzählung. Meine Generation erfand diese Erzählung nicht, aber grosso modo akzeptierte sie die. Wie man uns erzogen hatte, konnten wir uns mit dem Gedanken einer evolutionären demokratischen Weltzeit anfreunden. Ein Way of Life, der in der alten Bundesrepublik (teils auch in der DDR) immer idealisiert und nachgeahmt worden war, schien sich überall durchzusetzen, und so war die Zeit des Künftigen keine Zeit zwingender politischer Entscheidungen mehr. Sie wurde zu so etwas wie Optimierungszeit, unendliche Annäherung an einen idealen Zustand, der ja eigentlich schon real geworden war, auf jeden Fall nicht mehr hinter irgendeiner utopischen Schranke lag.

Wie der Zeitgeist seine Persönlichkeiten prägte, konnte ich an mir selbst ablesen. Nach dem Ende in Frankfurt ging ich nach Berlin und hielt die Familie erst einmal mithilfe von Aktienspekulationen über Wasser, und zwar völlig unbekümmert und angstfrei. Das Internet und der boomende Markt für Technologieaktien riefen praktisch dazu auf. Je fantastischer sich das angebliche Geschäftsmodell eines angeblichen Unternehmens anhörte, desto höher stand sein Kurs. Man musste nicht viel wissen, man musste nur mit einer gewissen Disziplin auf eine Taste drücken. Wer es nicht tat, war selbst schuld. Das Gefährdungsbewusstsein war zeittypisch sediert. Alle hatten die Risikoaversion für eine wohlige Zutraulichkeit gegenüber dem Globalen eingetauscht. Und alles ging auch gut. Wir überlebten, während die «Frankfurter Rundschau» von Stromschnelle zu Stromschnelle dem ökonomischen Untergang zutrieb.

UND DANN KAM
GERHARD SCHRÖDER

Es wäre ziemlich gewagt, Rot-Grün als die Einlösung der politischen Erwartungen der Babyboomer zu bezeichnen, als jene Vertretung, auf die sie so lange gehofft hatten. Manche aus unserer Generation wählten natürlich weiterhin Kohl; so eindeutig fiel dessen Abwahl schließlich auch nicht aus. Trotzdem besaß Gerhard Schröder etwas, das uns anzog und uns reizte, wenn nicht gar ein Reiz-Reaktions-Mechanismus im Spiel war, dem sich viele nicht entziehen konnten. Schröder sprach uns ja nicht nur als Wähler an, er sagte so ungefähr: Ihr seid doch Zeitgenossen, ihr lebt und habt euch für bestimmte Gemeinsamkeiten und Verschiedenheiten entschieden, findet bestimmte Dinge im Land skandalös und gleichzeitig eine bestimmte Musik gut, dann sorgt doch bitte dafür, dass sich dies alles, dieses Bündel von Haltungen und Neigungen auch mal politisch abbildet – zeigt doch mal, dass Politik etwas mit euch selbst zu tun hat! Das forderte heraus. Wir konnten 1998 nicht nur die Machtfrage mitbeantworten, wir konnten auch diese seltsamen neuartigen Repräsentationsfragen, die auf einmal überall hochkamen, an die Politik richten. Diese Fragen stellten sich ja nicht nur für die Ostdeutschen, sondern auch für uns, die riesige Gruppe junger Erwachsener, die sich inzwischen weit aufgefächert hatte und in vielen Bereichen ihren Einfluss geltend zu machen begann. Dafür mussten wir uns nicht einmal auf ein Parteiprogramm verpflichten. Schröder war kein Produkt des Kulturellen, doch nahm er sehr früh dessen Färbung an. Für ihn zu sein, konnte punktuell ausfallen oder den Charakter einer Probe annehmen. Vorbehalte durften bestehen bleiben, sodass die Zustimmung eine Art «Mal sehen»-Experiment war.

Das ließ uns etwas Luft. Der Kanzler wäre dann kein autoritäres Monument mehr, sondern er wäre einer, der die Unterschiede managt, dabei aber nicht so tut, als gäbe es sie nicht länger. Mit anderen Worten, uns ging es auch um den Ausdruck von Zeitgenossenschaft, und zwischen Schröder und uns stellte sich jenseits des Wahlkampfes so etwas wie ein ironisches Übereinkommen her, Macht versuchsweise zu übertragen und das Ganze nicht wieder als Erdbeben auslösende Entscheidung zwischen Konservativen und Sozis zu betrachten. So war es von uns aus gesehen eine Chance, sich politisch erstmals irgendwo einzusortieren, eben in dieser spannungsreichen rot-grünen Konstellation. Etwas hochtrabend könnte man sagen, mit Schröder und mit den Jüngeren als seinen Wählern wurde die Bundestagswahl erstmals zu so etwas wie einer persönlichen Freiheitspraktik. Damit war das Wählen als pathetische Tat relativiert, denn das Gemachte, Künstliche, Inszenierte an diesem Machtwechsel, der ein Kulturwechsel sein wollte, registrierten wir durchaus. Die Schauseite des Politischen trat mit Schröder drastisch zutage, der Kandidat ein Spieler, der von Beginn an in ernsten und in komischen Rollen auftrat. Ich kann nicht sagen, dass ich ihn sofort sympathisch fand; vielen von uns ging es ähnlich. Aber Schröder war Soul Food für die Gemüter der Zeit, er schillerte in der richtigen Weise und provozierte im richtigen Maß. Endlich kein Vater mehr.

In Person hatte ich Gerhard Schröder erstmals ein Jahr zuvor erlebt. Das war auf einer Kulturveranstaltung in Hannover. Der Anlass war unerheblich, mich interessierte der kommende Mann. Der kommende Mann wusste genau, dass es auf nichts anderes ankam, als sein Kommen sichtbar zu machen, und dass sich niemand dafür interessierte, welche Facette der Sozialdemokratie er genau repräsentierte. Er spielte sofort den Bundeskanzler, er prunkte mit Überparteilichkeit, als der Amtsbonus Helmut Kohls jede Woche weiter verfiel, Kohl das ewige Oberhaupt, das die Sippe schon zu lange niederhielt. An diesem Abend erschien der niedersächsische Ministerpräsident mit großer Entourage und ließ keinen Zweifel aufkommen, dass er die Hauptattraktion bildete. Er war ein gutgelaunter und machtbewusster Herzog in der Provinz, ein Buckingham, den Heinrich VIII. mit Argwohn beobachtete, am liebsten aufs Schafott geschickt hätte, es aber in diesem Fall nicht mehr konnte.

Schröder unterhielt sich nur mit Männern, und diese Knaben waren meistens nicht mehr allzu jung, sie hatten schon einen Bauch, einen zu roten Kopf und redeten in seiner Gegenwart noch lauter als sie es sonst taten. Schröder zog einen Typus einflussreicher Männer an, der stark auf das Alphatier ansprach und in dessen Gegenwart regredierte. Einer von ihnen führte Schröder seinen brandneuen Binder von Dolce & Gabbana vor, auf dessen Rückseite ein Pin-up-Girl prangte. Oho! Das war was, so einen Schlips wollte der Herzog auch haben. Wie sich in einem solchen Augenblick die kleine oder größere Macht um ihn scharte, ließ das für die Wahl das Beste, hinterher aber das Schlimmste befürchten.

Schröder war Held in der letzten virilen Performance, die in der deutschen Öffentlichkeit noch einigermaßen glückte. Eine Zeit lang fühlte er sich darin wohl, er war aber klug genug, nicht in der Rolle des Platzhirschs aufzugehen. Sein Repertoire war breiter. Muster, die er einmal erfolgreich erprobt hatte, wandte er bei geeigneter Gelegenheit neu an. So gewann er Kontur, nicht unbedingt ein Profil. Ein Stück weit blieb er immer unerkennbar, also neu, also offen für Projektionen in die Macht. Als er nach seiner Wahl nicht aufhörte, die Öffentlichkeit mit Dominanzgesten zu beeindrucken, schlug ihm erster Widerwille entgegen, und sogar diesen Widerwillen baute er in die Fortsetzung seiner Selbstdarstellungen ein. Er nahm sich als sonorer Frauenversteher zurück und gab als Staatsmann wieder Gas.

Schwer fiel es, ihn zu verachten. Bei seiner Herkunft verzieh man ihm die Gockeleien – und sogar diese fürs neue Berlin angefertigten Maßklamotten, seine Neigung, gewollt oder ungewollt ins Fettnäpfchen zu treten und anschließend darüber einen Witz zu machen, auch er ein gutes Kind der Bundesrepublik, schlau und ehrgeizig, am Ende erfolgreich eingemeindet, eine Aufsteigerbiografie, wie sie sich Bildungsplaner und Globalsteuerer dereinst erträumt hatten. Fortwährend produzierte er Bilder von sich, er schichtete sie, erfreute sich an ihrer Widersprüchlichkeit und franste damit die Imago des Bundeskanzlers aus. Nach den Kohl-Jahren war das erst einmal interessant. Diese Mehrdeutigkeit, genauer gesagt diese aufreizende Nicht-Festlegung, sehr wohl in Kauf nehmend, dass sie polarisierend wirkte, war für den ersten Eindruck bestimmend. Sie erhöhte nur Schröders Attraktivität. Männlich auf eine ähnlich entschlossen-verwaschene Weise gaben sich die Schwergewichte der Regierung, Joschka Fischer und Jürgen Trittin, Otto Schily, Bodo Hombach, Oskar Lafontaine ohnehin, der Biker Peter Struck.

Und genau dieses Mackerhafte hatte ja Wiedererkennungswert, zumindest für uns. Nun war es gereift, veredelt und intellektualisiert. Den einen oder anderen aus dieser Regierungsmannschaft lernte ich später kennen, und natürlich waren sie im persönlichen Umhang ganz anders. Aber das nach außen gewandte Macht-Muster wirkte stärker, es war ein Auftrumpfen von Achtundsechzigern, die zeigten, dass sie am Ende doch gewonnen hatten. Die Ministerinnen in dieser Regierung waren selbstbewusst und frauenbewegt, sie verdrehten die Augen, wenn man sie auf das Verhalten der Kerle ansprach, trotzdem akzeptierten sie es. Das Achtundsechziger-Syndrom verpflichtete auch sie; manchmal wirkten sie wie die Mädchen von früher auf dem Schulhof, die die wilden Jungs anhimmelten. So war Rot-Grün nicht eigentlich eine Regierung unserer Generation. Sie rekrutierte sich aus Älteren, die unseren Nachlaufreflex auslösten. Wie sie sich aufführten, taten sie so, als seien sie mal schwer erziehbar gewesen, starke Jungs, die sich von den Erwachsenen – das waren die mit der Macht beinahe schon verwachsenen Unionsparteien – nichts mehr vormachen ließen, Rebellen, die ihren eigenen Weg gingen, Gang-Chefs und Fähnleinführer, erinnerte Figuren aus unserer Erziehungsgeschichte, irgendwie die Guten, trotzdem hatte man unter ihnen immer gelitten.

Schröder entsprach ja womöglich wirklich dem Typus des Halbstarken aus unserer Kindheit, und dass etwas Raues, Widerborstiges, Plebejisches in die Politik einzog, zog auch an. Seine Minister versuchten, neben ihm ungezähmt zu sein und auf ihre Weise ein bisschen unheimlich und unergründlich zu wirken, mit einem Rest von James Dean: Schily, der scharfzüngige RAF-Anwalt, der manches Geheimnis kannte; Trittin, der ewige Chef einer K-Gruppe; Fischer, in jeder Sekunde bereit zur Flucht – oder zum Gegenangriff. Sie waren aus ihrer Vergangenheit geläutert hervorgegangen und zur Vernunft gekommen. Das war ähnlich wie bei uns, aber ein solches biografisches Gewese hätten wir darum nicht mehr gemacht.

Die rot-grüne Regierung band uns jedenfalls enger ans Politische als jede Regierung vorher. Schröders «nachholende Modernisierung» traf auf eine Erwartungshaltung, die mit dem Selbstbild der Babyboomer in Beziehung stand. Seine Gesellschaftspolitik machte aus dem Land immerhin in Umrissen eines, in dem wir lange hatten leben wollen. Er bewegte sich scheinbar auf uns zu, entwickelte wohl auch ein Gespür für eine Wirklichkeit, die endlich ein gewisses Eigenleben gegenüber den Parteien und dem Staat führen wollte, womit er den Eindruck erweckte, Politik befinde sich wieder mit dem gesellschaftlichen Willen in Übereinstimmung, vor allem befinde sich Politik auf dem Stand der Entwicklung. Das wirkte recht wenig sozialdemokratisch. Zwischen unseren Interessen und der Politik klaffte kein resignierter Graben mehr, sondern es bildete sich so etwas wie ein kontinuierlicher Übergang zwischen den Polen.

Doch ist auch diese Formulierung schon wieder zu sorglos. Es gab hinreichend Anlässe, Rot-Grün gegenüber misstrauisch zu sein. Es gab diese Rückfälle in die traditionelle Zutraulichkeit der SPD gegenüber dem Staat, und es gab dieses Buhlen um die Anerkennung der Großindustrie. In beiden Haltungen fühlte der Kanzler sich wohl, war erst hier, dann da zu Hause, ohne dass ein nachvollziehbarer Weg von der einen Gegend in die andere führte. Das war dann eben so. Und es wurde im Gestus einer gewissen Gereiztheit vorgeführt. Autoritär war das schon, fand ich, es wurde mit der Zeit auch immer gereizter. In vielen Aspekten stufte uns Rot-Grün wieder zu Zuschauern herab. Dann kamen wir wieder nicht vor, weil für den Machterhalt wichtige andere Interessengruppen zu bedienen waren, aber die Erwartung wurde aufrechterhalten, dass wir jeder Szene in diesem Stück applaudierten. Immerhin das hatten wir begriffen: Wer in Berlin regiert, war zwar nicht unwichtig, aber es entschied auch nicht mehr wirklich übers Land. Die Intensität der Brandt'schen Reformära stellte sich nicht wieder ein.

Uns alle ließen die Konflikte der Jahre nicht unberührt, Kosovokrieg, Agenda-Reformen oder die amerikanische Militärintervention im Irak, trotzdem fraß sich ziemlich früh schon der Verdacht ein, es werde Politik als Darstellung von Politik betrieben, neben allem anderen sei auch ein gestisches Element am Werk, eine etwas hochmütige oder naseweise Reserviertheit, die mal nach Frivolität («Regieren macht Spaß!»), mal nach Brechts Erziehungstheater aussah. Ein Außenminister, der seine Zustimmung zu einer deutschen Kriegsbeteiligung als lebensgeschichtliches Drama inszenierte und den Pazifismus seiner Partei in einem Macht- und Lehrstück brach, das hatte bei allem Ernst der Sache auch etwas Exaltiertes und unterschied sich von der diskreten Leidensbereitschaft, mit der bundesdeutsche Spitzenpolitiker sonst Verantwortung zu übernehmen pflegten.

Was damals übrigens niemandem seltsam aufstieß, war Schröders Freundschaft zu Wladimir Putin. Politisch wollte Russland nach Westen, und der deutsche Kanzler ebnete den Weg. Dafür durfte der Kanzler ruhig das Wohlwollen einer Weltmacht genießen. Es war ja eine ehemalige Weltmacht, und der neozaristische Pomp erschien allen Beobachtern als irgendwie ironisch gebrochen. Dass Schröder in dieser Männerbeziehung eine Loyalität entwickelte, die über Freundschaft weit hinausging, zeigte sich erst, als er wieder Privatmann war. Dann stellte er sogar im Kriegsfall das persönliche Verhältnis über die Interessen seines Landes, für welches er einmal Verantwortung trug. Das war halbstark; es löste eine ebenso unerwachsene kollektive Hysterie aus: Nun trug er persönlich Schuld für Putins Krieg, während seine Bemühungen um Russland damals höchst vernünftig erschienen und von niemandem ernsthaft infrage gestellt wurden. Die Kritiker von Rot-Grün erspürten den ironisch-rhetorischen Überschuss in dieser Art Politik sofort. In vielem war die Neigung am Werk, Sachfragen in Benennungsfragen umzuwandeln und die Lösung eines Problems in einer leicht verschobenen Darstellung desselben zu präsentieren. Mit Rot-Grün brach die große Zeit der Spin Doctors und der versierten Stichwortfinder an. Ein feines Manipulationsempfinden begleitete das Ganze. Schon beeindruckend, wie die das immer wieder hinbekamen, dachte ich als Journalist, aber sie tricksen auch und mogeln sich durch. Schröder selbst erkannte diese Schwachstelle wahrscheinlich, jedenfalls wurde er nicht müde, immer wieder den Unterschied zwischen dem Marketing-Gerede und der realen Politik zu betonen und zwischen sich und seinen Hofintellektuellen Grenzen zu ziehen: Wenn alle rumquatschten, musste am Ende er entscheiden und die Mehrheiten besorgen. Aber die Frage war gar nicht, ob er ein ironischer Kanzler war – er war, was das politische Geschäft im engeren Sinne betraf, ein handwerklich versierter und durchsetzungsfähiger Kanzler, der einen Sinn fürs Ironische besaß. Mit ihm ließ sich die Politik von der Eigendynamik ihrer öffentlichen Präsentation endgültig nicht mehr trennen.

Wie Schröder den unterschiedlichsten gesellschaftlichen Strömungen Einlass in seine Politik gewähren wollte, hatte schon mit Dekonstruktion zu tun: Manche Säule der Gesellschaft fiel unter Rot-Grün einfach um, etwa das Deutschnationale; manches traditionelle Machtkartell wollte gar nicht mehr kämpfen, sondern vermickerte schmollend in der Gegend, beispielsweise die Vertriebenenverbände. Vielleicht war das die Weise, in der sich damals die institutionsgebende Macht einer sich verjüngenden Gesellschaft zur Geltung brachte, aber als politischer Stil dekonstruierte diese Art auch die Politik selbst. Der Stand der Gesellschaft schloss nun die Rückkehr zu einem existenziellen Pathos der Politik aus, ungeachtet der aufgewühlten Auseinandersetzungen in jener Zeit. Diese Rückkehr wäre uns auch fremd vorgekommen. Andererseits schloss sich Schröders Regieren damit immer weiter in den enger werdenden Kreis jener ein, die bereit waren mitzuziehen. Als Methode kreiste es bald in seinem Darstellungsehrgeiz. Zum Zusehen verdammt, fiel uns auf, wie sehr Rot-Grün mit Machterhaltung beschäftigt war und wie wenig von der Frage übrig blieb, neue Stimmen in der Politik zu Gehör zu bringen. So schrecklich durchlässig für Gesellschaft war Rot-Grün am Ende nicht. Die Sozialdemokratie riss es darüber in Stücke, ohne dass sie imstande war, diesen Prozess zu begreifen.

Die Basis der SPD warf Schröder nicht vor, dass er seine Versprechen brach. Sie witterte vielmehr, dass er in der Weise, wie er regierte, ihr Selbstverständnis zerlegte. Das Liberale an Schröder, das ja auch weltoffen und neugierig war, provozierte den Widerstand nicht, weil er sich wirtschaftsfreundlich gerierte, die Steuern auf Spekulationsgewinne abschaffte oder die Sozialsysteme auf neue finanzielle Grundlagen stellte. Es war der Widerstand gegen eine Politik, die jene Aufweichung des Politischen im Widerstreit mit anderen Erzählungen und Sprachen anerkannt hatte, sie noch einmal verstärkte und diesen Umstand schamlos für sich nutzen wollte, ohne Rücksicht auf Dogmen und alte Schwüre. Dort lagen dann die Grenzen der Modernisierung seiner Partei.

Kurz vorm Schluss einer seiner Empfänge, die er regelmäßig für Journalisten und Kulturleute gab, wurde ich «nach oben» gebeten zu einer späten Zusammenkunft im kleinen Kreis: «Wir gehen rauf zum Gerd.» Der Bundeskanzler verfügt im obersten Stockwerk des Kanzleramtes über ein Apartment. Eigentlich besteht es nur aus einer großen Wohn- und Esszimmerlandschaft, dahinter ein paar winzige Schlafräume und ein Kabuff mit einem Tretrad. Per Lift dauert es ein paar Minuten, denn das Allerheiligste ist nicht in wenigen Schritten zu erreichen. Als wir eintraten, wünschte der Kanzler seiner Frau am Telefon gerade eine gute Nacht. Da hatte das Bundeskriminalamt mich bereits durchleuchtet und ein kleines Dossier erstellt. Jedenfalls wusste Schröder, wer ich war und begrüßte mich freundlich. Wie es bei Hofe so ist: Im großen Kreis steht der König irgendwo in der Ferne und gibt sich jovial, drängelst du dich aber näher an ihn heran, betrittst du eine Zone der Kälte. In ihr herrschen Abwehr und Misstrauen, denn alle rangeln und wollen dem Serenissimus nah sein; alle wollen etwas aufschnappen oder ihm etwas sagen. Kommst du ihm aber wirklich ganz nah, wird die Atmosphäre plötzlich wieder herzlich, denn den größten Hunger auf normalen menschlichen Umgang hat der König.

Nun saßen die engsten Getreuen um ihn, die wichtigsten Multiplikatoren seines öffentlichen Bildes. Ich trat in den Kreis hinein, überhaupt nicht wichtig. Der Kanzler dozierte eine Weile und ließ ordentlich Rotwein auffahren. Alle waren brav wie die Schuljungen, trotzdem wurde offen geredet, der Kanzler bestand darauf. Schröder hatte es mit den Gewerkschaften zu tun bekommen. Der Protest gegen die Agenda 2010 hatte sich festgesetzt und drohte seine Arbeit ausgerechnet aus Richtung der organisierten Arbeiterschaft zu gefährden. Schröder war davon überzeugt, die Gewerkschaften durch Zureden wieder auf Linie zu bringen: «Im Sommer hab' ich sie wieder!» Obwohl ich mich als Jüngster in der Runde protokollgerecht zurückhielt, widersprach ich in diesem Punkt. Ich hatte den Eindruck, etwas Nachhaltiges sei im Gang. Natürlich waren die anderen Schröders Ansicht.

Irgendwann war ich für einen Artikel nach Schweinfurt gefahren, um mir von den Gründern selbst anzuhören, wie die

WASG entstanden war, jene Partei im Embryonalstadium, die sich dort im Widerstand gegen die Sozialreformen gegründet hatte. Zu meiner Überraschung war ich auf Funktionäre und Betriebsräte gestoßen, die gar nicht radikal waren, nicht einmal «links», sich vielmehr bayerisch-bürgerlich um die Interessen ihrer gut bezahlten Facharbeiter kümmerten. Es waren Männer, die aus ihrer Unerschütterlichkeit gerissen worden waren und nun das Gefühl verspürten, sich verteidigen zu müssen, und zwar gegen ihre Freunde.

Sie verkörperten eine sozialdemokratische Moralität, die Eindruck auf mich machte. Sie gingen geradeaus, Winkelzüge und Versteckspiele kannten sie nicht. Die Vorgeschichte dieses Aufstandes in der Provinz nahm sich ein wenig anders aus, als kolportiert wurde. Das Trauma hatten gar nicht die Agenda-Beschlüsse ausgelöst. Der Anlass war lokal gewesen. Es waren wichtige, lang anhaltende und zehrende Streiks in den Schweinfurter Autozuliefererbetrieben zusammengebrochen. Mir wurde erzählt, die SPD habe damals den Abbruch des Arbeitskampfes auf Anraten der Berliner Parteiführung herbeigeführt, und zwar im Rahmen eines politischen Deals mit der Arbeitgeberseite auf Bundesebene. Keiner habe das vor Ort verstanden, so etwas sei schlichtweg ein Verrat. Das saß tief. Niemals, daran bestand kein Zweifel, würden die Schweinfurter diese Einmischung der großen Wirtschaftspolitik verzeihen, mochten übergeordnete Gesichtspunkte wichtig gewesen sein. Es war eine Aufkündigung von Solidarität, so etwas tat die SPD der Gewerkschaft nicht an, und kein gutes Kanzlerwort würde da noch etwas richten. Arbeitnehmervertreter, die ihren Belegschaften erklären mussten, warum alles vergeblich gewesen war, kehrten der Partei den Rücken und riskierten einen tiefen Einschnitt in ihre Lebensgeschichten. Der Bruch war ein moralischer. Wahrscheinlich war zu jenem

Zeitpunkt von Berlin aus die Tragweite eines solchen Ereignisses nicht zu erkennen. Wie sich der Flächenbrand ausbreitete, sah die Regierung darin nur die Machenschaft Lafontaines, und das war ja auch nicht ganz falsch. Lafontaine nutzte das Ereignis für seine Rückkehr. Plötzlich banden sich gemäßigte Gewerkschaftler, die eher in die Neue Mitte gehörten, an einen Ökosozialisten ohne Machtbasis und Ministerposten. Lafontaine hatte erkannt, dass genau dort, wo so etwas wie ein Verrat passierte, der blinde Fleck des politischen Pragmatismus gelegen war: die Schweinerei, also die Möglichkeit, die politische Moral nach Belieben auszuhebeln, indem man sich einredete – oder es den Spin Doctors überließ –, andere Gesichtspunkte seien auf einmal wichtiger und wieder andere wären es in anderen Fällen. Von dort aus ging er zum Angriff über, er wollte diesen von mehr oder minder überzeugendem Erklärungsstoff und von durchsichtigen Plausibilierungsversuchen begleiteten Politikstil insgesamt beseitigen. Es galt nun, die Fackel und das Feuer des Sozialdemokratischen zurückzuerobern, will sagen die Politik als moralische Entscheidung zu rehabilitieren. Das konnte nicht länger in einer innerparteilichen Debatte geschehen. Es musste sich als politischer Kampf markieren, als Kampf ums Letzte, in dem es sichtbar um etwas ging, nicht weniger als um die Rettung der Arbeiterbewegung, linker Ideale überhaupt.

In seinem späteren Schlagwort vom «Primat der Politik» klang das nach. So bediente Lafontaine sich der WASG und später der PDS. Vermutlich interessierten ihn die ursprünglichen Ziele dieser Parteien nur am Rande. Er baute sie zu politischen Kampfstationen aus. Gerhard Schröder war nun der Feind, wohl auch im Sinne Carl Schmitts, und später wurde der Feind in «Neoliberalismus» umgetauft. Lafontaine hätte Schröder vorgeworfen: Du hast die soziale

Frage vergessen! Und Schröder würde erwidert haben: Du hast dich aus der Regierungsverantwortung gestohlen und hättest mitarbeiten müssen: Nichts rechtfertigt die Spaltung der Partei! Im Aufeinanderprallen dieser beiden verwandelten sich viele Differenzen, die jahrelang in der Öffentlichkeit diskutiert worden waren und die von den Debatten in den Universitäten ihren Ausgang genommen hatten, in Praxis. Es war ein fulminantes Drama, es war die Wiederkehr einer Frontstellung, aber nicht in der Theorie, sondern auf der großen Bühne, exerziert mit Machtbewusstsein und Raffinesse. Und uns blieb, über diese Auseinandersetzung staunend, nichts anderes übrig als wieder Zuschauer zu sein. In der Sache waren wir vielleicht gedanklich darüber hinaus, das Ganze eher ein sonderbar spätes Phänomen. Aber vielleicht war das ja ein Irrtum. Womöglich hatte sich das Politische gar nicht in einen evolutionären, allseits zugänglichen Prozess weiterentwickelt, sondern abrupte Durchbrüche des Vergangenen waren immer möglich. Der postmarxistisch-existenzialistische Strang und der liberal-ironische, auf einmal trugen sie Gesichter.

Schröder beendete den Abend damals gegen vier mit den Worten: «Ich schmeiß euch jetzt raus. Ihr Journalisten könnt morgen auspennen, ich muss wieder regieren.» Regieren tat not. Am nächsten Tag begegnete er mir im Fernsehen, immerhin sah sein Gesicht auch ein wenig grau aus. Ironischerweise bekam es seine Regierung mit Ereignissen zu tun, welche die existenzielle Dimension des Politischen geradezu herbeiriefen, Krieg, Gerechtigkeit, Terrorismus. Nicht dass Schröder der Sinn fürs Pathos mangelte, mehr als einmal schwor er die Deutschen mit sonorer Stimme auf komplizierte Lagen ein. Aber es war seine Regierung, die unterhalb der Tagespolitik zum Schauplatz einer grundsätzlichen Auseinandersetzung übers Politische wurde: Was war dessen Kern? Wie weit durfte es sich vom Eigensinn der Gesellschaft bestimmen lassen? Die Grünen rückten in dieser Auseinandersetzung an den Rand, auch sie wurden in die Rolle von Zuschauern gedrängt, und diese Erfahrung stellte für sie eine Lektion dar. Lafontaine hatte Erfolg damit, die SPD zu schwächen. Eine Zeit lang gelang es ihm, die Vorstellung von einer genuin linken Politik zu vertreten. Aber auf Dauer eben nicht. Er setzte auf Politikmacht. Seine Idee knüpfte sich an einen Apparat, den es per Wahl zu erobern galt, um danach den Primat der Politik zu exerzieren.

Die Beziehung zwischen der konstituierten und der institutionsgebenden Macht der Gesellschaft hatte sich da bereits zugunsten der letzteren verschoben. Denn eine breite sozialistische Bewegung in der Gesellschaft konnte Oskar Lafontaine nicht begründen. Seine Linkspartei blieb so etwas wie eine Staatspartei im Wartestand, ohne dass sie gerufen wurde. Wie es im Charakter der Bundesrepublik liegt, konnte es damals keinen «Sieger» geben. Die Sozialdemokratie war erst einmal der Postmoderne zum Opfer gefallen. Die Grünen sahen sich das Scheitern Lafontaines mit Interesse an. Die neue Bundeskanzlerin Angela Merkel lag mit ihrem Instinkt richtig, an dieser Stelle gar nichts zu tun und in der Tiefe der politischen Kultur für Ruhe zu sorgen. Sie saß das aus. Mit ihr erledigte sich der linke Existenzialismus, er war wieder Vergangenheit.

DIE ERFINDUNG DER JUGEND

Es muss 2008 gewesen sein, zwei Jahre bevor sich Essen stellvertretend für das gesamte Revier als «Kulturhauptstadt Europas» präsentierte, als ich eine kleine Tour zu den künftigen Sehenswürdigkeiten vor Ort unternehmen durfte, begleitet von einem enthusiastischen und großen Kenner des Ruhrgebietes, der mich für manches Alte und seine neue Nutzung begeisterte. Erst waren die Zechen gestorben, dann wurden ihre Anlagen und Gebäude auf das Sorgfältigste mumifiziert. Ganz am Ende seiner industriellen Geschichte entwarf sich das Ruhrgebiet als ein Themenpark, und daran war auch nichts auszusetzen, schließlich nehmen Stahl und Kohle einen festen Platz in der deutschen Chronik ein und sind der Erinnerung wert.

Von Künstlern der Gegenwart bespielt, würde die Gegend lebendig bleiben. Die Kulissen dafür, also die Monumente der klassischen Industriekultur, waren in der Tat beeindruckend. Ich fragte mich nur, was die Bewohnerinnen und Bewohner darüber dachten. Die Menschen in Essen, Gelsenkirchen, Bochum, wo auch immer, sie waren plötzlich Komparsen in einem riesigen Museumstheater, während sie doch die Betroffenen des sogenannten Strukturwandels blieben. Und der legte seinen endzeitlichen Charakter keineswegs ab. Am Abend, nachdem ich beinahe alle Baustellen besichtigt hatte, stiegen wir aufs Dach eines alten Gasometers hinauf. Unter uns lag in abendlicher Stille diese ewig umgegrabene, nach ganz widernatürlichen Erfordernissen getrimmte und vielerlei Metamorphosen unterworfene Landschaft in all ihrer idyllischen Traurigkeit.

Bis nach Duisburg konnten wir sehen: Die späte Sonne ließ am Horizont die gewaltigen Anlagen von Rheinhausen aufstrahlen, Gebäudeberge und Schornsteinriesen reckten sich am Ende der Ebene, die Zeugen einer anderen Epoche. Die Gegend strahlte. Alles war hier historisch. Ende 1987 hatte in Rheinhausen der letzte ernsthafte und zu Herzen gehende, noch einmal die gesamte Bundesrepublik bewegende Streik stattgefunden. Die Arbeiter konnten damals die Schließung ihrer Werke hinausschieben, bis es ein paar Jahre später für sie endgültig aus war.

Nur zwei Jahrzehnte trennte das echte Revier von seiner Wiedererfindung als Museumslandschaft und Veranstaltungsbühne. Die Zeit, so der Eindruck, lief dort schneller ab, selbst die Verkunstung gehörte zum Strukturwandel. Und der war, obgleich die Menschen ihn als Abriss ihrer angestammten Welt erlebten, nichts anderes als ein Versuch, die Zeit zu verlangsamen, deren Zerstörungswerk aufzuhalten, zu mildern durch Maßnahmen und Fensterreden, durch Subventionen, Überbrückungsfinanzierungen und Sozialpläne, durch Vorruhestandsregelungen und das Anstimmen des Steigerliedes bei jeder Gelegenheit, kurz: mit Sozialpolitik und Folklore. Im Revier war immer gefährlich viel Einbildungskraft im Spiel, immer dann, wenn es sich wieder wandeln musste. Schon als die Babyboomer noch Kinder waren, lebte diese symbolische Zone der deutschen Moderne in doppelter Zeit: Sie kämpfte um ihre Gegenwart und konnte nicht verhindern, schon zu Lebzeiten eine Vergangenheit zu werden.

Gescheitert waren die Streikenden in Rheinhausen damals nicht nur an der Macht ihres Konzerns. Sie versanken auch in jenem Sichtkreis, in dem ihr Arbeitskampf gedeutet wurde. Wo der Streik noch ein Fanal der Gegenwart zu sein schien, hatte jeder Beobachter sein Urteil über die Stahlproduktion auf dem Weltmarkt und über die Zukunft der Kohle gefällt. Die Entschlossenheit der Krupp-Arbeiter sah aussichtslos und tragisch aus – genau deswegen zogen sie so viele Sympathien auf sich. Seufzer halfen nicht; der Arbeitskampf war zum Arbeiterschicksal geworden. Es war der letzte Streik, in dem es nach den Maßstäben der Gegend noch um etwas ging. Es war aber genauso eine Niederlage für die ganze Arbeiterklasse, eine mehr, Arbeiter und Arbeit verschwanden allmählich. Wenn so etwas passiert, lässt sich nicht mehr beschönigen, dass tatsächlich zwei Zeiten am Werk sind: Immer wieder ging der Ruhrpott unter, schon Mitte der Sechziger begann er sich in eine Gedenkstätte der Industriearbeit zu verwandeln, nur dass sie damals nicht von Kuratoren, sondern von Politikern gepflegt wurde. Die Zeit von Wirtschaft, Technik und Wissenschaft ist eine andere als die Zeit der Gesellschaft, und beider Unterschiedlichkeit kann nur punktuell durch Gesten der Solidarität überbrückt werden. Das klingt als Resümee kalt, aber es entwertet rückwirkend keinen guten Willen und keine gute Politik im Einzelnen.

Meine Generation ist in diesem realistischen und nicht ganz behaglichen Modernitätsbewusstsein groß geworden. Sie hat die soziale Frage nicht geerbt, denn die galt als von Älteren beantwortet, noch bevor wir politisch die Augen aufschlugen. Das Land entwickelte ein gewisses Geschick darin, seine sozialen Konflikte in einen Rahmen einzufügen, der jedem Unfrieden einen Index des je schon Vergangenen beifügte: Auch die kommenden Revolten, hieß das, werden immer schon von früher gewesen sein – und deswegen werden sie auch für die Zukunft nichts Grundlegendes verändern. Seit Einführung der sozialen Marktwirtschaft konnten wir nicht anders, als eine indirekte, allenfalls nachholende Haltung zum sozialen Konflikt einzunehmen. Wir hörten ihn nachklingen und nachvibrieren. Auch wenn in meiner Generation die Sensibilität gegenüber Ungleichheit keineswegs abnahm, sind unsere Positionierungen in der Gerechtigkeitsfrage keine selbstverständlichen und ganz eindeutigen mehr gewesen, und zwar aus Gründen, die nicht im Charakter des Einzelnen liegen, nichts mit Anständigkeit oder Unanständigkeit zu tun haben.

Sie bleiben an diese historische Rahmensetzung geknüpft, die nicht durch einen tobenden Lafontaine und auch nicht durch Maßnahmen einer Regierung oder durch Beschluss der Mehrheit einfach ersetzt werden kann. Der Rahmen besteht nur vordergründig aus Organisationen und Rechtsregelungen. Man macht es sich auch zu einfach, wenn man ihn nur als die Gewalt des kalten Marktes beklagt – auf dessen Zwänge kann man reagieren oder auch nicht, er lässt immer Spielräume offen. Aber wie man in einem Land generell auf die «schöpferische Zerstörung» seiner Industrien reagiert (die meisten Betroffenen erkennen keine kreativen Spielräume), das bleibt spezifisch national, eine Sache der langfristigen Erfahrungen mit dem Kapitalismus. Die Gesellschaft muss sich Marktwirtschaftlichkeit immer übersetzen, ihre Auswirkungen deuten und bewerten. Der Rahmen besteht zum größeren Teil aus gewachsener Übereinkunft, aus geschichteten gemeinsamen Erlebnissen und aus den erlernten Gewohnheiten, wie die alltägliche Praxis am besten zu bewältigen sei, mit anderen Worten, er ist auf zählebige Art überindividuell und er ist kulturell. Er ist ein Bestandteil der institutionsgebenden Gewalt – auch sie veränderlich in der Zeit.

Und auch dieser Rahmen gehört zum Gepäck der Boomer. Mit Ungleichheit konfrontiert – die wird nicht schwächer oder verschwindet von allein –, eröffnete sich für uns ein gewisses Spektrum von Reaktionsmöglichkeiten, sie alle die soziale Frage untragisch, postmythisch, nicht-existenziell beantwortend, sie alle begleitet von unerschütterlichem sozialpolitischem Pragmatismus. Das verschaffte uns politische Unabhängigkeit, aber auch die trübe Einsicht, dass wir machtloser waren als erhofft. Wir konnten die großen sozialen Ziele von einst wertschätzen oder an ihre Dringlichkeit erinnern, aber dass sie sich zwingend aus der Funktionsweise der Gesellschaft ableiten ließen, war für uns bereits eine Sache des Glaubens, im schlechtesten Fall der Theorie.

Ich habe charakterfeste Sozialdemokraten meines Alters kennengelernt. Ihre Unbeugsamkeit beruhte am Ende auf dem persönlichen Entschluss, streng sozialdemokratisch zu sein und genau diese Tradition für verpflichtend zu halten. Ich kenne auch schneidige Wirtschaftsliberale, die so alt sind wie ich. Von allgemeiner Gerechtigkeit wollten sie gar nichts mehr wissen, aber auch sie konnten nicht mehr behaupten, ihre Haltung sei aus Notwendigkeit die richtige, von den Verhältnissen aufgezwungen oder objektiv wahr. Auch sie hatten sich ihren Reim auf die Lage gemacht, beantworteten die soziale Frage für sich so, während es auch andere Antworten gab und gibt. Ich kenne sogar Frauen und Männer aus dem Ruhrgebiet, die noch in eine intakte politische Familientradition hineingeboren wurden und trotzdem zugaben, dass sie diese Tradition erst wieder annehmen, sich nachträglich zu ihr bekennen, womöglich wiedererfinden mussten. Sie hätten sich auch anders entscheiden können. Was meine Generation erbte, kann man die Reflexivität des Politischen nennen: Keine Haltung kann sich mehr als unumgänglich und unabweislich ausgeben, jede ist kontingent: nicht zufällig, aber auch nicht unbedingt. Und dieses Wissen zerrt unbarmherzig alle politischen Erzählungen ins Licht, die sich im Dunkel des Selbstverständlichen verstecken und sich damit vor Einwänden abschirmen.

Es ist an der Zeit, solche Betrachtungen anzustellen. Der große Bildungsroman der Babyboomer gelangt langsam an sein Ende. Er hatte einen Beginn, einen gewaltigen Mittelteil und einen Schluss, der noch nicht feststeht und auch noch nicht fertig geschrieben ist. Man könnte sich entspannen: Die Generation verdämmert nun einfach, sie geht in Rente, trinkt ihre Weinkeller leer und gärtnert noch ein wenig herum. Dann wäre ihr Ende der Tod. Wir hinterlassen unsere Testamente und versorgen unsere Kinder, die nicht mehr unter Tage und im Stahlwerk arbeiten, sondern in einem nachhaltigen Start-up mit den allerbesten Aussichten. So einfach ist es allerdings nicht. Weltzeit, Gesellschaftszeit und Lebenszeit greifen immer wüster ineinander. Ihre unterschiedlichen Verlaufsweisen und ihre Zwänge werden inzwischen fühlbar für jede und jeden. Es gibt leider keine «Staffelübergabe» von der älteren auf die jüngere Generation. Das ist eine Idee, die von der Sehnsucht nach Geschichte als langem, ruhigem Fluss bestimmt ist. Eine Stabübergabe gelingt – manchmal – in Familien. Ein gesellschaftliches Ideal kann es nicht sein.

Der Verdruss über die fehlende Aussicht eines konstanten Fortgangs der bundesrepublikanischen Zeit kommt heute in der Idealisierung eines «Generationenvertrages» zum Ausdruck. Nicht einmal metaphorisch kann von einem «Vertrag» die Rede sein, als gäbe es eine Pflicht, sein Erbe in bestimmter Weise zu regeln. Wer bestimmt die Weise und die Pflicht? Es soll nicht der Erblasser sein, sagt das Bild, und darin gelangt schon wieder diese Verwechslung von Gesellschaft und Familie zum Vorschein. Generationen sind auch keine Rechtssubjekte, und es wacht keine Instanz über die Einhaltung solcher Pakte. Gemeint ist etwas anderes: eine Verantwortung gegenüber der Zukunft, die das Handeln aller betrifft. Aber lassen sich alle und gleichermaßen in die Verantwortung nehmen?

Es macht einen Unterschied, ob man der Zukunft entgegensieht oder nur eine Vergangenheit hat. Und wären «alle» imstande und willens, gemeinsam in eine Richtung zu handeln? Ist Gesellschaft doch ein Subjekt, soll es immer wieder eines sein, auch wenn so ziemlich alles dagegenspricht? Das Bild vom «Vertrag» erweckt den Anschein, es bestehe immer schon ein Konsens und über dem wache ein Weltgericht. Wenn sich künftig tatsächlich «alle» koordiniert verhalten sollen, kann es keine voneinander abgegrenzten Generationen geben, sondern nur ein kooperatives Geflecht von Alterskohorten. So ist es gerade nicht, sagt die Stimmung.

Der Begriff «Generation» hat Konjunktur, wenn die Vorstellungen von einem geordneten Fortgang der Dinge aufgebraucht sind und die Frage dringlich wird, wie es weitergehen soll und in welche Richtung. Die Generationen werden herausgehoben, sobald Bedarf besteht, eine historische Zäsur zu markieren, also um das Alte als das Vergangene auszuzeichnen und das Folgende als Neubeginn. Das ist in diesen Jahren der Fall; es scheint sogar einen dringenden Zäsurbedarf zu geben. Es gibt den starken Wunsch nach einer Grenze. Der Zeitpunkt ist günstig gewählt, die massige Kohorte der Boomer verliert Kraft. Die Phase des Gesellschaftlichen scheint zu enden und weckt neue Hoffnungen auf Gemeinschaftlichkeit. Solche Hoffnungen blühen desto bunter, je weniger für sie spricht. Denn die Zeit von Technik und Wirtschaft rast fort, ihre Markierungen bilden Innovation und Disruption. Das entzieht sich der Planung und der kontrollierbaren Verantwortlichkeit. Demgegenüber scheint die Zeit des Sozialen der Schauplatz zu sein, auf dem Einschnitte noch sinnfällig inszeniert werden können. Dort, im Einklang mit einem ganz besonderen, von kapitalistischen Zwängen entlasteten Lebensgefühls, ist es offenbar möglich, von all den zufälligen Geschehnissen, auf die niemand einen Einfluss hat, sei es auf den Tod der Eltern oder deren notorisches Weiterleben, so wenig wie auf die Katastrophen der großen Welt draußen, auf Kriege und Aktienmärkte, noch einmal abzusehen und für die wahre Ordnung zu sorgen. Diese Ordnung sieht dann ganz selbstbestimmt aus, ist aufs Ganze gesehen aber auch das Produkt einer Traumzeit. Die Hoffnung auf die reine Zeit des Sozialen setzt voraus, Gesellschaft sei in Wahrheit eine Gemeinschaft, die einen Gemeinsinn besitzt und gutem Zureden zugänglich ist. Wenn die Gesellschaft in Wahrheit so etwas wie ein verantwortliches Subjekt ist, machen die alteuropäischen Begriffe von Zukunft und Vergangenheit in der Tat noch Sinn. Ein historisches Subjekt kann den Ballast der Vergangenheit beherzt abwerfen und aufbrechen. An es kann man appellieren. Es hätte die Kraft, die Epochen noch einmal voneinander zu trennen. Aber seine Macht beruhte dann darauf, dass die Appelle auch gehört werden.

Wo die Welt unbeeinflussbar, in der Abfolge von Krisen und Nöten fast schon unbegreiflich erscheint, muss die ethische Fiktion zur Hilfe eilen. «Alle» müssen fest daran glauben, dass der moralische Konsens die Geschichte selbst ist, er ist eine Sache der Anständigkeit, ein ausstehendes Faktum in der sozialen Zeit. Die differenzierte Gesellschaft soll wieder eine Familie sein, wo Familienmoral etwas gilt und den Kindern eine besondere Aufmerksamkeit zufällt. «Jugend» wird jetzt neu erfunden. Und in der Tat ist ja der Konflikt der Generationen ein in der Bundesrepublik erprobtes Muster, um einen Neubeginn für unumgänglich zu erklären und viele Menschen dazu zu bewegen, ihre Lebensführung anders auszurichten. Unsere sachlichen Eltern wandten sich von ihren verstockten Vorfahren ebenso ab wie die Achtundsechziger von ihren Nazi-Vätern. Der generationell markierte Wandel in der Lebenskultur ist ein bundesrepublikanisches Durchsetzungsmodell. Und möge es nun wieder sein. Und wieder ist es eine Angelegenheit der Sozialmoral.

Unter meinen gleichaltrigen Freunden sitzt der Verdruss über den Zustand der Welt genauso tief wie überall. Keiner von ihnen bildet sich auf seine Lebensleistung etwas Besonderes ein. Man weiß, dass man es verhältnismäßig leicht hatte, anders als unsere Mütter und Väter, deren Selbstlob am Schluss wenig zimperlich ausfiel. Der Abschied aus dem Arbeitsleben erfolgt nicht immer gleitend und mit Handschlag. Dass einer ganz am Schluss noch vom Hof gejagt wird, dass sich die Jüngeren dabei den üblichen Techniken der Demütigung mit kühlem Nachdruck bedienen, erleben manche am eigenen Leib. Inzwischen hört man hin, wenn solche Fälle erzählt werden. In unseren Gesprächen wird keineswegs das Hedonistische beschworen, eher kreisen sie um die Pflege der Eltern und deren langsames Sterben, auch um Erbzwiste, um das Auseinanderfallen von Familien. Wer im reifen Alter noch ein Erbe antritt – heute ist es beinahe die Regel –, muss das Ereignis und seine Folgen erst einmal in die eigene Gegenwart hinüberschaffen, und wenn das nicht friedlich gelingt, liegt es meistens nicht am strittigen Geld, sondern an einer geschwisterlichen Vergangenheit, die sich plötzlich als stärker als alles andere erweist. Auch das ist eine seltsame Erfahrung der Spätzeit. Man dachte, man hätte sich im Griff. Die anderen, dachte man, hätten es auch.

Die mit dem Altern eintretende Schwächung ist größer als man erwartete, körperlich wie seelisch. Es geht jetzt um Würde. Würde ist das große Thema unseres Altwerdens. Wir handeln das noch erreichbare Maß an Souveränität übers eigene Selbst aus. Wir fragen uns, wie viel uns davon die anderen noch einräumen. Wer finanziell gut gestellt ist, möchte seine vorläufig letzten Lebensumstände noch einmal selbst bestimmen, von nun an immer woanders sein oder endlich an den Bodensee ziehen. Wer von Altersarmut betroffen ist, wird hingegen sehr still. In Phasen wie diesen kommt es zu Geschmacksunsicherheiten: Manche Männer kaufen sich tatsächlich das Auto, in dem sie sich lieber nicht spiegeln sollten. Einige verkaufen aber auch ihren Porsche, den besten Freund, gerade weil es Zeit wird, auf Peinlichkeit zu achten. Es gibt jene, die sich von ihrer Frau scheiden lassen und sich gleich mit einer viel zu jungen wiederverheiraten. Manches kommt auf einmal so, wie man es nie für möglich hielt, und deswegen bekommt es auch etwas Komödiantisches. Dann purzeln die späten Kinderchen, oft genug Mehrlinge, was zu schönen Spekulationen einlädt, wie die wohl gezeugt wurden. Immer gibt es etwas zu lachen: Berufsjugendliche und Fashion Victims, spontane Fallschirmsprünge, irre Tierliebe, Erleuchtungen, Verschwörungstheorien und Altersromane, die besser nie geschrieben worden wären. Man selbst ertappt sich auf einmal dabei, im Radio bei Liedern von Johnny Cash hinzuhören. Vieles geht durcheinander, das mit Abschied und Bleibenwollen zu tun hat. Nur eines ist den alternden Boomern eine Gewissheit: Sterblichkeit und Vollendung wollen partout nicht ineinander fallen.

Das liegt natürlich daran, dass aus ihrer Sicht der Bildungsroman kein Ende haben darf. Im Wesentlichen haben sie ihre generationellen Aufträge erfüllt, haben die parlamentarische Demokratie in Deutschland stabil gehalten, sind nie historisch rückfällig geworden und widerstanden nationalistischen Versuchungen. Sie unterstützten das europäische Einigungsprojekt, waren für eine multilaterale Bündnispolitik, für die weltläufige Republik, die Flüchtenden offenstand, sie wurden Tourismus-Weltmeister, ließen sich von anderen Kulturen berühren und akzeptierten die Marktwirtschaft, so sie politisch und moralisch gebändigt blieb. Insgesamt realisierten sie eine Version von westlicher Geschichte, die nicht auf ein Ende ausgerichtet war, kein Ziel kannte, wohl aber einen Zustand, der einen Zweck in sich trug. Die westliche Geschichte der letzten Jahrzehnte möchte mit ihnen das Gute in der Zeit transportieren, so kennen sie es, in einer Weltzeit, die als neue Normalität die Lebenszeiten der Einzelnen ohne allzu starke Reibung einzupassen erlaubt. In diesem Sinn verstanden wir uns als gesellschaftliche Wesen und schufen uns Einrichtungen, die uns Beständigkeit garantierten. Brüche mussten die Ostdeutschen aushalten. Demokratische Verhältnisse können kein Ende kennen, unsere Welt kann sich also nicht selbst verabschieden. Für die Malaisen der Gegenwart einzelne Schuldige zu suchen, ist in den meisten Fällen müßig oder es ist ein innenpolitisches Manöver, es setzt aber eine Familienaufstellung voraus. Man würde ja die Macht der Boomer auch heillos überschätzen, wenn man sie exklusiv für den Ukrainekrieg, für den Zustand der EU oder den Afghanistaneinsatz der westlichen Bündnisgemeinschaft haftbar machen wollte.

In einer Angelegenheit stehen sie aber ganz offensichtlich als Schuldige da. Dreißig Jahre lang nährten sie ihren Wohlstand mit billiger fossiler Energie aus Russland, päppelten das Putin-Regime und vernachlässigten dabei den Ausbau regenerativer Energien. Beim Klima verschränken sich gesellschaftliche und persönliche Verantwortung und greifen zeitlich nach rückwärts und nach vorwärts aus. Das Klima hat mit Lebensformen zu tun. Der «Typus» einer Lebensweise spielt eine Rolle, wie er lange für eine statistisch breite Altersschicht maßgeblich gewesen war. So werden wir Boomer nun zur Verkörperung des Zeitalters fossiler Brennstoffe, von denen wir so viel konsumierten wie niemand zuvor. Wir haben uns von

Fleisch ernährt, sind mit dem Wagen zur Arbeit gefahren, mit dem Flugzeug in den Urlaub geflogen, wir haben dabei zugesehen, wie woanders Ressourcen geplündert wurden. Obwohl wir es besser wussten oder besser hatten wissen müssen.

Wir sind die Speerspitze einer unheilvollen Entwicklung, die mit der Industrialisierung in England einsetzte und sich nun mit Unwettern über der Heimat niederschlägt. Die Naturwissenschaften weisen uns nach, dass unsere kleinen und großen Lebensziele die falschen waren. Für den Westen im Ganzen ist das ein schwerer Schlag, womöglich ist es sein Dementi. Seine Kultur war fatal. Aber die Entwicklung ist nicht umkehrbar, und es bleibt die Frage, ob die westlichen Lebensweisen insgesamt verworfen werden sollen, auch in ihren demokratischen Errungenschaften. Eines Tages werden Historiker daran erinnern, dass es eine Korrelation gibt zwischen Energieverbrauch und demokratischen Verhältnissen; Teilhabe setzt Überangebot voraus, sonst werden gleiche Rechte die Opfer von Verteilungskämpfen. Der Wohlstand ist Vater der sozialen Modernisierung. Es ist also überhaupt nicht klar, wie tief die historische Zäsur reichen, wie neu das Neue sein soll. Vor allem bleibt unklar, welche Instanz das Neue verbindlich durchsetzt. Wie autoritär, wie antidemokratisch darf, soll ein Regime des Klimaschutzes ausfallen? Wenn wir mit unseren Kindern reden, erleben wir, wie sich zwei Denkweisen überlagern, eine große Entschlossenheit in Fragen der Umwelt bei gleichzeitiger Anhänglichkeit ans Demokratische und seine Annehmlichkeiten. Im Prinzip müsste es keinen grundlegenden Dissens geben.

Der um meine Generationen inszenierte Konflikt scheint also einen kulturellen Überschuss zu produzieren, von dem wenig die Rede ist. Dass Gesellschaften und Staaten auf veränderte Herausforderungen immer wieder mit Politik reagieren, ist ja eine Banalität. Interessant ist, warum es nicht hinreicht, eine neue Klima- und Energiepolitik bloß durch die üblichen demokratischen Verfahren einzurichten. Offensichtlich benötigt sie eine zusätzliche Legitimation. Die soll an einer künstlich sensibilisierten Schnittstelle zwischen den Generationen erzeugt werden. Natürlich wollen die Alten keinen Streit mehr und lenken ein. Das scheint einen gesellschaftlichen Konsens zu belegen, präsentiert ihn geradezu aufreizend im Schaufenster. Es scheint also von besonderer Bedeutung zu sein, dass unsere Generation in diesen Konsens hörbar einstimmt. Und zwar vollends. Auf den vernehmbaren Akt der Einstimmung kommt es an, als gälte es, in ihm unsere Definitionsmacht zu brechen und sie gleichzeitig noch einmal anzuerkennen.

Der Konflikt soll nicht pragmatisch gelöst werden, denn das liefe wieder auf ungute Kompromisse zu. Die Grenze, die Abgrenzung ist entscheidend. Die Älteren müssen sie symbolisch überschreiten, ein Zeichen ihrer Niederlage setzen und den Jüngeren einen Sieg schenken. Die Angelegenheit wird durch Übertreibungskunst strapaziert, während sich die Boomer die Augen reiben: In die Inszenierung des um sie kreisenden Konfliktes gehen politische Ideen und Zielsetzungen ein, die eindeutig Reprisen sind, aber nun ganz unironisch wieder hervorgeholt werden, das Vertrauen auf die Heilkraft starker Politik beispielsweise, auf die Wirkmacht der Vernunft, auf Wissenschaft, auf einen unverbrüchlichen Gemeinschaftsgeist. Es ist eine Menge Konstruktion im Gange, und die Wahrheit ist, dass uns diese Art der pathetischen Aufbereitung allerhöchster Ziele einigermaßen bekannt vorkommt. Der Überschuss liefert die Energie für die Verabschiedung der Boomer-Republik im Ganzen. Der Wunsch zum Abräumen sitzt tief, es existiert kaum noch ein junger Mensch, der seinen Frust nicht als Konflikt mit unserer Generation abarbeitete.

Die neu erfundene «Jugend» im Zeichen des Klimaschutzes ist aber nur bedingt ein Altersphänomen. Viele Ältere möchten jetzt in diesem Sinne mit jung sein. Sie wollen auf der richtigen Seite stehen, weil sie davon überzeugt sind oder ihre persönliche Klima-Schuld nicht ertragen können oder beides. Zu den Paradoxien des Engagements gehört auch, dass einer der Verantwortung gerade entschlüpfen kann, weil sein Engagement dann erdzeitlich oder global aussieht, auf jeden Fall größer ist als er selbst und sein persönlicher Carbon Footprint. Viele Tartuffes sind unterwegs. In den Reden übers Klima, auch den klugen, angemessenen, bildet unsere Generation so etwas wie eine Kontrastfolie. In dieser Eigenschaft nimmt sie nun eine neue soziale und kulturelle Funktion wahr. Sie wird aufs Neue Teil eines Spiels.

Wenn wir das Spiel verstehen wollen, müssen wir zeigen, wie es auf die Bühne gebracht wird. Das heißt dann nicht, die Notwendigkeit vernünftiger Klimapolitik infrage zu stellen, auch nicht die Anstrengungen der Industrie, grüner zu werden. Es liegt auch keine Beschwerde darin. Nach Erklärungen zu suchen, ist eine Vergewisserung, wie etwas geworden ist – und dass es sich auch anders hätte ereignen können. Die Natur rebelliert, aber daneben nimmt das Klima-Generationen-Spiel keineswegs mit natürlicher Notwendigkeit seinen Lauf. Überhaupt können wir nur in kultureller Übersetzung begreifen, was mit der Natur vorgeht. Und in dieser Übersetzung können (oder müssen) wir dann im Geschehen anwesend sein. Um eine bestimmte Art der Politik in neuer Weise – und das heißt: als existenziell notwendig und alternativlos auszuzeichnen, muss die kulturelle Sicht aufs Ganze sich verändern.

Sie hat sich auch schon verändert, weil die Wissenschaft uns etwas zeigt, das in den Jahren zuvor so noch nicht am

Horizont erkennbar war: das Ende der Welt. Die Stochastiker können vorrechnen, dass die uns noch zur Verfügung stehende Frist bemessen ist. Wo der genaue Zeitpunkt des Wärmetodes liegt, ist unwichtig, wesentlich ist, dass die Geschichte, wie wir sie kennen, wahrscheinlich doch eine Grenze hat. Das wäre dann kein Endziel, weder Paradies, noch Füllhorn, noch universale Gerechtigkeit. Es ist eine negative Utopie, vielleicht sogar mit dem Verschwinden der Gattung Mensch verbunden, jedenfalls gibt es keinen Grund, sie herbeizuwünschen. Die Entropie als Menschheitserfahrung liegt außerhalb der Vorstellungmöglichkeiten, und so kann dieser abstrakte, wissenschaftlich errechnete Schluss nur in demjenigen Rahmen begriffen werden, den die westliche Kultur für Endzeitvisionen zur Verfügung stellt: Zwangsläufig muss das Ende als die Apokalypse eintreten.

Der Gedanke einer offenen, endlosen, ihren Sinn in sich tragenden Geschichte erledigt sich, wenn die Apokalypse gewiss ist. Dann ist das Ende kein Einschüchterungswort, sondern Prognose: Selbst falls es danach noch Menschen gibt, werden sie sich verwandelt haben. Sie werden sich gegen eine feindselige Natur behaupten müssen und sich um Demokratie im alten Sinn nicht mehr scheren, vielmehr werden sie gegeneinander kämpfen, ums Letzte, in einer anders endlosen Zeit, in der auch Wissenschaft sinnlos geworden ist. Die Apokalypse ist umso gewisser, wenn das Ende kein Knall ist, sondern ein schleichender Prozess, der irgendwann zu weit gediehen sein wird. Deswegen gilt die Katastrophe bereits als eingetreten. Sie ist an tausenderlei Anzeichen ablesbar, das Ende ist schon da, es ist die Gegenwart. Und nun soll die Geschichte der Gegenwart neu erzählt werden. Der offene Bildungsroman der Boomer erhält sein Schlusskapitel: Diese so lange dominierende Generation war Beschleuniger der katastrophalen Entwicklung, wo nun alles aufs Aufhalten, aufs Verlangsamen, Verhindern ankommt.

In dieser Erzählung werden die Babyboomer historisch, indem alles, was sie sonst noch waren, ausgeblendet wird und nur noch diese eine Eigenschaft bleibt, den Klimawandel angetrieben zu haben. Die Zuspitzung gehört zum Konstrukt, gilt als neue Wahrheit. Das Bild von der Apokalypse wirkt schlagend, aber es hat auch seine Tücken. Es entfaltet mit der Zeit eine eigene Dynamik: Die wissenschaftliche Herleitung des Endes macht den Spielraum klein, innerhalb dessen auf die Erkenntnisse der Klimaforschung reagiert werden kann. Es ergibt sich daraus ein Zwang, die Politik strikt zu rationalisieren, denn im Grunde ist glasklar, was sie zu tun hat, sie ist ja wissenschaftlich festgelegt. Naturgesetze erklären, warum das Ende näherkommt, ebenso einsichtig sind die Mittel, es zu verzögern. Im Prinzip kann niemand einer physikalischen Politik die Zustimmung verweigern. Wo die westlichen Gemeinwesen bisher das Individuum freisetzten, darf dieses künftig nicht mehr so frei sein, weil es anderen Gesetzen gehorchen muss als den selbst gesetzten. Im Verlangsamungsprojekt wären die zufälligen Hampeleien der Einzelnen auch hinderlich. Ab jetzt sind alle Anstrengungen auf den Selbsterhalt der Gattung gerichtet. Wünsche und Willen der Individuen dürfen den rechten Pfad nicht unkenntlich machen. Das Regiment müsste also streng sein. Die Idee des Apokalyptischen und der Rettung vor dem Untergang erzwingt ein solches Regiment. Die ganz Jungen und Militanten scheinen aufs Demokratische kaum noch zu vertrauen, es geht ihnen zu langsam. Kompromisse verwischen die offenbaren Wahrheiten. Die Alten reden immer noch mit, und ums Richtige wird gestritten, statt es endlich ins klimaschützende und arterhaltende Werk zu setzen.

Die Klimapolitik der Zukunft hat also einen technischen Grundzug. Auf dem Gebiet des gelebten Lebens heißt das nicht, das neue Verhaltensideal bestünde in kühler Gelassenheit. Je näher das Ende rückt, desto mehr setzt das Bild der Apokalypse religiöse Energien frei – die endzeitliche Gegenwart überwältigt die säkulare Gesellschaft geradezu: Die neue Jugendbewegung kennt ihre Heiligenfiguren und bedient sich kreuzzugähnlicher Protestformen. Sie kennt die Verdammten und die Hölle. Technik ist nicht genug, das Herz muss beteiligt sein. Sämtliche Appelle richten sich an den Menschen und nicht nur an den Bürger. Das Weltgericht ruft einen jeden zur Räson und legt ihm nahe, ehrlich in sein Innerstes zu blicken. Das ist die Frage nach der Moral, und diese Entscheidung des Einzelnen – ob er Abbitte leistet, sein Dasein künftig klimagerecht oder nicht auszurichten gedenkt, ob er störrisch in der Vergangenheit weiterleben will oder sich doch noch dem rettenden Aufschubprojekt verschreibt – verleiht der Bewegung ein Pathos, das politische Parteien als Organisationen begrenzter Interessen beschämt, geradezu winzig erscheinen lässt. Die Parteien gehören deswegen mit in den Abgrund des zu Recht Untergehenden gestoßen.

Der Schutz des Klimas kennt keine Parteien mehr, sondern nur noch Menschen. Er macht aus dem Bürger ein Gattungswesen. Eine wahrhaft strenge Klimapolitik kann nicht mehr innerhalb des politischen Systems im engeren Sinn betrieben werden. Das Ziel übersteigt die Möglichkeiten der konstituierten Ordnung bei Weitem. Die Bewegung «aller» ist ein Programm des kulturellen Wandels: Der Kampf ums Klima ist gleichbedeutend mit fortdauernder Mobilisierung. Er stößt jeden in eine Entscheidungssituation, er muss, wie in allen endzeitlichen Bewegungen, im Gewissen jetzt und sofort erfolgen. Enttäuschung begleitet die Klimapolitik hartnäckig, wenn sie nur Politikpolitik bleibt. Diese Enttäuschung war auch weitverbreitet, bis der russische Überfall auf die Ukraine ein neues Bedrohungsgefühl setzte, denn auch der Atomtod ist apokalyptisch.

Die Idee von der Apokalypse setzt eine Umkehr voraus, die Umkehr des Einzelnen, seiner Gesellschaft, der Nationen, der Menschheit überhaupt. Es ist die alte Idee einer «conversio», die der Klimabewegung zugrunde liegt. Die rettende neue Politik ruft zur Konversion auf. Keine Elite, keine Partei kann hier stellvertretend etwas ausrichten. Die Umkehr muss alle erfassen, und der Aufruf zur Konversion richtet sich zuvörderst an jene, deren Lebensführung zu Bedenken Anlass gibt. Nochmals ergeht ein herrischer Anruf an die Generation der Babyboomer. Sie, die Älteren, die mit der Macht und den Vermögen, sollen zuallererst umkehren. Was auch meint: Sie mögen vor der Gesellschaft ein Bekenntnis ablegen, ihre Verfehlungen eingestehen, ihre Schuld bekennen. Es wäre unzureichend, wenn die Älteren ihre Besitztümer in den Dienst des Klimaschutzes stellten, ihren Auto- und Reise-Egoismus beschränkten, ihre Häuser isolierten oder ihre Investments an Nachhaltigkeitsstandards ausrichteten. Es fehlte dann noch die Beglaubigung, der Segensspruch für die «Jugend». Das ausdrückliche Bekenntnis zur Politik der Klimarettung, zur Abkehr von einer westlichen Lebensform, ist in diesen Jahren der letzte Auftrag, der an uns ergeht.

In anderen Ländern nutzt man sämtliche gesellschaftlichen Bereiche, um das Klima zu schützen; hier zählt das weniger. In Deutschland, könnte man sagen, liegt das Zentrum des Klimaschutzes in der Sozialsphäre. Bekenntnis ist allemal wichtiger als Pragmatismus. Erst wenn die zugehörigen Aktivitäten und Praktiken einen neuen Kollektivkörper gebildet haben, erst wenn wirklich «alle» an einem Strang ziehen und sich der

Illusion hingeben, ihr Handeln halte den Klimawandel auf, würde das Gewissen ruhiger. Ganz am Ende erfasst die Boomer etwas seltsam Vormodernes. Deswegen sind nur wenige von ihnen vom neuen Aktivismus begeistert. Sie werden noch einmal zu Adressaten einer vor Angst und Wut zitternden Gemeinschaftseuphorie. Die «Jugend» verwandelt sie zurück in Mütter und Väter. Gerade hatten sie sich darüber zu freuen begonnen, dass die Kinder endlich aus dem Haus sind.

SPIEGELSTADIUM

Mit oder ohne Bekennermut – ich zweifle daran, dass sich die Bundesrepublik auf absehbare Zeit in etwas anderes verwandeln lässt als das, was sie ist, in etwas grundlegend Klügeres oder Gerechteres. Die so etwas fordern, können ja auch nur auf die Instrumente des Umbaus zurückgreifen, die ihnen das Land zur Verfügung stellt. Noch ihre Diagnosen sind bundesrepublikanisch vorgeprägt und sie zitieren in ihren Therapievorschlägen eine politisierte Religiosität, die in diesem Land ganz an den Rand verschoben wurde, als etwas, das man ausprobiert hatte, aber aus guten Gründen nicht mehr hervorholte.

Wer aus der fanatisierten Ecke kam, musste sich bisher vorhalten lassen, er habe kohlschwarze Hände und trüge Brandflecken im Gesicht, die Anzeichen der politischen Zündelei. Heute kann man sich diesen Ruß auch anmalen, aber dann ist es nur Schauspielerei, Politpop. Im Vergleich mit der RAF klingt die Sprache heutiger Klimaaktivisten und Kolonialkritiker geradezu poetisch. Wenn sie in ihren Anliegen am Ende doch auf Kulturwandel oder Regierungspolitik setzen, liegt das ganz im BRD-Muster. Es liegt ebenso im Muster, geteilte generationelle Erfahrungen im Rahmen einer besonderen Sprechweise vorzuführen und darin je eigene Sichtweisen und Gefühle zu transportieren. Der Wunsch, an der richtigen Stelle abzubiegen, die Alten endlich hinter sich zu lassen, in den offenen Horizont durchzustarten, hinein in ein emissionsfreies Leben, ohne Kapitalismus und alte weiße Männer, er mag verständlich sein. Ganz ist er aber auch nicht frei von den Resten jener etwas verblühten Idee, man könne Geschichte machen, könne sie sich bauen nach Plan oder sie programmieren, sodass der 3-D-Drucker sie in erwünschter Gestalt additiv fertigt. In meinem Leben war Geschichte das, was man gerade nicht erwartete und was man auch nicht unbedingt erleben wollte.

Das Land hält sich traditionsgemäß über Streit im Gleichgewicht – vermutlich gar nicht, um wechselseitig zu lernen und generell klüger zu werden, sondern einfach, weil es leichter fällt, sich zu erhalten, wenn alle zu Wort kommen. Gleichgewicht im Sinne von Redegerechtigkeit und Rücksichtnahme gehört zu den wenigen Versprechen, die politische Parteien noch machen können. In dieser geschmeidigen politischen Kultur haben auch die Generationenkonflikte letzten Endes eine erhaltende Funktion: Wer sich dazu erklärt, ist bereits integriert. Das sah die RAF anders, und sie trieb es tatsächlich bis auf den Punkt einer real möglichen Desintegration. Ihre Mittel allerdings, der Kampf einer Stadtguerilla, die sich aus dem Off von allem lossagte, lassen sich nicht aufs Neue anwenden. Es gibt keine zweite Dialektik von Wort und Tat mehr, diese Art der Nachahmung ist als eines der wenigen politischen Modelle aus dem bundesrepublikanischen Repertoire ausgeschlossen worden, und wer seine Forderungen mit Gewaltanwendung auch nur lose in Verbindung bringt, wird als Desperado verfolgt und findet kein Gehör. Die politische Gewalt ist kompakt, differenzlos, homogen und stumm geworden. Der Terror ist ein Zombie. Das hat auf der anderen Seite die Gesellschaftskritik noch einmal ins Plappern gebracht, diskursiviert sie weiter und weiter und schränkt damit auch ihre politische Reichweite ein. Kritik bleibt fürs gleichgewichtige Ganze anschlussfähig, so oder so.

Eine jede weitreichende Kritik an den Verhältnissen, ob sie

antikapitalistisch, antirassistisch oder ökologisch sein will, muss sich eine neue Philosophie der Sprache suchen, eine, die sich tröstlich verhält gegenüber der Aussichtslosigkeit, globale Wirklichkeit mit universalmoralischen Appellen zu verändern. Der alte Glaube, Sprache sei bereits Tat, ja diese selbst, die Kritik sei bereits ihre Anwendung oder ein Vollzug einer kritischen Praxis, vermag nur noch einen Anschein von Radikalität zu erzeugen. So leichthin aber, wie das Politische in dieser späten Vorstellung von Radikalität reklamiert wird, so leicht kann sich die bestehende Politik ihrer bedienen und sich diese Rhetorik zu eigen machen. Politiker können diese Radikalität loben, aufnehmen, nach Belieben korrigieren und sich anverwandeln. Aus ihr wird dann Parteiprogrammatik, ohne große Umstände. Denn wenn die Rede selbst schon politische Praxis sein will, kann auch der Hüter des Bestehenden mitreden und die Welt verbessern. Unter solchen Voraussetzungen können die Jüngeren extreme Positionen beziehen, aber keinen Außenstandpunkt mehr. Für den Spagat, zugleich drinnen und draußen zu sein, haben sich lange die Grünen angeboten. Die Grünen unterbreiteten seit Längerem ein globales und universalmoralisches Angebot, das sich stellenweise sogar kategorisch anhörte. Sprachpragmatisch gesehen schienen sie über Zauberkräfte zu verfügen. Sie redeten ihre politischen Ziele geradezu herbei. In der Regierung fällt das Zaubern schwerer. Aber die Grünen wollten regieren und lernen. Auch sie sind gute Kinder der Bundesrepublik. Die weniger aufgeregten Klimaschützer haben es im Laufe der Jahre erreicht, dass sich die Teilsysteme der Gesellschaft langsam auf ökologische Zielsetzungen ausrichteten. Dort in der Wirtschaft, in der Politikpolitik und im Recht schützt die Bundesrepublik das Klima nach Maßgabe ihrer Möglichkeiten tatsächlich. Viele darauf ausgerichtete Etappenziele sind eingepflanzt, und das ist auch richtig so. Es könnte schneller gehen und mit mehr Mut, doch ist Konsens kein Sprechakt, und auch die Dekonstruktion der Beharrungskräfte, Erfahrung der vergangenen Jahrzehnte, benötigt Zeit, folgt eigenen Rhythmen. Vermutlich wird den ganz Jungen unsere Erfahrung nicht erspart bleiben, dass ein Leben in und mit diesem Land zwiespältige Gefühle hinterlässt, in jedem Fall zu verwickelten Gedankenoperationen einlädt.

Einem, der die Einheit und was darauf folgte erlebte, fällt es mittlerweile schwer, wuchtige Vokabeln wie «Zeitenwende» zu verwenden. Die endzeitliche Rhetorik wirkt manchmal ganz schön geschraubt, besonders wenn die eigenen Altersgenossen als Neo-Apokalyptiker herumhampeln und behaupten, ihre Generation habe «versagt»! Wenn man den Maßstab von heute anlegt, kann man das leicht übers Vergangene behaupten. Hinterher klüger, hätte man immer etwas besser machen können. Ein bisschen ist der Sinn fürs Verblasene solcher Maßstäbe verloren gegangen. Wenn man schon im Rederaum streitet, könnte man es eigentlich eleganter und auch ironischer tun. Die Rigorosität macht die politischen Ziele eher hässlicher, auf die man sich im Prinzip einigen könnte.

Ich bin gerade deswegen ein Kind meiner Generation, weil mir das Talent fürs Großhistorische abgeht. Ich fühle mich nicht so leicht als Teil einer Gemeinschaft. Wie vielen anderen in meinem Alter fällt es mir schwer, mich als das Produkt von historischen Prozessen langer Dauer anzusehen oder mich von ganz stürmischen Kurzereignissen umkrempeln zu lassen. Meine Zeiterfahrung ist eher mittelfristig. Vielleicht ist das ein Mangel, aber das historische Vibrato erreicht mich nur mit Mühe. Weder in Erich Mielkes Büro habe ich es vernommen, noch auf den Schlachtfeldern der Normandie, noch auf der Kurischen Nehrung, wo die Grenze zu Russland mitten im Sand verläuft und, so versicherte mir jedenfalls ein polnischer Kollege, wo in jedem Sandloch ein russischer Soldat hocke, der nur darauf wartet, einen deutschen Provokateur zu stellen.

Vor einigen Jahren begab ich mich auf eine Suche nach Hermann Görings Jacht Carin II. Das Schiff gehörte, wie gesagt, Gerd Heidemann, der eine Art zeitgeschichtlichen Partydampfer aus ihm gemacht hatte, dekoriert mit Nazi-Erinnerungskrempel aller Art. Danach war die Carin II an einen ägyptischen Hotelier verkauft worden und lag nun in der Nähe von Hurghada im Roten Meer. Ich benötigte viele Wochen, um die Eigentümerin, eine Amerikanerin und Witwe des Ägypters, davon zu überzeugen, dass das Boot für uns Deutsche interessant sei. Vielleicht war es aber auch nur für mich interessant, weil es eine Nebenrolle in der Affäre um die Hitler-Tagebücher gespielt hatte – die hatten das Land immerhin zum Lachen gebracht. Hermann Göring, die Royal Navy, ein durchgeknallter Reporter und ein ägyptischer Investor, schon die Reihe der Eigentümer ist eine kleine welthistorische Postkarte. Ich flog also nach Hurghada, es folgten noch einmal Tage der Überredung, dann fuhren wir mit dem Jeep hinaus zu einem kleinen Hafen in der Wüste. Irgendwo da draußen war sie als ein heller Punkt zu sehen, Wind und Wetter preisgegeben. Lange, heiße Stunden dauerte es noch, bis wir jemanden aufgetrieben hatten, der uns übersetzen wollte. Dann konnte ich das vernachlässigte und doch so elegante Boot entern. Räuber hatten die Carin II mehrfach ausgeplündert. Die Armaturen waren noch original, aber schon Heidemanns Renovierung mit all dem Messing und dem Mahagoni war nichts anderes als ein Traum vom eigenen englischen Pub, schrecklich gemütlich, aber nicht nazi.

Etwas ganz anderes faszinierte mich. Göring hatte sich das

einbauen lassen und war mächtig stolz auf diesen gewitzten Einfall gewesen: Vorn am Bug lag unter einer verschiebbaren Platte ein Sitz verborgen. Eigentlich war es nicht mehr als eine flache Aluminiumschale. Wir schoben die Platte beiseite, und schon war ich hineingeklettert. Wenn es von Hamburg nach Sylt ging, schoss der Reichsjägermeister von dort aus auf Möwen (was Skipper nicht tun). Ich saß nun genau da, wo der zweite Mann des Nazireiches seinen breiten Hintern geräkelt hatte. In diesem Moment erwartete ich den Anruf der Geschichte. Ich wartete auf etwas Bewegendes an exponiertem Ort, wenigstens auf eine klitzekleine profane Erleuchtung, ganz einsam im Roten Meer, nur in Begleitung einer unsentimentalen Schiffsbesitzerin, die achtern die Schäden des letzten Sturms begutachtete und nicht verstand, was ich da trieb. Der tiefblaue Himmel über mir, das blasse Meer unter mir – und in mir leider nichts, keine Empörung, keine Erschütterung. Die Carin II behielt ihre Vergangenheit für sich. Was ich von ihr mitnahm, war die Erwartung und das sodann intensiv erlebte Ausbleiben einer historischen Rührung.

Bei aller Neigung, sich mit Gemeinschaftsfantasien und Familienidyllen zu charakterisieren, die Bundesrepublik verspürte während meiner Jahre glücklicherweise kaum einen Drang, sich mithilfe solcher Ideen geschichtsmächtig zu fühlen und energisch in neue Epochen einzuschreiten. Vielleicht will sie sich gar nicht zusammengehörig fühlen wie eine Herde. Der Wunsch nach stabiler Mittellage in größtmöglicher Uneinheitlichkeit macht sich aus Anlass wichtiger Bundestagswahlen immer wieder geltend, übrigens auch nach der letzten von 2021; das bleibt vorläufig die bundesrepublikanische Moral ihrer Geschichte. Und so sehr es auch die Nerven aller beruhigte, dass diese einst so mobilisierungsfreudigen Deutschen am Ende Gefallen an Besitz und Frieden fanden, unerschütterlich bleiben lernten im Lauf der Jahrzehnte, so sehr kann man natürlich beklagen, dass genau diese Geisteshaltung auch eine unschöne Seite hatte, und zwar eine, die sich umso stärker zeigte, je mehr die Republik alterte – und die lange maßgebliche Generation in ihr. Bräsige Zufriedenheit charakterisiert Deutschland bis heute genauso, vielleicht sogar Selbstgefälligkeit. Solche Gemütslagen machen das Fundament der bundesdeutschen Coolness genauso aus, der Wille zur Unbetroffenheit, die Freude am kommoden Stillstand.

Angela Merkel besaß ein Sensorium für diesen zwiespältigen Ruhereflex der deutschen Bevölkerung und stellte sich geschickt auf ihn ein. Wer konnte denn noch sagen, ob wir mit Merkel den Kurs hielten oder einfach keine Lust hatten, neben uns etwas wahrzunehmen, und nur geradeaus fuhren, mitten durch Europa hindurch? Die rebellischen Kids im Zeichen des Klimaschutzes und des Antirassismus haben keine andere Bundesrepublik erlebt als diese Merkel'sche. Die Bestimmerin war eine, die alles zu berücksichtigen versprach, nichts wirklich übelnahm und vor allem nicht strafte, nicht einmal durch Stirnrunzeln. Auch solche Signale regulieren die erste Annäherung ans Politische, wenn man sehr jung ist. Schröder provozierte uns, sogar dann, als wir ihn eine Zeit lang gut fanden. Da war Spannung, aber die kam niemals auf im Verhältnis von Merkel zu den Nachwachsenden. Da kabbelte man sich höchstens wie mit den Eltern. Wir wollten rein in die Politik, unsere Kinder hegen schon Zweifel, ob das Eindringen überhaupt einen Sinn hat, und sie engagieren sich lieber als Aktivistinnen und Aktivisten, die ganz andere Republik im Kopf.

Es war kein programmatischer, aber ein gelebter Konservatismus, der Merkels Kanzlerschaft auszeichnete. Wir Älteren erlebten diese sechzehn Jahre wie eine natürliche Stauung unserer Lebenszeit, also einpökelnd, Heranwachsende erlebten sie als das Treibhaus ihrer Existenzen, wo manches lauwarm zum Blühen gebracht wurde, vieles aber auch nicht richtig. Anderes konnte nicht einmal keimen. Wünsche wurden schon erfüllt, aber meistens nur halb, wie wenn man sich einen Hund zum Geburtstag wünscht und einen Goldfisch geschenkt bekommt. Es war jedoch immer so viel, dass man sich bedanken musste. Jedenfalls gab es keinen Grund, unhöflich zu werden. Wir Eltern waren ohnehin gut bedient.

Irgendwo in der Großen Koalition konnte sich jeder wiedererkennen und auf jemanden zeigen, der an den politischen Vorhaben weiterschraubte, die man selbst erfunden zu haben glaubte. Die Entscheidung in den wichtigen Wahlen fällt seit Jahrzehnten innerhalb der demografisch dominierenden Alterskohorte, ist also nach wie vor Sache der Babyboomer, und zwar zahlenmäßig der westdeutschen, die an ihren Lieblingsparteien – früher «Volksparteien» genannt – hartnäckig festhalten. Am Anfang wurde Angela Merkel als seltsame Fee aus Mecklenburg-Vorpommern belächelt, aber je länger sie sich entschlossen zeigte, an der Macht zu bleiben, desto mehr verwandelte sich ihre öffentliche Person in eine Dauerbewerbung, die auf die mentalen Bedürfnisse ihrer alternden Wählerschaft zugeschnitten war. Merkel rief zum Respekt vor dem Geschaffenen auf, sie unterstrich noch einmal, dass die Bundesrepublik eine Preziose der Geschichte sei, sie selbst ihr dankbares Kind. Merkel verkörperte Unaufgeregtheit und politische Klugheit, die Tugenden der Erfahrenen, sie wies dem Land weiter den Weg nach Westen und nach Europa – und schlug dabei dezent einen Bogen zu all den Grundsätzen der frühen Christdemokratie, in deren Obhut die westdeutschen Boomer groß geworden waren. Dass Merkel selbst eine andere Herkunft hat und eigentlich gar nicht zu ihnen gehört, sondern sich später zu deren Werten bekannte, ja deren Mentalität nachformte, steigerte ihre Glaubwürdigkeit noch. Gleichzeitig ließ sie die Reaktionsmuster dieser Generation demoskopisch beobachten. Sie orientierte sich fast sklavisch an der Stimmung im Land: gelungene Boomer-Mimesis.

In ihrer Reifezeit konnte meine Generation sich mit Merkel doch noch in der Illusion wiegen, eine eigene Republik erlebt zu haben. Es war ein Land, das endgültig so aussah wie wir. Euphorie löste das keine aus. Es kam schlichtweg nicht mehr darauf an, und manchmal gruselte man sich sogar ein bisschen davor. Wir hatten uns diese Merkel-Republik nicht erstritten, sie fiel uns zu. Schön, dass niemand in dieser Zeit ein anstrengendes politisches Programm verfolgte. Die Dinge gingen so weiter, die Wirtschaft sprang mit Weltkonjunktur und Schröder-Reformen an und blieb munter. Der Sozialstaat und das Gesundheitssystem wurden noch ein bisschen sicherer, das Geld blieb stabil, die Autos wurden sparsamer und schonender, die Biomärkte zahlreicher. Das vereinigte Europa ging zwar gleich durch eine ganze Reihe von Höllen hindurch, aber nicht, weil Deutschland ihm das Vertrauen entzog. Die Deutschen entwickelten weder gegenüber Griechen noch gegenüber Briten eine Abneigung, sie können es sich nach wie vor leisten, die exaltierten Nationen zu bedauern. Mehr böser Nationalismus kommt nicht auf. Im Ukrainekrieg erwiesen sich die Deutschen als verlässliche Partner des westlichen Bündnisses. Das Ökologische – einst eine Erfindung von besonders aufgekratzten und besonders missgelaunten Achtundsechzigern – war all die Zeit bei den Grünen gut aufgehoben, die ja im Übrigen eher eine Boomer-Partei sind, wenigstens die längste Zeit waren. Und in dieses wundervolle Über-Schweden brach dann der Rechtsextremismus ein. Ernsthaft hatte meine Generation ihn nicht auf dem Zettel, auch das schien alles erledigt zu sein. Wir Älteren hatten die Rechten in dieser Wucht nicht erwartet. Wir können sie ehrlich gesagt mit unserem geistigen Besteck nicht genau erklären und haben kein Gegenmittel zur Hand. Das Rechte war all die Jahre immer dabei, klein und hässlich, sodass wir schon darüber hinwegsahen. In Wirklichkeit delegieren wir ihre Bekämpfung an die Jüngeren. Vermutlich markiert dieses Phänomen das Jenseits unserer generationellen Welt viel deutlicher als die Klima-Apokalypse.

Ich erinnere mich sehr gut daran, wie groß in meinem Bekanntenkreis die Vorbehalte gegen Angela Merkel waren, als sie tatsächlich die erste Bundeskanzlerin wurde. Mit den Jahren fanden viele sie gar nicht mehr so schlimm. Schleichend gewann Merkel Freundinnen und Freunde hinzu, die Vorbehalte erschöpften sich einfach mit den Jahren. Irgendwann war anscheinend nur noch Gutes an ihr, denn wer so alt ist wie ich, begann am Ende seinen Frieden mit ihr zu machen, wie mit einem Nachbarn, den man vielleicht nicht mag, dem aber das Haus nebenan gehört, während er sich ganz anständig benimmt. Es ging nicht anders, der Mensch kann nicht jahrzehntelang in Abneigung verharren, das ist gegen seine Natur. Als sie aus dem Amt schied, winkten ihr alle freundlich zu, und das war keine politische Demonstration mehr, sondern etwas Ziviles. Man muss es aber noch einmal deutlich sagen: Sie hat die Boomer-Welt aufgipfeln lassen. Sie verwandelte das Land in ein generationelles Versailles. Sie verklärte unsere Welt zum schützenswerten Verdienst unserer Lebensleistung und sie verschmolz den Konservatismus mit einem altersspezifischen Reflex der Selbsterhaltung.

So wiegt sich diese Bundesrepublik weiter in der Illusion, sie sei insgesamt doch ein Ganzes und ein Gutes. Woanders befindet sich die Demokratie auf dem Rückzug, Verrückte werden in die höchsten Ämter gewählt, die Wirtschaft organisieren die Chinesen besser, aber dieses Land bleibt innerlich gefestigt. Zu Beginn der Zwanziger wackelt so ziemlich alles in der großen Welt, das Selbstbild, es habe sich alles gelohnt, sei gelungen und müsse auch aufbewahrt werden, setzte sich durch. Vor diesem Hintergrund wanderte, was der inneren Zufriedenheit zuwiderlief, Ungleichheit, Migration, die finanzielle Rolle Deutschlands in Europa, langsam und beständig an die Peripherie ab, wo alles in eine vom Kanzleramt aus beobachtete und irgendwie in Angriff genommene Problemlage umgewandelt wurde. Es ist nicht einmal so, dass die Politik Konflikte verdrängte oder vernachlässigte. Das meiste wurde aufgegriffen und angegangen, doch stets so, dass die Folgen überschaubar blieben. Selbst ungeduldige Feministinnen mussten zugeben, dass die Richtlinien der Politik von einer Frau bestimmt wurden und dass nun Frauen hier und da wirklich einmal in eine Führungsposition gelangten. Selbst die Klimaschützer fanden irgendwann Gutes an der Kanzlerin. Für alles war gesorgt, irgendwie. Das Ganze dieser umsichtigen politischen Alterswelt bot kaum noch Angriffsflächen, und wenn Entscheidungen beklagt wurden, weil sie schwächlich und unentschlossen ausfielen, setzte sofort die Selbstdisziplin ein: Mehr ist leider nicht drin. Merkel war eine große Pädagogin der Bescheidung. Mit ihr gab es keinen Neoliberalismus und kein Volksheim, aber doch etwas, das sich mit Rückblick auf die deutsche Geschichte wie ein im Waldesschatten gebasteltes und nur von wenigen bemerktes Gesamtkunstwerk ausnahm. Wenn ihm auch der Glanz des Schönen fehlte. Mehr war nicht drin, aber immerhin.

Natürlich klingt das ein bisschen böse, aber in dieser Hinsicht könnte man sagen, auch die Jüngeren haben bekommen, was sie wollten – vielleicht ist es auch das, was sie sich unterbewusst wünschen mussten. Denn eines ist ja klar: Wer in den Neunzigern oder in den Nullerjahren groß wurde, erlebte sein Erwachsenwerden nicht als Aufbruch in eine neue Zeit, sondern als späte und langgezogene Jugend, die von einem Höchstmaß an Kontinuität und immer noch von einem sehr hohen Maß an Sicherheit geprägt war. Die jetzt in die Schlüsselpositionen einrücken, sind die Kinder des stillen Optimismus. Aufgewachsen sind sie in der Überzeugung, Konflikte ließen sich mittels gewiefter Techniken sprachlicher Konsensherstellung schlichten, während sich andere Streitereien ein für alle Mal erledigt hatten. Nichts ist erledigt. Putin brachte den echten Krieg nach Europa zurück und begründete ihn auf seine Weise sogar kulturell. Plötzlich war nichts mehr bewältigt, keinerlei Fortschritt in der Vernunft. Es war sogar ein Sprung zurück in eine Vergangenheit vor 1990.

Die Post-Boomer hatten sich an weniger dramatischen, kleinteiligen, eben gesellschaftlicheren Konfliktlinien abgearbeitet. Ihre Projekte bedeuteten stetige Zivilisierung, Optimierung des Zusammenlebens, ausgerichtet am Maßstab des guten Gewissens. Ein harter Kampf um die Bedingungen von Zivilität war das nicht gewesen. Währenddessen wandelten sich die Dinge und wurden langsam ernst: Armut, Gewalt, Flucht, Klima, EU, all die geopolitischen Vorbeben. Auf diese bösen Zeichen reagierten die Jüngeren nicht gerade mit einem Heroismus der Verantwortungsübernahme. Vielmehr reagierten sie kindlich, das heißt mit Anklagen und Vorwürfen: Sie erhoben einen Anspruch auf Lebenssicherheit. Die sei das, was die Boomer doch garantieren müssten, ihr Erbe, und im Zerfall des ganzen Kokons zeige sich vor allem das Versagen der Älteren.

Die späte Konfrontation mit Verantwortung löste einen Selbstschutzreflex aus: Die absehbaren Probleme sind dann nicht die eigenen, sondern sie sind das Unerledigte der Vorgänger. Psychologisch war Angst im Spiel, die Dinge nun selbst in die Hand nehmen zu müssen. Und tatsächlich sind die Post-Boomer vor dieser Aufgabe lange beschützt und in ihrer Haltung sogar bestärkt worden. Die Kanzlerschaft Merkels hat die Erfahrung eines dramatischen Wechsels zum Schlechteren unablässig hinausgeschoben. Und zwar für alle; es war ihr Markenkern. Merkel betrieb Krisenverdrängung, politisch wo es ging, dabei die Gesellschaft auf neue Wetterlagen bewusst nicht einstimmend. Merkel beschwieg die Veränderungen und trug insofern auch nichts zum politischen Erwachsenwerden der Jüngeren bei, während sie in ihrer älteren Wählerschaft ein narzisstisches Wohlgefühl zu erzeugen bemüht war.

Nach Schröder büßte die Politikpolitik schlagartig an Anziehungskraft ein. Keiner brachte mehr einen Willen zum Dramatischen auf, und meine eigenen Ausflüge in den Politikjournalismus absolvierte ich währenddessen wie ein Läufer, der sich gut zuredet, um alles aus sich herauszuholen, während es einen Pokal nicht mehr zu gewinnen gab. Es hat etwas ungemein Geselliges, wenn alle glauben, Gesellschaft kondensiere sich irgendwo dahinten in der Berliner Politik, dort geronnen die Dinge, es gehe in ihr konfus zu, aber doch irgendwie beispielhaft und zukünftig. Hat dieser Glaube sich aufgebraucht, ist es auch nicht weiter schlimm: Das Politische wird dann zu so etwas wie Fahrstuhlmusik oder es verflüchtigt sich nach anderswohin, schrumpft auf Podcast-Länge zusammen oder bläht sich gelegentlich auf zur apokalyptischen Symphonie Pathétique.

Die Formen des Politischen benötigten offenbar kein Zentrum mehr. So entwickelte die Große Koalition in ihrer langen Dauer auch wohltuende Zentrifugalkräfte. Die gesellschaftlichen Teilbereiche rückten wieder voneinander ab. In ihnen ereignet sich das Wichtige, in der Wirtschaft, im Recht oder in der Wissenschaft, auch in der Kultur. Was in der Gesellschaft Aufregung erzeugt, hat inzwischen mit den Parteien oder der Regierung kaum noch zu tun, ob das die Identitätspolitiken von Minderheiten betrifft oder die Auseinandersetzung um das Erbe des deutschen Kolonialismus oder das rasant sich verändernde Verhältnis der nicht-jüdischen Deutschen zu den Juden und zu Israel. Überall kommt Streit auf, aber er ist mit einem Kompromiss in der politischen Sphäre nicht mehr zu schlichten. Nicht einmal in der Seuchenbekämpfung trauten die Deutschen der Politik noch allzu viel zu. Das Politische versickerte mit allen Folgen in der Gesellschaft. Auch für mehr Gesellschaftlichkeit hatten wir mal gestritten. Jetzt scheint das alles erreicht zu sein, und die Resultate sehen nicht nach der großen Befreiung aus.

Im Denkmal Merkel kann meine Generation «ihre» Republik bewundern, wenn sie denn Wert darauf legt. Selbstlob und -tadel fallen dezent aus, wie es so die Art dieser Generation ist. Sie entlohnte alle und belohnte sich, wünschte am Ende kein Denkmal, sondern Ewigkeit. Und nicht einmal dieser Wunsch ist wirklich egoistisch. Noch in der ausgedehnten Endzeit der Boomer ist etwas von langfristiger Verantwortung zu spüren, vom Respekt gegenüber ihren alten Einweisungen, an denen sie sich abarbeiteten. Ihre Macht war über weite Strecken auch aufrichtige moralische Macht gewesen, und das verschafft dieser reifen Bundesrepublik noch immer Legitimität – was es den jungen Zürnenden schwerer macht.

Wenn man psychologisieren will, könnte man sagen, während der Merkel-Ära habe die Bundesrepublik so etwas wie ein Spiegelstadium erreicht. Das Spiegelstadium verspricht endlich eine festgefügte «Identität», verrät aber selbstverständlich auch eine monströse Verkennung des gemeinsamen Ichs, weil es Bewegungsenergien und Abweichungsbedürfnisse klein hält. Das Ich ist in der Psychologie nicht unbedingt das Individuelle, anders gesagt: Die mit sich identische Gesellschaft muss nicht unbedingt eine besonders freie sein und sie kann auch keinen Anspruch erheben, menschlicher oder vernünftiger zu handeln als andere Gesellschaften. Die Große Koalition entsprach dieser Ganzheitsillusion. Mit ihr konnte man sich wünschen, dass sich die Gesellschaft politisch als Gesamtheit repräsentiere. Wenn die parlamentarischen Mehrheiten nur groß genug waren, musste das doch so etwas wie eine Gemeinschaft umreißen, eine eigene soziale Zeit erzeugen, jedenfalls ein bisschen, alle berücksichtigen, niemanden vergessen, jeder und jedem widerfahre Gerechtigkeit. Sobald das zur allgemeinen Überzeugung wird, verweisen politische, ökonomische und kulturelle Definitionsmacht aufeinander, sie drücken dann einander aus, treten füreinander ein. Nichts ist so geeignet, ein Schutzsyndrom zu bilden, wie dieses System wechselseitiger Verweisungen.

Das Spiegelstadium ist die historisch eleganteste, in jedem Fall friedlichste Version des deutschen Selbsterhaltungssystems. Es schürt allerdings fortwährend Misstrauen, wer tatsächlich abgebildet, vertreten und repräsentiert ist. Dieser Frage kommt eine immer höhere Bedeutung zu, denn nun wird wichtig, dass man überhaupt repräsentiert wird, das heißt, sichtbar ist. Das Politische verwandelt sich im Spiegelstadium in ein sinnbildliches Abbildungstableau. Längerfristige Ziele rücken in den Hintergrund. Der Wunsch nach Reformen, früher einmal gesellschaftliches Treibmittel, stirbt ab. Eine Politik, die den Anspruch preisgibt, wenigstens als Regulativ zentrierend zu wirken, und sei es als erwünschter Nebeneffekt, stärkt schlagartig die Extreme. Sie lädt dann dazu ein, episodische Kleingesellschaften zu etablieren und sich aus der wie immer illusionären sozialen Mitte zu entfernen. Das Spiegelstadium beruhigt die Mehrheit, erzeugt aber an den Rändern lauernden Zweifel, Angst oder sogar Hass. Dass in einer Bedrohungslage wie der Pandemie tatsächlich der Staat infrage gestellt wurde, löste Sorge aus. Sodass die letzte Bundestagswahl abermals eine Art Große Koalition hervorbrachte. Ihr breites Spektrum stellte wieder ein Höchstmaß an Abbildung in Aussicht.

Unter welchen Bedingungen regieren nun die Vierzigjährigen? Sicher, der amtierende Kanzler ist ein Boomer, aber die Politik wird von Jüngeren geprägt. Dass es immer wieder gut gegangen ist, kann inzwischen keiner mehr behaupten, geschweige denn aus dieser kölnischen Volksweisheit, die die Stimmung der alten Bundesrepublik so schön auf den Punkt bringt, noch politische Schlüsse ziehen. Dass der Wohlstand technisch versiert und mit ökologisch gutem Gewissen auf alle Zeit gesichert sei, hat sich in ein Versprechen verwandelt, das keine Partei mehr abgeben mag. Jenseits des erlernten Optimismus hat es auf Mängel der demokratischen Institutionen aufmerksam machende Kritik kaum gegeben. Es wäre eine Kritik gewesen, die Demokratie stärken will und eine neue Realpolitik inspirieren könnte. Die ganz jungen Unzufriedenen vergruben sich in den vergangenen Jahren in eine Totalablehnung der gesellschaftlichen Wirklichkeit. Ob sie die als «System», als «Weltwirtschaft» oder als «Neoliberalismus» brandmarken, in den Erzählungen dieses Teils der kommenden Wählerschaft sind Reformen und Kompromisse nicht mehr vorgesehen. Die Braveren, die weniger Unzufriedenen und noch an Kontinuität Glaubenden setzen ganz auf das eigene Selbst. Sie vertrauen darauf, Wandel durch die Veränderung eigener Verhaltensweisen herbeiführen zu können, sie hoffen aufs Individuum als politischen Einflussfaktor, auf das Smarte und die Einsicht, auf kluge Lebenskultur als Motor der Gesellschaft.

Realpolitik muss wohl auch sie enttäuschen. Vermutlich wird nichts mehr selbstläufig vonstattengehen. Wenn die Steuern ins Militärische fließen, wenn in der Rezession die Industrien gerettet werden müssen, aber nicht mehr der Ausstieg aus fossilen Energien im Vordergrund steht, macht die Realpolitik dem Verständnis des Politischen als endlose Selbstfindungsphase den Garaus. Die Öffentlichkeit als Ort, wo Kritik und Innovation vorgetragen werden und wo Gesellschaft «best practices» auslotet, ist längst kein geordneter und überschaubarer mehr. Öffentlichkeit ist fragmentiert und geschwächt vom Misstrauen gegenüber Manipulation und Falschinformation. Die Politik der Vierzigjährigen könnte also im Lamento über ihre viel schwieriger gewordenen Bedingungen stecken bleiben. Sie kann sich über den ungespülten Teller der Vorgänger beschweren, aber sie könnte auch eine eigene Version von Demokratie entwickeln, demokratische Einrichtungen und Verfahren auf ein Niveau hieven, das Zuversicht immerhin nicht ausschließt. Daran, nur daran, weil es wiederum Kontinuität bedeutet, wird der Erfolg kommender Regierungen gemessen.

Nach sechzehn Jahren Merkel befiel mich eine gewisse Klaustrophobie. Meine in Maßen privilegierte Existenz drohte beinahe schon das Ganze zu sein. Ich war Mehrheit geworden. Jenseits ihrer waren nur noch Melancholie und leere Aufregung übrig geblieben. Bloß, zur Mehrheit zu gehören, das wollte ich gar nicht. Mein Altersegoismus richtet sich eher wieder auf die beinahe schon verschütteten Kräfte der Individualisierung. Die Sorge um die schwindende eigene Persönlichkeit empfiehlt vielmehr, nach Andersheit Ausschau zu halten, bei sich und anderswo nach Eigenschaften zu suchen, die nicht identisch sind mit dem, was da über die Jahre so behaglich entstanden war. Ich möchte kein Repräsentant sein.

Gegen Ende einer im Ganzen passablen Sozialisation würde ich mich unbehaglich fühlen, wenn ich zugeben müsste, dass ich genau dort angelangt bin, wohin sich meine Alterskohorte insgesamt entwickelt hat. Auch dieser Reflex ist boomerisch. Das Leben unter Ähnlichen war für uns alle immer auch mit dem Bedürfnis verbunden gewesen, sich dem Anpassungsdruck der anderen zu entziehen, der Generationenmasse und ihren Standardisierungen zu entkommen, Unterschiede und kleine Einmaligkeiten zu unterstreichen und festzuhalten, soweit das halt ging. Mir käme es lächerlich vor, sich auf die fortgeschrittenen Tage als Freak zu stilisieren oder als Monument eines vermeintlich besseren Jahrzehnts oder als Berufsjugendlicher. Trüb wäre es schon, wenn man nur als ein Vertreter endete, ein bloßer bundesrepublikanischer Abklatsch.

Als Journalist spitzt sich die Frage in gewisser Weise zu: Was oder wen drückt deine Stimme aus, wen oder was repräsentierst du? Hat sich die Zeit, die jenseits der eigenen Person spielende Epoche, so dicht um einen geschlossen, dass man nur noch in Mustern denkt, sich blind identifiziert und im guten Glauben dasjenige wiedergibt, was schon vorformuliert ist, sich aber anhört, als hätte man es gerade frisch gedacht? Manchmal erlebt man Situationen, in denen man mit der Nase auf diese Fragen gestoßen wird. Wenn es erlaubt ist, trage ich an dieser Stelle noch eine kleine Geschichte nach, kein Psychodrama, es machte mich bloß stutzig. Ich bin weiß, männlich und gehöre der Mittelklasse an, wenngleich ich nicht im Besitz von Produktionsmitteln oder Ähnlichem bin. Ich kann meine Ansichten veröffentlichen und tue es sogar, um damit Wirkungen auszulösen. Wer von der Macht nichts als abgeschreckt ist, kann sie nur in verzerrter Weise anschauen. Wenn ich nicht überzeugt wäre, dass die Kenntnis von gesellschaftlicher Machtausübung die Voraussetzung dafür ist, Autorität in gegenläufiger Weise zu beschreiben, wenn ich nicht daran glaubte, dass ihre teilnehmende Beobachtung immer auch Nicht-Macht und Machtkritik wäre, hätte ich nicht zurückblicken müssen. Und ja, es stimmt, dass Journalisten das Aroma der Macht gerne einatmen. Sie sollen ihre Privilegien überprüfen und tun es ungern, weil sie zur Selbstgerechtigkeit neigen. Manchmal kommt diese Einsicht überraschend und dann, wenn es am schönsten ist.

Ich drängle mich also zur First Avenue durch, wo alles großflächig abgesperrt ist, sodass niemand mehr die Straße überqueren oder ausweichen kann. Die Menschen stauen sich bis in die kleineren Straßen zurück, schimpfen vor sich hin oder halten nach Fluchtwegen Ausschau – morgens um zehn schon der erste Störfall im New Yorker Alltag. Jetzt fährt sehr langsam und von keinerlei Jubel, sondern eher von gespenstischer Stille begleitet, der Präsident der Vereinigten Staaten vorbei, in einem flugzeuglangen Auto mit verdunkelten Fenstern. Es biegt bei den Vereinten Nationen ab. Wenn ich nur einen Fuß vorwärts in den Rinnstein setze, kugelt mir der Secret Service die Arme aus. Ich finde meine Adresse, ein unspektakuläres Büro im zweiten Stock eines Backsteinhauses, wo ich meinen Pass vorlege und dafür ein handgroßes rotes Umhängeschild ausgehändigt bekomme. Das geht so leicht über die Bühne, weil ich heute Mitglied einer Delegation bin. Danach schlage ich mich nach gegenüber zum East River durch. Der Präsident ist schon drin, seine Sicherheit auch, Hunderte von Menschen tummeln sich auf der Plaza, telefonieren oder stehen vor den Metalldetektoren Schlange. Einige tragen ein gelbes Schild, manche ein grünes oder blaues, die Farbpalette ist breit. Mit dem roten bin ich ziemlich schnell durch. Oberhalb der berühmten Rolltreppen des UN-Gebäudes wird ausgesondert: Besucher nach links und warten, die Grünen geradeaus, Gelb nach rechts.

Muskulöse Männer wachen über diese Choreografie. Die Farbe des Schildes gibt genaue Auskunft darüber, bis wie weit und wohin sein Träger sich im Haus bewegen darf, das gilt für Beschäftigte genauso wie für Besucher. Die Farbe ist der Status. Seltsamerweise stört niemanden, dass ich orientierungslos herum- und den Eiligen im Wege stehe, mal diesen Gang wähle, dann einen anderen, nur um hier und da eine Tür zu öffnen, neugierig wie ich bin. Gemessen an der Wachsamkeit des Personals und gemessen an der Aufmerksamkeit der blinkenden Kameras an jeder Ecke, hätte ich längst Handschellen tragen müssen, aber ich ahne noch nicht, dass von meinem Rot eine Art Zauberkraft ausgeht, es geradezu einen Strahlenschutzschild um meine Person erzeugt, mich dem allgegenwärtigen Farbcheck entzieht und mich hier, wo irgendwo George W. Bush herumgeistern muss, in einen höchst unwahrscheinlichen Zustand der Unbedenklichkeit versetzt, einfach so.

Ein netter junger Mann öffnet mir die Flügeltür zum Sitzungssaal. Ich hatte nicht damit gerechnet, so ohne Weiteres in den Saal zu gelangen. Was führte ich im Schilde? Foucault in seinen vielzitierten Worten: «Man frage mich nicht, wer ich bin, und man sage mir nicht, ich solle der gleiche bleiben: das ist eine Moral des Personenstandes; sie beherrscht unsere Papiere.» So ungefähr fühlte ich mich mit meinem Schild. Wichtige Menschen und Berühmtheiten, Staatschefs, Ministerinnen und Minister tummeln sich im Saal, sie alle auf die Sitzungseröffnung wartend, vor allem aber auf die Rede von George W. Bush. Alle sind sie bestens gelaunt und freuen sich, einander einmal wiederzusehen, ein Welt-Klassentreffen findet statt.

Innen ist die UN etwas schäbiger als man erwartet. Man sitzt auf unbequemen Stühlen, die in eine Schulaula oder in ein ältliches Theater gehören könnten, folglich nimmt man nur Platz, wenn es sein muss, und steht ansonsten plaudernd in den Gängen. Es ist allerdings wichtig, dass die anderen erkennen, auf welche Bank man gehört, weswegen ihr Umfeld so etwas wie die Nation selbst ist. Offensichtlich Teil der deutschen Vertretung, tritt nun der palästinensische Präsident auf mich zu, schüttelt mir die Hand und spricht wie mit einem alten Freund. Als guten Freund behandeln mich auch die Vertreter einiger osteuropäischer Länder sowie manche Staatschefs aus Afrika, nicht zu vergessen einige Potentaten zentralasiatischer Republiken. Wieder erlebe ich, dass es dort, wo wirklich Mächtige zusammenkommen, ausgesprochen herzlich zugeht. Feinde sind andere. Keiner zeigt Berührungsängste, niemand schert sich um die Landkarte der Animositäten und Konkurrenzen, die da draußen gilt, und ich bin der Einzige, der sich davor fürchtet, dass sich auch noch der euphorisch winkende iranische Vertreter zu uns gesellt, weil ich wirklich nicht weiß, ob ich ihm gegenüber freundlich sein soll oder zurückhaltend oder abweisend. Mit anderen Worten: Ich habe in diesem Augenblick keine Ahnung mehr, wie ich mich verhalten soll. Bin ich ein Journalist, ein Gast des Hauses oder bin ich schon ein Diplomat geworden? Muss ich im Saal der UN-Vollversammlung Rücksicht auf das deutsche Staatswohl nehmen? Jedem dieser Oberhäupter hätte ich eindringliche Fragen stellen können, ich hätte sie mit Naivität überrumpeln können, aber alle meine Informationen wären wertlos gewesen, weil unter nicht-journalistischen Bedingungen gewonnen. Meine Hochstimmung sinkt also in sich zusammen.

Glückliche Umstände haben mich bis hierher geführt, bis ins Epizentrum hinein, der Traum eines jeden Schreibers. Aber es nützt mir gar nichts, vielmehr löst sich mein Selbstbild als Beobachter gerade im Händeschütteln auf. Beim Hinausgehen laufe ich dem amerikanischen Präsidenten und seiner Frau in den Weg. Sie lächeln mich beide an, als sei ich nachher bei ihnen zum Essen eingeladen. Ich bin sicher, dass ich besonders dumm geguckt habe.

Im Journalismus tritt die Gefahr, sich zu identifizieren oder immer etwas repräsentieren zu müssen, krasser zutage als anderswo, dieser Zwang, etwas oder jemandem eine Stimme zu verleihen, sich seine Interessen zu eigen zu machen oder es gerade nicht zu tun, sich als Projektionsfläche anzubieten, benutzt zu werden und sich benutzen zu lassen. Und nun, da der klassische Qualitätsjournalismus auf dem Rückzug ist, teils schon ums Überleben kämpft und unter dem Druck der Digitalisierung sein Gesicht wandelt, wird auch erkennbar, dass in ihm die Wege vom Einzelnen in die Politik ganz besonders kurz werden und in den vergangenen Jahren noch kürzer geworden sind. Früher legten Journalisten und Politiker Wert auf Distanz, heute ist der Gedanke geradezu obsessiv geworden, dass man im selben Boot sitzt. Es gibt mittlerweile diesen Drang zum Aktivismus und zum Influencertum, was heißt, dass Identifikation und Selbstfunktionalisierung ganz unverblümt angestrebt werden. Insofern ist der Journalismus Spiegel einer Gesellschaft, die aus Furcht oder Schwäche ihre Unterschiede lieber glättet und rhetorisch einebnet. In einer Gesellschaft der Repräsentanten kann jeder für jeden stehen und ihn ausdrücken. Auch so wirkt sich das Spiegelstadium aus.

Die Bundesrepublik verfügt zwar über Techniken, dem Diversen Geltung einzuräumen, aber ihr Grundton war immer ein eher kommunitärer und rief zur Eingemeindung auf, worunter die einen Solidarität verstanden, die anderen Leitkultur. In den vergangenen Jahrzehnten verliefen Integrationsprozesse von Minderheiten friedlich, aber gleichzeitig auch rabiat ab. Der Anpassungsdruck blieb hoch. Jedes biodeutsche Milieu, ob traditionalistisch oder linkslibertär, gab Minderheiten zu verstehen, sie möchten am Ende doch bitte so sein wie sie. Es verwundert nicht, dass heute Auseinandersetzungen um Zugehörigkeit und Unterschiedlichkeit geradezu toben. Viele Gruppen sind davon betroffen, denn ihr Status als Minderheit war nie geklärt worden oder er wurde unausgesprochen missachtet. Unterschiede wollen heute genau dort Beachtung finden, bis wohin das bundesrepublikanische Integrationsmodell nicht reicht. Minoritäten erschienen in der Vergangenheit erst dann als wirklich beachtenswert, wenn sie sich öffneten und sich in die parlamentarische Politik einbrachten, das heißt, wenn sie ihre Besonderheit preiszugeben bereit waren. Und gaben sie die tatsächlich für «höhere» politische Ziele auf, drängte es sie noch weiter in die Unsichtbarkeit. Ihr Anderssein erschien dann als privat, unverständlich oder altertümlich. Es herrschte die Erwartung, dass dergleichen seltsame Bünde sich doch irgendwann auflösen müssten in einem zivilisatorischen Prozess, für dessen Gewaltsamkeit die Mehrheit blind war. Die mehrheitliche Vernünftigkeit hinterließ dunkle Zonen und blinde Flecke, und nie konnte die Mehrheitsgesellschaft ihre zivilisatorischen Versprechen ganz halten. In manchen Bereichen gab sie Versprechen nicht einmal ab.

Die im Rückblick ziemlich homogene Babyboomer-Bundesrepublik (von der noch homogeneren DDR ganz zu schweigen) ließ die Frage, wer wirklich zu ihr gehörte, auf fingerfertige Weise unbeantwortet. Merkel blieb in dieser Hinsicht vieldeutig; Migrationsprobleme delegierte sie an die EU, die sie auch nicht löste. Der Staat bestimmt noch immer das Maß an

Integrationsbereitschaft, welches Migranten abgefordert wird, und auch das Maß an Verlust kultureller Eigenheit. Und wenn aus Migranten am Ende deutsche Staatsbürger wurden, blieb es Sache ihrer subjektiven Einschätzung, ob sie sich damit auch als Teil der deutschen Gesellschaft fühlten. Wenn es eine Stelle gibt, an der sich dieses Land tatsächlich weiterentwickeln, vielleicht seine inneren Beschränktheiten überwinden könnte, dann wäre es dort: indem es die Stimmen derjenigen Gruppen hörte, die sozial und kulturell anders sind, um auch sie in den Chor der institutionsgebenden Gewalt aufzunehmen.

So gesehen zeichnet die liberale Bundesrepublik im Rückblick sogar ein erstaunlicher und wenig bemerkter Mangel an Zivilität aus, was den Umgang mit dem Fremden anlangt. Es ist nicht das einzige Resümee, aber es drängt sich auf, weil Muslime, Afrodeutsche, schwule, trans- oder intersexuelle Menschen mittlerweile genau auf dieses Defizit hinweisen. Wir waren brav, freundlich alles in allem, versuchten den Garten zu hegen und den Müll zu trennen, wir waren debattierfreudig, liberal und religiös unaufgeregt, übten uns in politischer Achtsamkeit und erfreuten uns an den Vorzügen unserer Epoche, aber wir blieben immer wir selbst. Neben vielem Guten passierte uns vielleicht auch das: mit den Jahren ein bisschen zu national geblieben oder geworden zu sein, bei aller Weltläufigkeit und sicher ungewollt, ein Stück weit gemeinsam zu selbstbezogen in einem kommoden Land lebend, das aus der Perspektive des Einzelnen so viele Umstände berücksichtigte und so viel Hege benötigte, also anscheinend in Ordnung war, schon weil es alle Anstrengungen auf sich zog. Die Offenheit, die wir Fremden gegenüber signalisierten, sie fand eine Grenze im Bundesrepublikanischen selbst. An dem bauten wir weiter und schmückten es aus, wir betrachteten es stets mit Sorge und fanden uns dennoch in ihm wieder.

In jedem Fall beanspruchten wir es als unsere angestammte Spielwiese, die Eigentümer der Republik, die guten deutschen Kümmerer, die vergaßen, dass es Grenzen gibt und Grenzübergänge, äußere wie innere.

Die von uns hinterlassene Welt ist also großenteils Ausdruck unserer statistischen Macht. Wenn sich daraus eine Lehre des Alterns ergeben sollte, bestünde sie für mich in einer gelassenen Sensibilität fürs Differente, für all das, was nicht so ist und so werden will, wie wir wurden. Irgendwann sollte man vielleicht mehr als erwachsen sein, das heißt, den Wunsch aufgeben dazuzugehören und das Ganze zu vertreten. Ein Fraktal sein, wie schön, auf die alten Tage womöglich gar nicht mehr sich selbst sein zu müssen als Ort des Personenstandes und der Papiere, mit sich im fröhlichen Unreinen. Ich erlaube mir, mit einer allerletzten, etwas sentimentalen Geschichte zu schließen, es ist die Erinnerung an einen kurzen Schwebezustand in jungen Jahren. In jener Zeit war ich sehr dünn. Im Wesentlichen ernährte ich mich von Zigarettenrauch, was den profanen Hunger bändigt, wenn man außerdem wenig schläft. Ich lief mit einer kurzen schwarzen Lederjacke herum wie alle anderen, manchmal aber auch in einem froschgrünen Jackett, das in einem genau richtigen Maß getragen aussah und seltsamerweise seine Form nie verlor, nicht einmal nach Besuchen im SO36, bis es eines Tages in den Mülleimer gestopft werden musste, weil ich seine Farbe nicht länger ertrug. Jede Nacht ging es hinaus. Ich erlebte dann tatsächlich etwas, nicht immer Bahnbrechendes, aber genug, um mich mit einer Disziplin, die sonst zu nichts diente, immer wieder in die nächtlichen Prozessionen der Wilden und Schlaflosen einzureihen.

Das Abhängen ist eine asketische Lebensform. Wir waren Wandermönche und Wandernonnen. Auf Erlösung hofften wir weniger als auf den Eintritt eines anderen Zustandes. Der freiwillige Entzug des Lebensnotwendigen macht klarsichtig und dünnhäutig. Denn alles erschien im Grunde unerträglich, alles, was uns an unsere Herkunft band. Das Studieren war unerträglich, die Leute, diese Bundesrepublik mit ihrem lächerlichen Kohl-Kanzler, sie waren alle unerträglich. Auch dieses West-Berlin war unerträglich, mit seinen Harald-Juhnke-Klonen und seinen Brigitte-Mira-Schwestern. Im Zustand gereizter Aufmerksamkeit entwickelt sich das Differenzierungsvermögen bis zu jenem Punkt, an dem alles, was nicht mit sich identisch ist, eine sublime Form der Euphorie auslöst, also eine Versöhntheit höherer Ordnung. Die Stadt und ihre Trümmer wirkten in manchen Augenblicken unglaublich zart, sie schienen in ihrem Grau behutsam vor einem zurückzuweichen, sich aufzulösen in ihrer Patina, sie schienen zu vergehen in einer Vor- oder Nachzeit, in der wir möglicherweise existieren konnten. West-Berlin, das war eine Ruine – und gleichzeitig war es das Bild von einer Gegenwart, die endlich, endlich in Auflösung begriffen war. Es war das Verschwinden, eine Art des Seins, das es in Wirklichkeit nie geben würde. Aus Westdeutschland war ich geflohen, in diese seltsame Stadt und in die Nacht hinein, oft flüchtete ich weiter in eine Diskothek namens Dschungel und dort auch nach ganz hinten, wo getanzt wurde und es besonders laut war, in die kleine, dunkle Krypta, wo eigentlich nur noch die Schwerkraft galt, sonst alles flog oder waberte, rhythmisch, eng, warm, Geburtshöhle.

Es musste gegen vier gewesen sein, kann sein, dass es später war. Ich stand dort an der Wand, zum Tanzen zu schwach. Rainer Werner Fassbinder drängelte sich herein, er war so dick wie niemand sonst. Nicht sehr wahrscheinlich, dass er durch seine Sonnenbrille etwas erkannte, er folgte seiner Witterung, immer weiter, am Tresen vorbei bis hierher, auf dem Kopf einen grotesken Cowboyhut, schwarz auch seine Hose und Weste, schwarz der borstige Vollbart. Umso blasser strahlte das Wenige vom Gesicht, das er unbedeckt lassen musste, das ich aber als Erstes wahrnahm, nur um mich zu vergewissern, dass es ihm noch schlechter ging als mir. Bald wird er gestorben sein. Seine Leute verschwanden zum Trinken an die Ränder ins Dunkel, ihn jedoch drängte es zur Bewegung, was ihm niemand zutraute an diesem Punkt der Erschöpfung, der gemeinsamen und vollständigen Erschöpfung aller, die sich unter dem Lärm der Vipers zusammenkauerten. Es pulste in ihm. Er arbeitete sich in die Mitte vor und verschaffte sich Raum. Er machte ein paar Tanzbärenschritte, dann zog es ihn hinunter, es riss ihn herum, zwang ihn in die Knie, holte ihn wieder rauf. Sein Gesicht blieb unbewegt, wie wenn er gewohnt wäre, in solchen Momenten von irgendeiner Kraft missbraucht zu werden und den Schamanen abgeben zu müssen. All die Rauschmittel in ihm entließen seine Gliedmaßen in die Selbstständigkeit, aber sie bewegten sich nur in Zeitlupe fort und kehrten bekümmert wieder zu ihm zurück. Es war herzzerreißend und albern zugleich. Und dennoch, dachte ich, ist er groß, er ist der Allergrößte, er ist der Typ, der mich ins Kino holt. Sein Wanst steckte voller Geschichten. Sie hatten ihn aufgebläht, nun kugelten sie in ihm umher, sie schleuderten ihn von der einen auf die andere Seite, schlingerten gefährlich, alle diese deutschen Geschichten, die von ihm Besitz ergriffen hatten, die wirklichen und die erfundenen, vor allem die wahrscheinlichen, die sich wie junge, zu allem entschlossene Liebhaber aus der Vergangenheit in die Gegenwart schlichen, von nichts sich aufhalten ließen, dort ihren Zauber entfalteten und rasch wieder verblühten, die deutschen Mythen, die schon vergessen waren, die Lügen, die sich nicht vergessen ließen, die Wahrheiten, auf denen er bestand.

Ich konnte den Inhalt seiner Filme nicht in ein paar Sätzen wiedergeben, nicht von einem einzigen, die Handlung war für mich unrettbar verloren, sobald der Nachspann lief. Seine Filme schienen sich in einer Art Saum zu ereignen. In dieser Borte sah ich mehr als ich verstand und ich verstand mehr von einer unwillkürlich aufgeweckten Ferne der Zeit als von den redenden Figuren. Er ließ mich die Vergangenheit in einer künstlichen Dämmerung beobachten, vielleicht auch nur ahnen. So konnte ich das aushalten. Hier tanzte Shiva in der Gestalt eines untoten Cowboys, er tanzte auf dem Friedhof der deutschen Geschichte seinen Tanz, der alles zerstörte und alles wieder neu erschuf. Es war möglich, dass er es dort für uns alle tat. Das Letzte, was ich von Fassbinder sah, war diese gekrümmte Silhouette im Dschungel. Sollte ich sagen, wann es einmal einen Augenblick der Vollkommenheit gab und mit mir in diesem Land, dann war es vermutlich in dieser West-Berliner Nacht im Frühling 1982, aus der nichts weiter hervorging.

ZITATE

Zitiert wird aus den unten aufgeführten Werken:

S. 32: Anthony Powell: Die Welt des Wechsels. Roman. Aus dem Englischen von Heinz Feldmann, dtv Verlagsgesellschaft, München 2017, S. 40

S. 50: Ulrike Meinhof: Bambule. Fürsorge – Sorge für wen?, Verlag Klaus Wagenbach, Berlin 2002, S. 100

S. 119: Robert Spaemann: Zur Kritik der politischen Utopie. Zehn Kapitel politischer Philosophie, Ernst Klett Verlag, Stuttgart 1977, S. 115

S. 131: Guy Debord: Die Gesellschaft des Spektakels. Aus dem Französischen von Jean-Jacques Raspaud, Edition Tiamat, Berlin 1996, S. 50 f.

S. 151 f.: Frank-Walter Steinmeier: Mein Deutschland. Wofür ich stehe. In Zusammenarbeit mit Thomas E. Schmidt, C. Bertelsmann, München 2009, S. 53 f.

S. 164: Vincent Descombes: Die Rätsel der Identität. Aus dem Französischen von Jürgen Schröder, Suhrkamp Verlag, Berlin 2013, S. 231

S. 173: Richard Rorty: Kontingenz, Ironie und Solidarität. Übersetzt von Christa Krüger, Suhrkamp Verlag, Frankfurt am Main 1997, S. 145

S. 178 f.: Rorty, a. a. O., S. 150

S. 179: Rorty, a. a. O., S. 138

S. 247: Michel Foucault: Archäologie des Wissens. Übersetzt von Ulrich Köppen, Suhrkamp Verlag, Frankfurt am Main 1981, S. 30